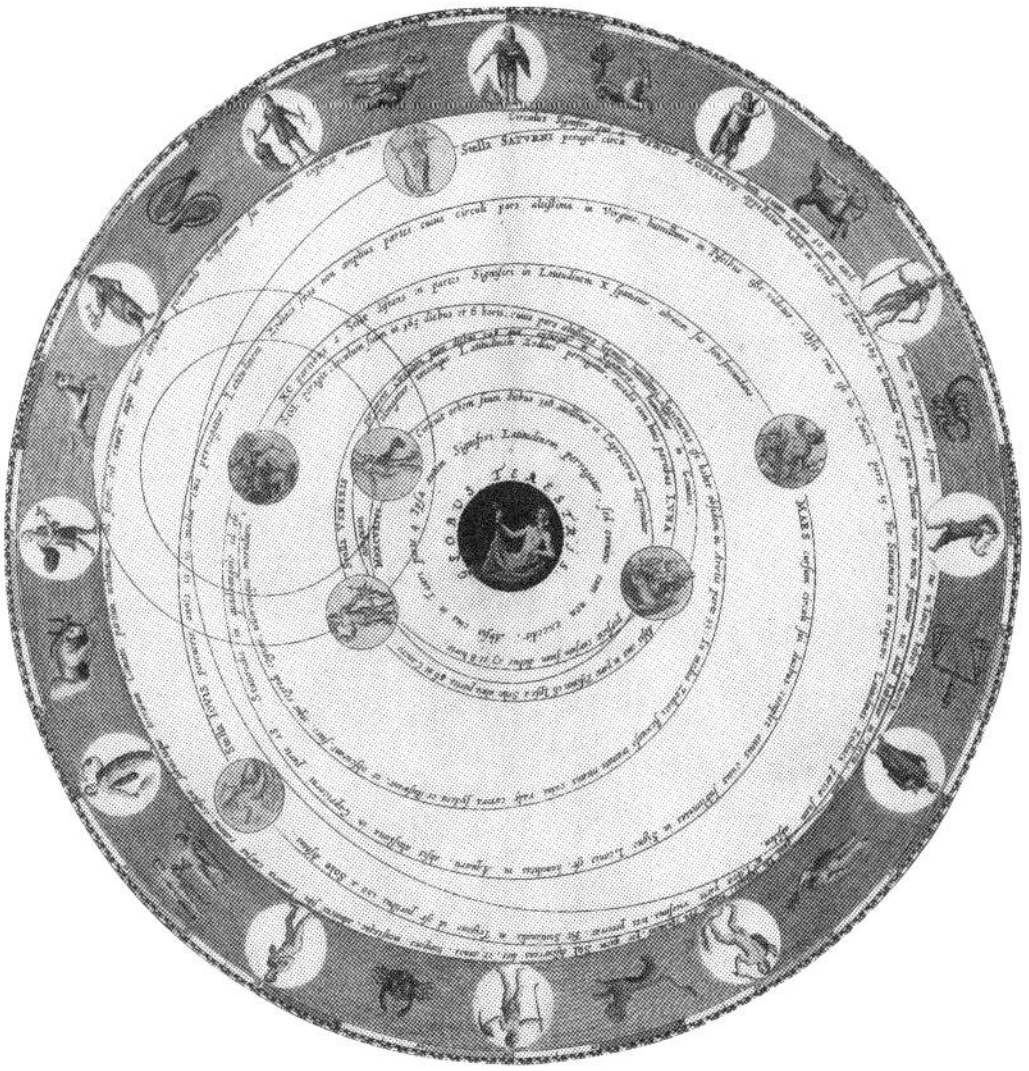

HORARY ASTROLOGY

ホラリー占星術

運命を学ぶ実践的方法

THE PRACTICAL WAY TO LEARN YOUR FATE,
RADICAL CHARTS FOR STUDENT AND PROFESSIONAL

ペトロス・エレフセリアディス 著　皆川剛志 訳

太玄社

HORARY ASTROLOGY
by Petros Eleftheriadis

Japanese translation rights arranged with
THE WESSEX ASTROLOGER
through Japan UNI Agency, Inc.,Tokyo

日本の読者のみなさまへ

日本について最初の想い出と言えば、私がまだ子どもだった八十年代、テレビで放映されていた『将軍（SHOGUN）』です。私は日本の文化、特に言葉に魅了されました。「さようなら虎長さん！」「こんにちは」「わかります」そうした言葉の響きが美しく、いつか日本語を勉強しようと誓いました。残念なことにそれは叶いませんでした。でも、まるで運命に導かれるように、私の最初の本が日本語になったのです。大変な喜びと栄誉です。翻訳は私の生徒で、QHP（Qualified Horary Practitioner）ディプロマ保持者の皆川剛志氏。本書はホラリー占星術の実践集です。この占星術技法は、日常的な問題に明瞭な答えを出すには最適な方法です。皆川氏の翻訳と共に、本書をお楽しみいただければ幸いです。

ペトロス・エレフセリアディス

本書の訳語について

受容【rereceive / dispositor】

リセプションを述べる箇所で、原文の「receive（レシーブ）」を「受容」に統一します。レシーブは受け取る、受け入れるを表す動詞。古典占星術の根幹の一つを成す概念です。リセプションは天体が別の天体を受け入れ、抱擁し、助力を与える作用。その描写から「受容」を選びました。同じ理由で「ディスポジター」を「受容星」とします。例えば、金星が蟹座にあるとき。金星は蟹座のルーラーである月に**受容**され、月は金星の**受容星**となります。

形成中【apply】

天体Aが、天体Bに直近でアスペクトを組む際、原文では「apply（アプライ）」を用いています。これを「形成中」に統一します。「月が金星にスクウェアを形成中」とある場合「今まさに現在進行形で、月が金星に対してスクウェアを組もうと接近している最中」の意。単にアスペクトがある場合と区別する理由は、ホラリー占星術では天体（特に月）が、直近に形成するアスペクトをことさら重視するためです。

表示星【significator】

表示・象徴・指示・指標を表す「シグニフィケーター」を「表示星」に統一します。一方で、強い力を持つ勝利星、強示星はカタカナ表記「アルムーテン」に統一します。複数の表示星があるとき、特に重要なものを主要表示星（primary significator）と表記します。

共同表示星・共同アルムーテン【co-significator, co-almuten】

二つ以上の表示星、アルムーテンがある場合、「共同表示星」「共同アルムーテン」を用います。

吉星・凶星・ベネフィック・マレフィック【fortune, infortune/benefic, malefic】

「吉星」は木星と金星（原文はフォーチュン）。「凶星」は土星と火星（インフォーチュン）です。一方、十分なディグニティ（品位）があり天体の力が満たされているとき、その天体を「ベネフィック」（後天的な吉星）と呼びます。一方、「マレフィック」は、ディグニティが低く、状態がよくない土星と火星を指します。土星と火星もベネフィックになりえます。しかし通常、木星と金星をマレフィックとすることはありません。

アンダーザビーム【under the sun beam, the sun beam】

太陽から片側17度内にある天体をアンダー・ザ・サン・ビーム、アンダー・ザ・ビーム、サンビームなどと呼びます。本書では「アンダーザビーム」に統一します。

もくじ

用語集

アクシデンタル・ディグニティ／アクシデンタル・デビリティ

惑星は吉意のハウスにあるとき、太陽や他の惑星と調和的な関係があるとき、順行、移動速度が平均よりも速いときに隆盛する。その逆では力が衰弱する。詳しくは45ページ「アクシデンタル・ディグニティ」を参照。

アンダーザビーム

惑星が太陽の17度内にあるとき、分離・接近にかかわらず弱体化する。ただし、コンバストほど深刻ではない。

アンティシア

夏至と冬至にあたる蟹座・山羊座を軸にして、対向する度数にある点。双子座28度は、蟹座0度から2度離れている。よって、双子座28度のアンティシアは蟹座2度となる。もし、他の惑星が蟹座2度にある場合、双子座28度の惑星とコンジャンクションと同様の意味になる。

インターセプトサイン
ハウスの中に、あるサインが丸ごと全て入っている状態を指す。

エッセンシャル・ディグニティ／エッセンシャル・デビリティ
惑星は特定のサインや特定の度数で隆盛し、より良く機能する。同様に特定のサインでは機能的に動けなくなる（デビリティ、減退）。

オクシデンタル（西方）の惑星
太陽の後に西に没する惑星。

オリエンタル（東方）の惑星
太陽よりも先に東から昇る惑星。

カジミ
惑星が太陽から17分内に位置している状態。惑星にとって非常に高い吉意があるとされる。

カレント（Querent）
質問をした人。本書の訳では全て「質問者」としている。

吉星（フォーチュン）

木星と金星。木星は昼チャート、金星は夜チャートにおいてそれぞれセクト（昼と夜）の吉星。

凶星（インフォーチュン）

土星と火星。土星は昼チャート、火星は夜チャートにおいてセクト（昼と夜）の凶星。

クエジティド（Quesited）

カレント（質問者）から問われたこと。本書の訳では「質問事項」「質問内容」とする。

コンバスト

惑星が太陽の両側、8度～8度30分にあるとき。深刻な弱体を示す。

ジョイ（JOY）・天体がジョイ（歓喜）を得るハウス

水星：一室、月：三室、金星：五室、火星：六室、太陽：九室、木星：十一室、土星：十二室。

ハウスのアルムーテン

ハウス・カスプの度数で最も高いエッセンシャル・ディグニティを得ている惑星を指す。

パーティル・アスペクト

惑星が全く同じ度数で形成するアスペクト。魚座23度の月は、蟹座23度の木星とパーティル・トラインとなる。

昼チャート

太陽がアセンダント／ディセンダント軸（地平線）よりも上にあるチャート。

ビシージメント（包囲）

二つの凶星に挟まれている場合は否定的な意味。二つの吉星に囲まれている場合は肯定的。吉星の場合、個人的にはエンクロージャー（内包）と呼んでいる（訳注　英語のビシージメントは「攻められる」という意味を含む）。

ヘイズ

昼の惑星がヘイズになるときは、昼チャートにおいて地平線よりも上にあり（太陽と同じ半球側）、昼のサインにあるとき。夜の惑星のヘイズは、夜チャートにおいて地平線よりも上にあり（太陽と逆の半球側）、夜サインにあるとき。

ベネフィック（後天的吉星）

高いエッセンシャル・ディグニティ／アクシデンタル・ディグニティを持つ惑星。

ペレグリン

ディグニティを一切もたない惑星。デビリティ（減衰・弱体）と見なす。しかし、惑星がリセプションで受容されているなら問題はない。

マレフィック（後天的凶星）

ディグニティを持たず、強いリセプションで受容されていない土星と火星。

ムーンボイド

月が在住しているサインを出るまで、他の惑星とアスペクトしない状態を指す。

モイエティ（Moiety）（オーブ半径）

惑星にはオーブがあり、アスペクトが効果的に働くには、二天体のオーブの半径内にアスペクトが必要。たとえば、土星は10度、木星には12度のオーブがある。二惑星のアスペクトが効力を持つのは両者の星が11度以内（10＋12）÷2＝11のとき。

夜チャート

太陽がアセンダント／ディセンダント軸（地平線）よりも下にあるチャート。

リセプション

惑星Aが、惑星Bのエッセンシャル・ディグニティにあるとき、惑星BがAを受容していると言う。シングル・リセプション（片側のみの受容）が有効となるには、アスペクトが必要。ミューチュアル・リセプション（相互受容）においては、アスペクトを必要としない。もちろんアスペクトがあればさらに効果的。アスペクトなしの場合、ミューチュアル・ジェネラシティ（相互寛容）と呼ばれることが多い。

ヴィア・コンバスタ

黄道帯の天秤座15度～蠍座15度の範囲。月がこれらの度数にあるとき、否定的な意味となる。ただし、チャート占断を行えないという説については私は支持しない。

アクシデンタル・ディグニティ

10室、1室	5
7室、4室、11室	4
2室、5室	3
9室	2
3室	1
順行	4
動きが速い	2
土星・木星・火星がオリエンタル（東方）	2
水星・金星がオクシデンタル（西方）	2
月が増光（満月に向かっている）	2
コンバスト、サンビームではない	5
カジミ（太陽から0°17'内）	5
木星・金星とのパーティルな合	5
ノースノードとのパーティルな合	4
木星・金星とのパーティルなトライン	4
木星・金星とのパーティルなセキスタイル	3
レグルスとの合（0°♍07'）	6
スピカとの合（24°♎08'）	5

アクシデンタル・デビリティ

12室	-5
8室、6室	-2
逆行	-5
動きが遅い	-2
土星・木星・火星がオクシデンタル（西方）	-2
水星・金星がオリエンタル（東方）	-2
月が減光（新月に向かっている）	-2
コンバスト（太陽から8°30'内）	-5
サンビーム（太陽から17°内）	-4
土星・火星とのパーティルな合	-5
サウスノードとのパーティルな合	-4
土星と火星に挟まれている	-5
土星・火星とのパーティルなオポジション	-4
土星・火星とのパーティルなスクウェア	-3
アルゴルとの合または5°内の合（26°♉28'）	-4

※本表はウィリアム・リリーのポイントシステムを参照している。　※恒星は2022年2月現在の位置。

序文

私は運命を信じています。言葉そのままに。以前はそうではありませんでした。占星術、特にホラリー占星術に関わってから考えを改めたのです。もし占星術が機能するのであれば、これほどの証左はありません。そして占星術は機能します。それはどういうことでしょうか。たとえば居なくなったペットが無事か、またいつ戻るかを尋ねます。ホロスコープチャートが三日以内に家に戻ると正確に示し、その通りになるのであれば全ては星々に描かれていることになります。この考え方に読者は同意しないかも知れません。でも実際そうなるのです。

この認識は私の実践を変えました。私は顧客の運命を変える質問は受け付けません。またそれが有効だとも思いません。「A、Bどちらの仕事をとるべきか？　どちらの方が良いか？」気にする必要はありません。あなたの出生図が、仕事でとても困難な時期があることを示すのなら、それは「困難」な仕事をする「必要がある」という意味です。そこに選択肢はありません。占星術チャートは現実化しないこと、現実にあり得ないことを示すことはありません。ですから、別の選択をしていたら人生がどうなるかを示すこともないのです。さらに述べるなら、占星術があなたの決断を肩代わりすることもありません。それらの決断は、おそらくあなたが生まれる以前にすでになされているのでしょう。そして、「あなたが」それを実行すべきという事実が変わることもないのです。

想像してください。なにか重要なことがある度に占星術師に会いに行くという状況を。そうした場合、あなたが占星術師に本当にしてもらいたいことはなんでしょうか。痛みから救ってもらいたいのです。たとえば、「その関係は、最後に悲しみで終わる。だからその人と一緒になるべきではない」占星術師がそう言ったとしましょう。でも、それは本来起きるべきことです。あなたはその関係から痛みを経験し、心には永遠に残る傷を負うのかも知れません。これこそが出生図が指し示す事柄です。《私たちは幸せになるためにこの世界にいる》一体誰がそう言ったのでしょうか。私たちは経験をするために生きているのです。それ以上でも以下でもありません。そうした出来事が起きる人生を示すのが出生図です。ウィリアム・リリーが述べるように「出生図優先」。おそらく彼の助言に倣《なら》うべきでしょう。

残念ながら、今日多くの人々は何かを変えるか、避けるために占星術師の元を訪れます。たとえば、まだ書き始めてもいない本が出版されるかについて質問し、回答が「否」なら諦める。これは無効な質問です。あるいは「仕事に応募したら就職できるか?」これも無効です。まず応募。訊くのはそれからです。「宝くじを買ったら当選するか?」出生図がそうした類いの当選を示していないのであれば、何度占っても、いかに素晴らしいチャートが示されようとも実現はしません。実際それくらいシンプルです。華やかなだけのチャートは意味を為さないのです。

運命を信じると言いつつ、こうした質問を受ける人はいます。なぜなら、占星術師に問うこともクライアントの運命だから、と言うのです。故に「それをすべきか?」の問いに答えることも問題はないと言います。そうかもしれません。それでは、占星術師の運命についてはどうでしょう。自由意志が彼らの運命の一部であるという嘘を広めているのではないでしょうか? 自由意志を信じる人はいいでしょう（そうした人たちがどのように未来予測をするのかは私の理解を超えています)。でも、もしそう信じていないのであれば、彼らの出生図が、そうした嘘を伝えると示すことを分かっているのでしょうか。出生チャートはホラリーのそれよりも明瞭ではなく、こうした微妙な問題を取り扱うのは困難です。仮に生まれる前に決められていたとしても、まず「選択」することが必要です。故に、私はそうした質問には答えない選択をしました。

さて、お聞きします。占星術師を訪れる目的はなんでしょう。もし未来を変えるために未来を知りたいのであれば、占星術師を訪ねるのはやめてください。意味がないのです。一方で、占星術はあなた自身の運命を受け入れるとき、極めて重要な助けになります。また、あなた自身が広大な意図の一部であることを理解するに際しても、幾度となくその助けとなるでしょう。映画『主人公は僕だった（Stranger Than Fiction）』をご存知でしょうか。ハリウッド風のエンディングですが、占星術の説明抜きで、運命とは何か、占星術がいかに機能するかを巧みに描いた作品です。主人公が自身の人生の物語を発見したとき、彼はその精妙さを理解します。そして悲しみと不運に見舞われながらも、その理由を得た彼はそれらを変えてはならないと悟るのです。これこそが、占星術が私たちにもたらすものであり、私たちは占星術を通し「全ての出来事には理由がある」ことを理解してゆくのです。

本書では「~をすべきか?」を聞くチャート、ならびに占断の事前考察で有効でないと判じたチャートは掲載していません(採用しない事前考察もありますが、その理由は後の章で述べます)。ウィリアム・リリーは、しばしば事前考察を無視することがあります。顧客の依頼を断るのは、現代よりも困難だったのです。今日、チャートの作成も顧客への連絡も非常に簡単ですから、私たちに言い訳はできません。本当は真に聞きたいことがないとき、あるいは顧客が本来聞きたいことを話していないとき、それらのチャートの多くは無効です。占断事前考察が無意味だという人もいます。占星術は当たる場合もあるし、そうでないこともあると言うようなものだから、という理由です。それは全く違うのです。これは是非覚えておいてください。ここで扱うのは出生チャートではなく、ホラリーチャートです。子どもが生まれるとき、出生チャートは効力を持ちます。出産は実際に起こり、子どもが生まれます。出産と同時に子どもが現実化するのです。妊娠の瞬間ではありません。妊娠が必ずしも出産を約束するものでないことは皆が知るところです。ホラリー占星術はこれに似ています。占星術師は、子どもの代わりに質問を受け取ります。しかし占星術師は、その質問が現実かそうでないかは知るよしもありません。しばしばあることなのですが、質問者は信頼できません。ですから、事前考察はとても役に立ちます。特に一つ以上の兆候が出る場合、占断の中止を強く勧めます。

本書掲載のチャートで、全ての領域は網羅していません。たとえば「妊娠していますか?」という質問を私は受けたことがありません。普通は占星術師には行かず、病院に行くか、妊娠テストを行うからです。また、私はカテゴリーに応じた格言、特別な規則は採用していません。全てのチャートにおいて、それがどのような質問であっても同じ作業を行います。ディグニティ、リセプション、そしてアスペクトです。

スポーツに関する質問は私自身が行いました(依頼されたものではありません)。また、選挙や歌唱コンテストについても同様です。

最後に、ホラリーの主たる目的はシンプルなYES／NOを判ずる質問に答えることです。答えが一言で完結する場合もあります。もっとも、それは言うほど簡単ではありません。確かに、私たちの行動の全てには詳細な物語がありますが、占星術師が全てを正確に描き出すのはとても困難です。ですから、そこに取り組むのはやめましょう。大抵は誤るからです。

第一章　論理考察

本書は実践的にホラリーチャートを扱い、理論に精通していることを前提としているため、詳細については解説しません。理論が必要な場合は、バーバラ・ダン著“Horary astrology: Re-Examined”（ホラリー占星術：再検証）をお勧めします。とは言え、私がどのようにチャートにアプローチしているか、基本的な占星術的概念について述べておきます。

サイン（宮）

十二サインは活動宮、固定宮、柔軟宮の三つに分けられます。牡羊座、蟹座、天秤座、山羊座は活動宮。牡牛座、獅子座、蠍座、水瓶座は固定宮。双子座、乙女座、射手座、魚座は柔軟宮です。もし、質問の表示星が活動宮なら、物事はより早く起き、固定宮なら遅く、柔軟宮ならその中間です。もし病気に関する質問なら、固定宮は病状の長期化を表し、活動宮ならすぐに消える急性疾患、柔軟宮であれば悪化と回復を繰り返します。固定宮の表示星は大抵、職業の質問で相談者は真実を語っており、本人は今の仕事を続けたいことを示しています（他の表示要素が一致している場合）。柔軟宮は、二重性とも呼ばれ、複数の質問対象（子どもなど）が存在する可能性があること、そして多くの場合、変化を示します。

四つのトリプリシティ

火のトリプリシティ（牡羊座、獅子座、射手座）、風のトリプリシティ（双子座、天秤座、水瓶座）、地のトリプリシティ（牡牛座、乙女座、山羊座）、水のトリプリシティ（蟹座、蠍座、魚座）。

病状の質問では、トリプリシティの三つ目のサインが最も悪く、そこに表示星がある場合は深刻な状態を表しています。水のサインは最も豊かで、妊娠やお金の質問においては良い表示となります。双子座、獅子座、乙女座は不毛サインです。ただし、一般的な幸運なチャートでは、双子座と乙女座は「双子の赤ちゃん」を表します。風のサインと乙女座は人間を表し、また文明的なサインです。風サインは熱と湿潤の性質で、火のサインは熱・乾、水サインは冷・湿、地のサインは冷・乾を表します。

牡羊座、双子座、獅子座、天秤座、射手座、水瓶座は昼・男性サイン。牡牛座、蟹座、乙女座、蠍座、山羊座、魚座は夜・女性サイン。これらは、生まれてくる子どもの性別を判ずる際に役立ちます。

惑星

木星と金星は吉星です。この二つの天体が強いマレフィックになることはまずないでしょう。少なくとも、状態の良くない木星であっても、悪い土星よりも好ましいのです。木星は大吉星、金星は小吉星ですが、セクトは考慮しなくてはなりません。昼チャートにおいて木星はセクトの吉星となり、夜チャートにおいて金星はセクトの吉星となります。凶星は土星と火星です。土星は大凶星、火星は小凶星ですが、昼チャートにおいて土星の凶意は抑えられ、夜チャートにおいては火星の凶意は抑えられます。もし、（エッセンシャルやアクシデンタルな）デビリティがある場合、セクトに属さない凶星には注意しなくてはな

セクト

	昼チャート	夜チャート
セクトライト	☉	☽
セクトの吉星	♃	♀
セクトの凶星	♄	♂

りません。凶星が表示星の場合は注意してください。凶意が消えるわけではありません。それ自体が否定的な表示となります。

ホラリーチャートでは主要の表示星以外にも、質問を表すナチュラル・シグニフィケーター（生来的表示星）を頻繁に確認します。もし、質問がお金や妊娠のことであれば、木星を見るべきです（五室のナチュラル・ルーラーで、このハウスでＪＯＹを得る金星もまた妊娠に関係していますから、同様に見るべきでしょう）。月は所有物の表示星、夜チャートにおいては母親の表示星です。金星は人間関係と結婚、昼チャートでは母親の表示星となります。太陽は十室に関する物事（職業、昇進）の表示星です。そして、昼チャートでは父親の表示星となり、一般的な人間関係チャートでは男性の表示星です。土星は老人の表示星で、夜チャートでは父親を表します。最後に火星ですが、病気の質問では手術や外科医を表します。また、火星は兄弟の生来的表示星です。

太陽、木星、土星は昼の惑星ですから、昼チャートでよりよく働きます。一方、月、金星、火星は夜の惑星で、夜チャートでの働きが良くなります。水星は太陽よりも先に地平線から昇るとき（オリエンタル・東方）は昼の惑星となり、その逆（オクシデンタル・西方）では夜の惑星となります。

月の役割

私は、月が質問者の補助的な表示星に限定されるとは考えていません。月はホラリーチャート全体の表示星です。つまり、質問事項の共同的な表示星です（事例では他の表示星を定めた場合に、月も共同表示星と記しています。月を全体の共同表示星として捉える方が判断がより明瞭になります）。もし月が質問者の表示星にアスペクトを形成中であれば、肯定的な意味です。調和的アスペクトでリセプションがあるとき、肯定はさらに強まります。現在同じように考える人はあまりいません。しかし月が質問者、質問事項の表示星とアスペクトを形成した、あるいはこれから形成するアスペクトについて一定の重きを置いています。また以下に述べる主要表示星についても整合性があると考えています。過去の占星術師達が述べる、月が次にとるアスペクトが好意的なら、結果はよりよいものになるという説を私は信じています。彼らは月が接近する惑星を質問事項の表示星とし、また月が分離する惑星を相談者として考えたのです（相談者から質問事項へと光が渡される）。これを表示星と呼ぶ必要はありません。強調しておきたいのは、チャート全体の吉意の重要性です。もし月（または相談者の表示星）が別の天体とリセプションを伴い、調和的なアスペクトをとろうとしているなら肯定的な意味です。別の天体が表示星であるか否かは関係ありません。同様に、不調和アスペクトでリセプションがなければ否定的な意味になります。

ハウスまたは室

ハウスの基本的な意味については、バーバラ・ダンの著作をお読みください。ハウスについて何点か述べます。

- ハウスのルーラーは、ハウス・カスプにあるサインから導くだけにとどまりません。次の要素からも導かれます。アルムーテンまたは共同アルムーテン（ドミサイルとは異なる天体の場合）、ハウス・カスプと同じサインにあるハウス内の天体、ひとつ前のハウスに入っているがハウス・カスプと合となる天体、インターセプトするサインのドミサイル、そしてインターセプトするサインです。ウィリアム・リリーは時として、ハウス・カスプがサインの後半にあるとき、次のサインのドミサイルも使用していました。これについては確証はありません。でも私はホール・サイン・ハウスシステム上で適合するサインであれば考慮しています。たとえば、天秤座がアセンダントで、牡羊座28度が八室カスプ、牡牛座28度が九室カスプにあるとします。この場合、牡羊座よりも牡牛座が八室の大部分を占有しています。リリーならば、金星を八室の表示星として選ぶでしょう。私も同様です。なぜなら、ホール・サイン・ハウスシステムなら、天秤座がアセンダントのとき、八室に相当するのは牡牛座だからです。もし牡牛座がアセンダントから見て八室になければ、金星は表示星に用いません。

- 伝統的な占星術において、八室または五室はセックスと関連がありません。七室を性（アル・ビルーニ、マーシャアラー）と結婚のハウスとして扱います。金星がＪＯＹとなり、支配する五室はセックスと関連があるのかも知れません。でも古典書にそのような記述はありません。多くの場合、セックスのハウスは必要ないでしょう。仮に「私たちはセックスをする？」という質問においても一室と七室の表示星で十分に答えられます。

- 適切な表示星を見つけることについて、それほど大騒ぎする必要はありません。リリーの時代から世の中は大きく変わり、当時は存在しなかったものに対し、どの惑星やハウスを割り当てるのか不明だと考える人たちがいます。本書に掲載するチャートで示すように、大抵は質問にかかわらずアセンダント・ルーラーと月が正しい答えに導いてくれます。もしアセンダント・ルーラーが障害を受けたり、凶星とハードアスペクトを結んでいるとき、あるいは月がそのような状態のときは肯定的な答えを得ることはできないでしょう。

・リリーの流儀に従い、私がよく使うハウス・システムはレジオモンタナスです。ただ、ポルフィリーとアルカビティウスに惹かれており、変更を考えています。ホール・サイン・ハウスシステムの概念は好きです。ＭＣ・ＩＣ軸が十室・四室軸と合わない点において、有効に機能するか不明です。ただ将来的に考えを変える可能性はあります。ただし、惑星のアセンダントに対するアスペクトの是否は非常に重要です。惑星がアセンダントと同じサインにあり、かつアセンダントよりも15度前にあるとき、十二室の惑星としては扱いません。本書の事例においても同じハウスに入るのに、異なるハウスの惑星として扱うことに驚かれるかも知れません。惑星がハウス・カスプと異なるサインにあり、そのサインがインターセプトされていなければ、惑星を隣のハウスにあるものとして扱うのです。アスペクトに問題がなければ尚更です。たとえば、蠍座アセンダント、ＭＣは獅子座。乙女座も十室にかかり、十室側の乙女座に火星があるとき。火星は十室よりも、十一室に属するものとして扱います。

アスペクト

トラインとセキスタイルは吉意のアスペクトです。もし強いリセプションがあれば、常にその効果があります。トラインの場合、補助する表示があればリセプションなしでも有効なときがあります。セキスタイルでは通常リセプションを必要とします。ただし、アスペクトに紐付く惑星のエッセンシャルとアクシデンタル・ディグニティが非常に高ければその限りではありません。スクウェアとオポジションは凶意を示します。強いミューチュアル・リセプションや、ディグニティを持つ吉星が関わる場合、スクウェアは問題にはなりません。あるいは小さな問題に留まります。しかし、オポジションは強いミューチュアル・リセプションがあったとしても、多少の助けにはなりますが、問題は消えません。

合はアスペクトではありませんが、物事の完成には最も強い表示となります。しかしその吉凶は、関わる惑星が吉星か凶星か、またリセプションの有無によって異なります。

リセプション

私が使用するのは伝統的占星術が定義するリセプションです。リセプションは常に肯定的です。常にです。否定的リセプションというものは存在しません。山羊座の月と、蟹座の土星オポジションは両者がデトリメントでアスペクトは凶意です。それでもこの配置に限り、リセプションは良い意味なのです。それほど強くはないでしょうし、成功をもたらすほどのものではないでしょう。それでも肯定的な表示に変わりありません。

シングル・リセプションが有効となるには、二つの惑星にアスペクトが必要です。それ以外は無効です。もし全ての惑星がリセプションで受容され、ディスポジターから助けられているなら、チャートは完璧です。しかし、そうしたことは起きません。シングル・リセプションが惑星を強化するには接近するアスペクト、もしくは、最低でも分離するアスペクトが必要です。ただし惑星のオーブ内でアスペクトが形成されていることが必須です。しかし、もしドミサイル、あるいはエグザルテーションのリセプションが同じサイン内（合）にあるのなら、互いが非常に離れていたとしても有効です。ミューチュアル・リセプションについて、ウィリアム・リリーはアスペクトを必要としないと説きました。でもアスペクトがあれば、当然大きな違いがあります。

ドミサイル、エグザルテーション間の強力なミューチュアル・リセプションでは、そこに凶星が関わっていなければ、ほぼ完璧にスクウェアの悪影響を排除します。また、仮に凶星同士であっても、ミューチュアル・リセプションを伴ったスクウェアであれば、疑いなしに肯定的表示です。たとえば水瓶座の火星と、蠍座の土星のスクウェアです。もちろん、リセプションがなければ極めて強い否定的表示です。ただし、リセプションによって全ての問題が消えるわけではありません。山羊座の火星、蠍座の土星のセキスタイルの方がずっと良いのです。

ある惑星が、デトリメントやフォールにある惑星からリセプションを得ることはありません。それはリセプションではありません。また、サインや度数にディグニティがなければ、その惑星を受容することはできず、リセプションは生まれません。「リセプションは常に良いもの」ということをお忘れなく。

古代の著作（たとえばアル・キンディ）ではこう述べています。惑星1が惑星2とアスペクトを形成中で、惑星1が惑星2のデトリメント、またはフォールにある場合（例：牡羊座の月が土星にアスペクト）。あるいは、惑星1のデトリメントやフォールにある惑星2と惑星1がアスペクト（例：蠍座の土星に月がアスペクト）するときを凶意と述べています。非常に強調して書かれていますが、これはリセプションではありません。確かに、ここになにがしかの真理があるのでしょう。しかし、こうしたケースでは占星術師は、本来のリセプションの有無を確かめる必要があります。たとえば、山羊座にある月が、蠍座の土星に接近のアスペクトをしているときは肯定的な表示です。強いリセプションを伴ったセキスタイルだからです。蠍座の土星が月を好きかどうかは重要ではありません。土星は月をドミサイルで受容し助けるのです。

トランスレーション、コレクション、プロヒビション、フラストレーションなど

本来のトランスレーションは質問に関する二つの惑星がアスペクトしないか、分離アスペクトにあるとき、第3の惑星が仲介して二天体を結びつけることを言います。もし二天体が接近アスペクトにある最中、別の天体が仲介してくるときは助けにならず、むしろ邪魔になります。また、第3の惑星が第1の惑星と未だアスペクトを完成させていなければ、トランスレーションではありません。結果が良くないという意味ではありません。単にトランスレーショ

トランスレーション
Translation

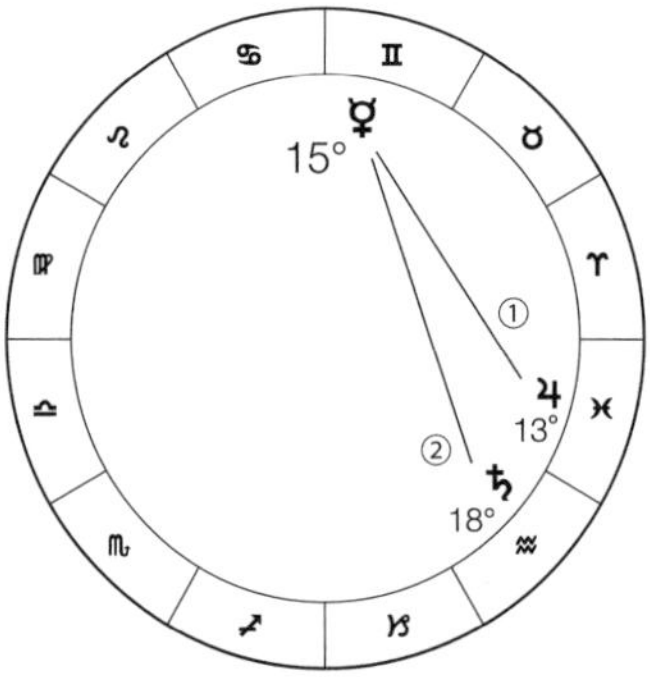

木星と土星にアスペクトが欲しい。第3の惑星水星が両星にアスペクトし、木星から土星へと光を受け渡すことが出来れば、物事の完成を示す。

コレクション
Collection

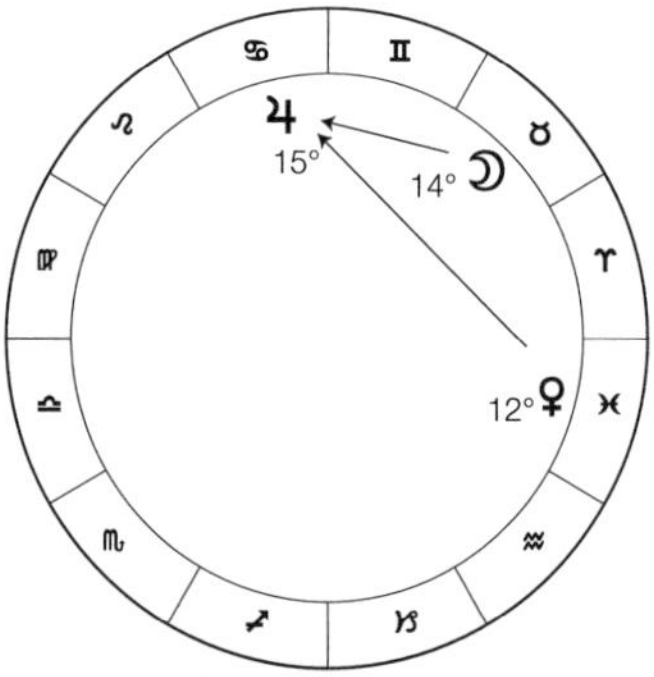

月と金星のアスペクトが欲しい。だが月は金星から離れてしまった。より公転速度の遅い惑星に品位があり、月と金星がアスペクトを形成中であれば、コレクションが成立し物事の成就を示す。

ンではないというだけです。

コレクションも同様です。質問に関係する二つの惑星がアスペクトしていないか、あるいは分離アスペクトにあるとき、両者がより重い（公転周期の長い）第3の惑星にアスペクトするときです。

トランスレーションやコレクションはいつも有効に働くわけではありません。もし仲介役となる第3の惑星が、リセプションなしに二天体とハードアスペクトを形成する、あるいは逆行、コンバストなどのアクシデンタル・デビリティがあるときです。こうした場合、第3の惑星が適切に機能するかは疑わしいのです。

いかなる場合でも第3の惑星が関わるときは注意してください。仮にそれがプロヒビションやフラストレーションであってもです。なぜなら「惑星の介入＝問題」という意味ではないからです。たとえば、リセプションを伴う月と木星のトライン。これが無

プロヒビション
Prohibition

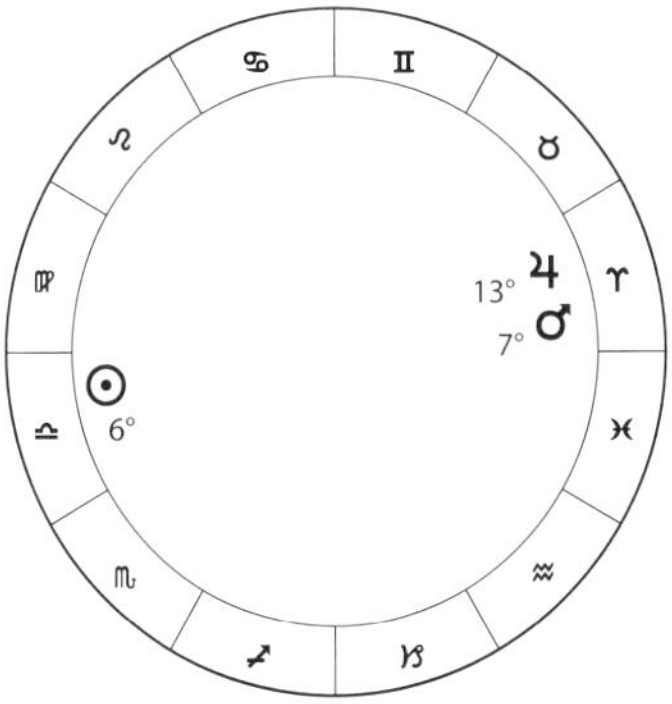

火星と木星のアスペクトが欲しいが、太陽が先に火星と木星にオポジションを完成させる。

フラストレーション
Frustration

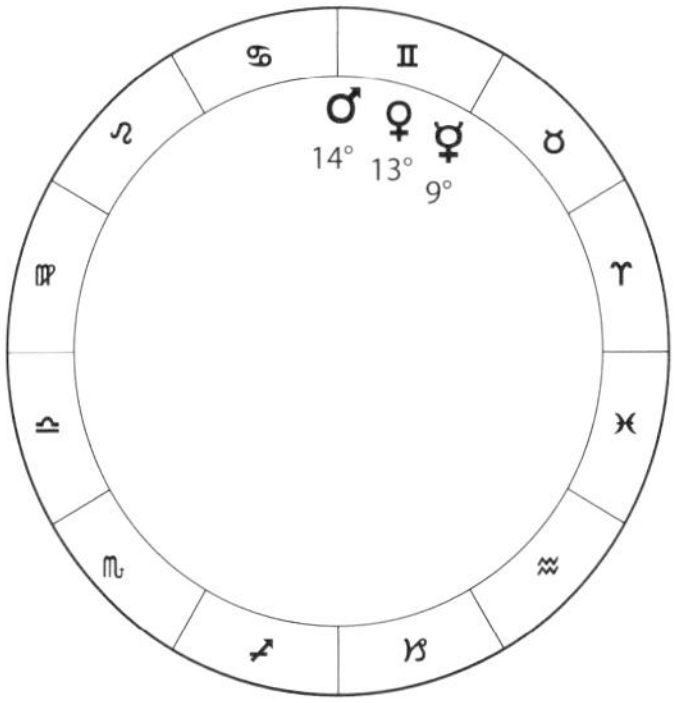

水星と金星の合が欲しい。だが、その前に金星が火星と合を完成させてしまう。

効化されることはまずありません。一方でリセプションのない土星とのハードアスペクト。これは、おおよそ常に問題となり事柄の成就を阻むでしょう。

エッセンシャル・ディグニティ、恒星、アンティシア、ムーンボイド、占断事前考察、コンバスト、カジミ、ノード

私はドロセウスのトリプリシティと、エジプシャン・タームを使用しています。トレミーのトリプリシティは、火星が水属性サインの昼夜のトリプリシティになる点で意味を成さないと考えています。古典書から見つけたというトレミーですが、エジプシャン・タームの背後にあるロジックが理解出来ず、創作したと考えています。また、エジプシャン・タームの方が実用的と考えています。これについては最終章に論説を掲載しました。また、タームはトリプリシティよりも強いディグニティを持つと考えています。ただし、さらなる検証を必要とするため、本書では標準的なポイントシステムを採用しました（ドミサイル5点、エグザルテーション4点、トリプリシティ3点、ターム2点、フェイス1点）。

惑星がトリプリシティとタームのディグニティを持ち、デトリメントやフォールにあるとき。障害はそれほど深刻ではなくなり、ディグニティが優先されます。吉星においては特にそうです。問題は残りますが、大したことではありません。デトリメント、フォールにある天体は文明人がジャングルにいるような状態です（デトリメントの障害の方が強い）。ディグニティがなければ死んでしまうでしょう。しかしディグニティがあれば、安全な場所をみつけ、危険な野生動物から逃れることができます。ディグニティはデトリメント

やフォールの防御機能として働くのです。

ことホラリーチャートについては、恒星の有用性を見つけていません。補助としてリリーが述べる三つの恒星（スピカ、レグルス、アルゴル）の使用に留めています。特にレグルスについては、成功やスポーツ勝敗の質問において、アセンダントやＭＣにある際に強い成功の表示となるようです。

アンティシアについても有用性を感じません。アルムーテンを除外するミスや、月のみを質問者の共同表示星としか見なかった場合、あるいは、ハウスに在室する惑星を共同表示星として見なさなかったとき、さらなる判断要素としてアンティシアに頼ることになるでしょう。私の実践において、アンティシアが重要な役割を果たすことはまずありません。

通常、ムーンボイドにあるときは占断を行いません。月が牡牛座、蟹座、射手座、魚座にあるときも同様です。ただ、全てのボイドが同じというわけではありません。もし、月がサインの28度にあり、27度にある惑星から分離したばかりで、次のサインの0度に惑星があるとき。これはボイドとは呼べないでしょう。また月が29度、ボイドの最後にあり、次の惑星とのアスペクトのオーブ内にあるときなどです。こうした場合は占断を行います。

またチャートがラディカル（基本要件を満たしたチャート）でない場合も占断は行いません。特に、アセンダントのルーラーがコンバストされているときは注意を払います（こうした場合、医療に関した質問を除いて、相談者自身が混乱していることを表しています）。また、アセンダントの度数が前半・後半にあるときです（ただし、相談者自身のアセンダントサインと同じで、度数が重なるときを除きます）。こうした要素が一つでも見られた場合、占断を保留します。他の考慮事項について、一つしか該当要件がなければ柔軟に対応します。二、三個が重なるときは質問が実体を持たないか、少なくとも相談者が本来質問したいことではないと判断します。

コンバストは疑問の余地なく深刻です。ですが、マーシャアラーの言う、強いリセプションによって破壊から免れるという説を支持します。コンバストが獅子座か牡羊座で起きるとき、太陽はその惑星をドミサイルかエグザルテーションで受容し、破壊することはありません。これは逆用が可能で、惑星が太陽を受容するときも同じと考えています。つまり、太陽と水星が乙女座にあるとき、水星の力は増大し、太陽の破壊的作用を跳ね返すことができます。カジミについては、緯度経度ともにカジミ（視覚的にも太陽の中に完全に入った状態）になる必要があるのか、その確信がありません。緯度経度の場合、経度のみの場合と二つの事例を診ていますが、両者ともに有効でした。これには他の証言があることを付け加えておきます。

最後に、ノード。ノードについてはいくつかの説があります。

A：ノースノード、サウスノード共に負の作用
B：全ての惑星の善悪両面についてノースノードは強化し、サウスノードは弱化する
C：ノースノードは正の作用、サウスノードは負の作用

本書ではC「ノースノードは常に正（吉意）の作用で、サウスノードは常に負（凶意）の作用」を採用しています。

ドロセウスのトリプリシティ・ルーラー、エジプシャン・ターム によるエッセンシャル・ディグニティ表

サイン	ドミサイル	エグザルテーション	トリプリシティ 昼	トリプリシティ 夜	ターム	フェイス 0°〜	フェイス 10°〜	フェイス 20°〜	デトリメント	フォール
♈	♂	☉ 19°	☉	♃	♃ 0°, ♀ 6°, ☿ 12°, ♂ 20°, ♄ 25°	♂	☉	♀	♀	♄
♉	♀	☽ 3°	♀	☽	♀ 0°, ☿ 8°, ♃ 14°, ♄ 22°, ♂ 27°	☿	☽	♄	♂	
♊	☿		♄	☿	☿ 0°, ♃ 6°, ♀ 12°, ♂ 17°, ♄ 24°	♃	♂	☉	♃	
♋	☽	♃ 15°	♀	♂	♂ 0°, ♀ 7°, ☿ 13°, ♃ 19°, ♄ 26°	♀	☿	☽	♄	♂
♌	☉		☉	♃	♃ 0°, ♀ 6°, ♄ 11°, ☿ 18°, ♂ 24°	♄	♃	♂	♄	
♍	☿	☿ 15°	♀	☽	☿ 0°, ♀ 7°, ♃ 17°, ♂ 21°, ♄ 28°	☉	♀	☿	♃	♀
♎	♀	♄ 21°	♄	☿	♄ 0°, ☿ 6°, ♃ 14°, ♀ 21°, ♂ 28°	☽	♄	♃	♂	☉
♏	♂		♀	♂	♂ 0°, ♀ 7°, ☿ 11°, ♃ 19°, ♄ 24°	♂	☉	♀	♀	☽
♐	♃		☉	♃	♃ 0°, ♀ 12°, ☿ 17°, ♄ 21°, ♂ 26°	☿	☽	♄	☿	
♑	♄	♂ 28°	♀	☽	☿ 0°, ♃ 7°, ♀ 14°, ♄ 22°, ♂ 26°	♃	♂	☉	☽	♃
♒	♄		♄	☿	☿ 0°, ♀ 7°, ♃ 13°, ♂ 20°, ♄ 25°	♀	☿	☽	☉	
♓	♃	♀ 27°	♀	♂	♀ 0°, ♃ 12°, ☿ 16°, ♂ 19°, ♄ 28°	♄	♃	♂	☿	☿

第二章　実践での応用

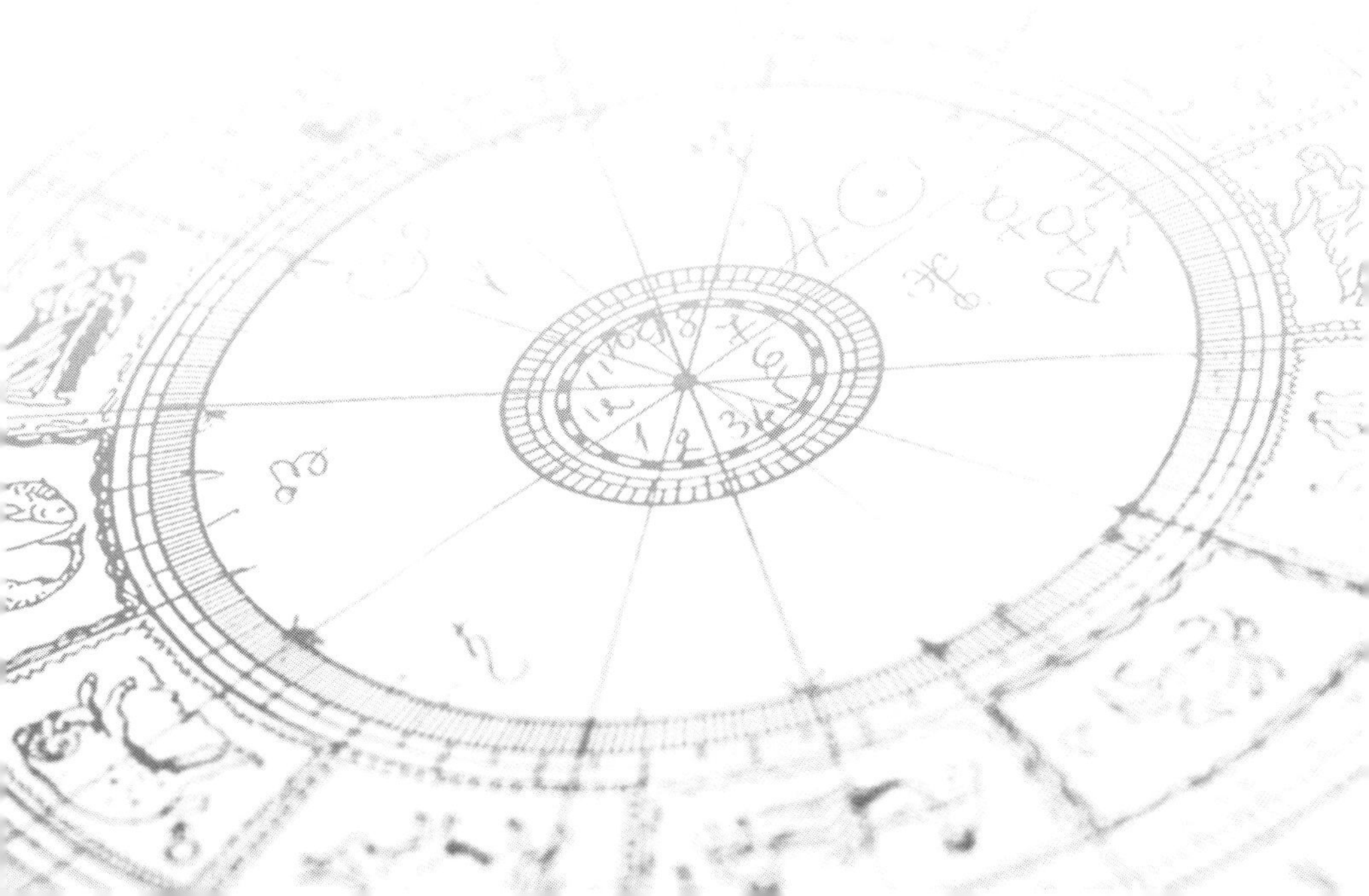

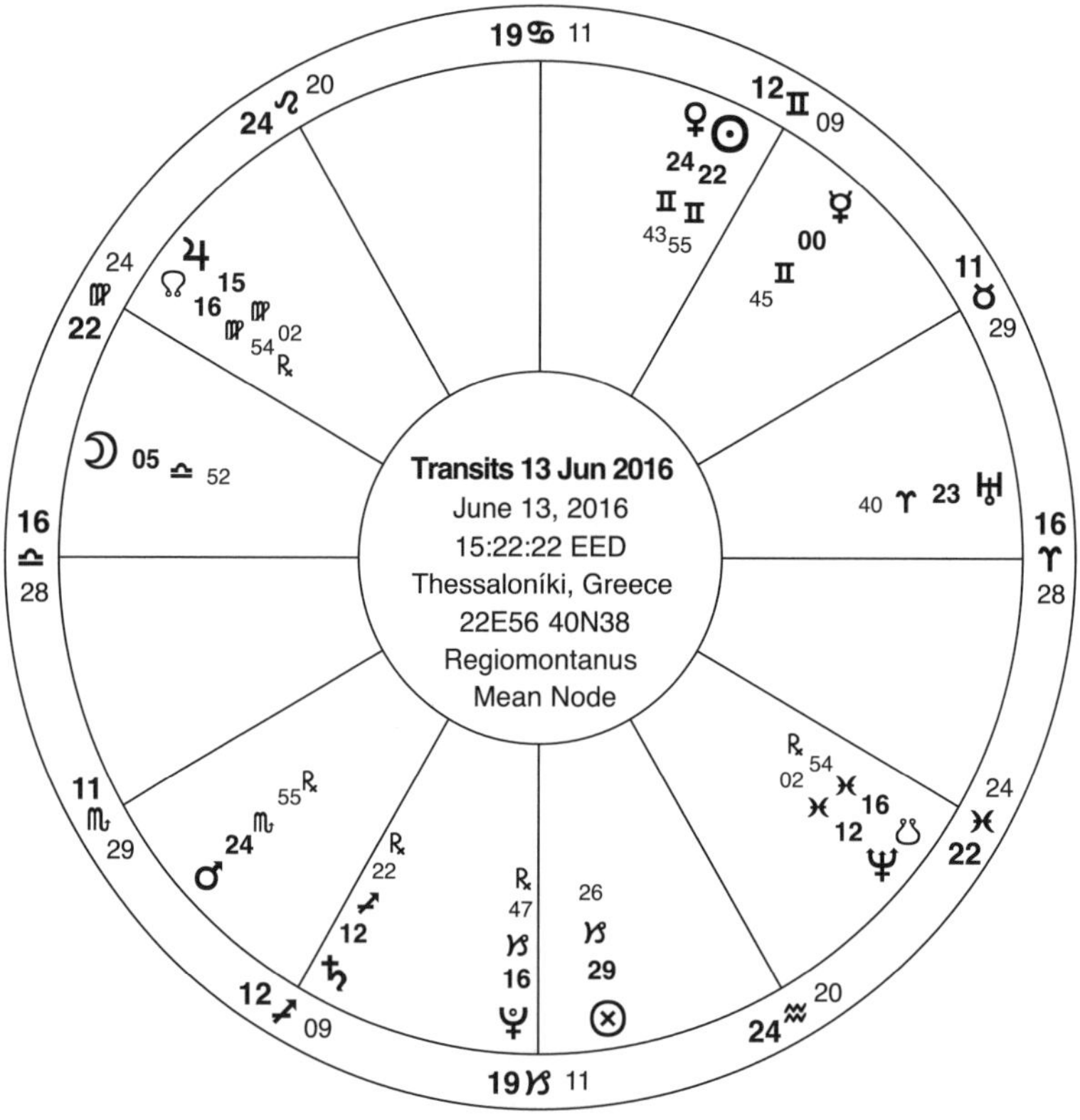
Transits 13 Jun 2016
June 13, 2016
15:22:22 EED
Thessaloníki, Greece
22E56 40N38
Regiomontanus
Mean Node

ハウス・システム

ＱＨＰではハウス・システムにレジオモンタナスを使用します（前述の通り、私自身はポルフィリー、アルカビティウスに惹かれてはいます）。しかし、常にホール・サイン・ハウスシステムのアプローチをとることをお勧めします。つまり、常にそれぞれの惑星が属するサインとアセンダントサインの関係を重視する見方です。五室山羊の惑星はとても良い状態となるでしょう。でもアセンダントサインが獅子のとき、五室の吉意は格段に下がります。山羊と獅子の間にはアスペクトがないからです。

ここで掲載するチャートでは、火星、土星、天王星（ただしＱＨＰで外惑星は用いません）、金星、太陽はそれぞれ入室するハウスが明瞭で、なんら問題がありません。では他の惑星はどうでしょう。冥王星はＩＣと合、そしてトレミーの5度ルール（これは柔軟な対応が必要です）から、仮に三室にあったとしても三室の惑星です。海王星はアセンダントと六室の関係です。六室としたくなかったとしても、海王星がアセンダントとアスペクトしない事実は変わりません。ですから海王星の吉意は「通常」の五室よりも減ります。こうした惑星の判断として「海王星は五室にあるが、アセンダントとはアスペクトしない」とすべきでしょう。もしそうした惑星が吉意を担う場合、アセンダントとの関係から、その意味は大きく削がれることになります。おなじく、木星は十一室にありますが、アセンダントと「通常」のセキスタイルはありません。十二室のカスプに非常に近いですから、私は十二室の惑星と見ます。いずれにせよ、十一室にあったとしても良い場所とは言えません。一方、水星と月はどうでしょう。水星は八室という凶意のハウスにあります。でもアセンダントとアスペクトしています。ですからこれは吉意として読みます。月はアセンダントと同じサインにあり、水星はアセンダントとトラインです。

エッセンシャル・ディグニティとリセプション

ドロセウスのトリプリシティとエジプシャン・ターム

(a) 月は金星のドミサイル、土星のエグザルテーション、土星のトリプリシティ、土星のターム、月自身のフェイスにあります。この月のエッセンシャル・ディグニティはフェイスのみですが、ペレグリンではありません（土星とのミューチュアル・リセプションもあります）。月はこの場所を支配する金星と土星に接近アスペクトがあり、二天体とも月を受容しています。これは、金星や土星が表示星の場合もそうでない場合も肯定的な表示です。金星はコンバストで弱い状態のため、このリセプションは月にとってはあまり助けにはなりません。土星とのリセプションはとても良いです（ただ、土星はケイデントで逆行）。唯一のセキスタイルというわけではありませんし、もし土星が質問の主要表示星であれば、月と土星のセキスタイルの完成は物事の成就の表示になります。土星が凶星であること、逆行していることから多少の問題はあるかも知れませんが肯定的な判断となります。

(b) 火星は自身のドミサイル、金星のトリプリシティ、土星のターム、金星のフェイスにあります。金星とアスペクトしないため、リセプションはありません。ミューチュアル・リセプションであればアスペクトがなくとも関係が成立します。ただし、アスペクトのないリセプションの効力は弱くなります。火星と土星の関係も同様です。

(c) 土星は木星のドミサイルにあり、太陽のトリプリシティ、金星のターム、そして月のフェイスにあります。ミューチュアル・リセプションがあるため、土星はペレグリンにはなりません。月とのミューチュアル・リセプションについては前述した通りです。月はフェイスで受容しているため強いミューチュアル・リセプションではありませんが、土星のエグザルテーションはとても強く、土星と金星のミューチュアル・リセプションもあります。このリセプションが助けにならないのは、アスペクトがオポジションで、かつ金星がコンバストにあるためです。さて、土星は太陽ともミューチュアル・リセプションです。しかし、これもあまり強くはありません。オポジションで、トリプリシティは最強のディグニティではありません。木星とは分離のアスペクトでシングル・リセプション。しかし、木星は弱く、凶星とのスクウェアで相殺されてしまいます。このリセプションは木星を助けはしませんが、土星に問題はありません。

(d) 水星は自身のドミサイルにあり、土星のトリプリシティ、自身のターム、木星のフェイスにあります。木星とはミューチュアル・リセプション。両者のアスペクトは接近です。ただ、これが質問に関するアスペクトであれば、土星が邪魔をしています。水星と土星にはシングル・リセプションがあります。しかし、オポジションで逆行する凶星が示す否定的要素を相殺するには足りません。

(e) 太陽は水星のドミサイルにあり、土星のトリプリシティ、火星のターム、そして自身のフェイスにあります。太陽と火星はアスペクトしません。また土星とのミューチュアル・リセプションは前述した通りです。ただ、水星とのシングル・リセプションはこの中で最も強力です。このチャートでは双子座にある惑星は水星からドミサイルで受容され、コンジャンクションでもあるため、全てシングル・リセプションで水星が受容しています。分離・接近のアスペクトにかかわらず、水星はそれらの助けとなります。ただし、土星のオポジションは双子座の惑星には問題となります。

(f) 金星は水星のドミサイル、土星のトリプリシティとターム、太陽のフェイスにあります。土星とのリセプションは前述のとおり。太陽が金星をフェイスで受容していますが、コンバストを相殺する力はありません。この合が獅子座、牡羊座であったなら、もっと良いのですが。水星はドミサイルで受容し、金星を助けていますがコンバストはかなり深刻な問題です。

(g) 木星は水星のドミサイルとエグザルテーションにあり、金星のトリプリシティ、ターム、フェイスにあります。水星・金星とのリセプションについてはすでに述べました。分離のアスペクトとは言え、助けにはなるのですが、やはり金星のコンバストは問題です。

アクシデンタル・ディグニティ

アクシデンタル・ディグニティについて、リリーのポイントシステムには完全同意はしていません。バーバラ・ダンの著作の事例、あるいはあなた自身の方法を見つけ出してください。たとえば私見ですが、リリーはサンビーム外（太陽の片側17度よりも外）にある惑星、特に水星に対し加点しており、金星もある程度の加点をしています。その他の惑星はサンビームになることが少ないため無視しています。ですが、実践においで私は加点しません。重要なのは点数ではなくディグニティを得ているか否かです。では、リリーのポイントに従えばどのようになるかを見ていきましょう。

(a) 月は十二室（ホール・サイン・ハウスシステムでは一室です）、マイナス5点です。また動きが遅く一日に11度54分の速度ですから、マイナス2点。占星術ソフトなしで、どのように惑星の速度を見つければ良いのでしょうか。先ず正確に一日後のチャートを作ります。たとえばその月の24日に、水星が15度にあったとします。そして24時間後には16度40分だとしましょう。この場合、水星の速度は一日あたり1度40分です。水星の平均速度はおおよそ一日1度です（全ての惑星の平均速度は知っておく必要があります）。よって、水星は平均よりも速いことが分かります。事例のチャートでは、月は平均速度、一日あたり13度10分36秒を下回っていますから、遅いと判別できます。月は増光しているでしょうか？　しています。2ポイント加点です。月が太陽の次のサインにあるとき、完全なオポジションになるまで月は増光します。別の言い方をすれば、太陽から離れ、新月から満月になるまで増光します。さて、この月はサンビーム外にありますから5点追加。エッセンシャル・ディグニティは、フェイスで1点。ドミサイル、エグザルテーションでのミューチュアル・リセプションはありませんから、トータルは1点です。

(b) 火星は二室にあることで3点。逆行でマイナス5点。オクシデンタルでマイナス2点。太陽をアセンダントに置き、地平線よりも上にある惑星がオリエンタルです。つまり太陽よりも先に昇る惑星です。一方、地平線よりも下にある惑星がオクシデンタルです。事例チャートで太陽をアセンダントに置くと、七室カスプは太陽の対向、射手座22度55分です。ですから、太陽よりも前の度数から対向の間にあるすべての惑星はオリエンタルとなります。水星、天王星、海王星、冥王星はオリエンタルです。土星、火星、月、木星、金星はオクシデンタルです。また、火星はサンビーム外にありますから5ポイント加点されます。移動速度にかかわらず逆行する惑星には注意してください。さて、最後。ドミサイルにあるので5ポイント追加です。トータルは6点。

(c) 木星はノースノードと合。リリーは完全な合でないとポイントは加点しません（ここは同意しません）。木星は十二室なのでマイナス5点（私はそう見なしませんが、リリーなら十一室に置くと思います）。移動速度は速く（2点）、オクシデンタル（マイナス2点）、サンビーム外（5点）、デトリメント（マイナス5点）。トータルはマイナス5点です。

セクト

太陽が地平線、つまり一、七室軸よりも上にある昼チャートですから、昼の惑星（太陽を除く木星、土星）が活性化します。木星は昼配置ですが、夜サインにあります。土星は昼サインですが、夜配置です。夜惑星はどうでしょう。金星は昼配置、昼サイン。完全にセクトから外れています。月も同様です。火星は夜配置で夜サインにあります（ただし、多くの古典書によれば火星は昼サインを好みます）。しかしヘイズにはなりません。昼チャートだからです。

では、どのようにセクトを使えばいいのでしょう？　ヘイズにある惑星は肯定的表示、完全にセクト外にある場合は否定的表示として見ることをお勧めします。出生図においては、吉星と凶星に注目してください。昼チャートでは木星がセクトの吉星で、金星よりも高い吉意を示します。夜チャートにおいてはその逆です。

アルムーテン

チャートのアルムーテンが最良の惑星、という説を私は支

ヘイズ

昼惑星	昼チャート	夜惑星	夜チャート

♄ ♃ ☉
☿
東方の水星
太陽よりも先に地平線から昇る水星

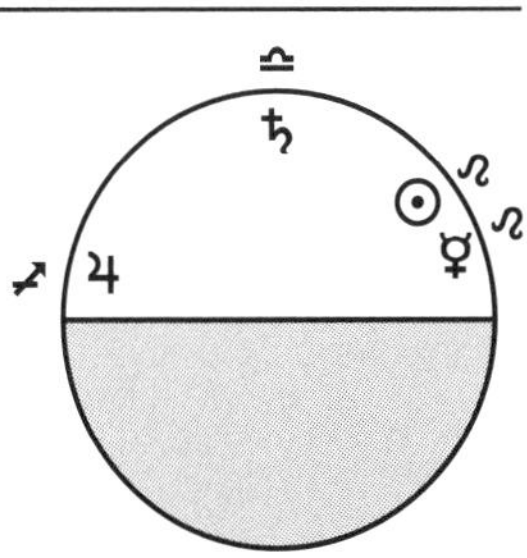

昼惑星のヘイズ

昼チャートにおいて、昼惑星が地平線よりも上の男性サインにあるとき。

♂ ♀ ☽
☿
西方の水星
太陽の後から地平線から昇る水星

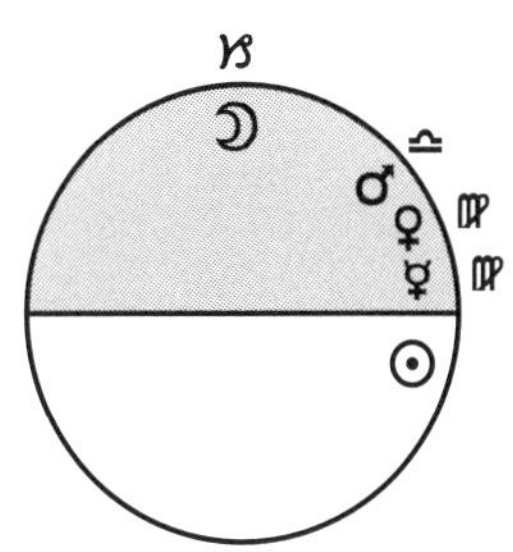

夜惑星のヘイズ

夜チャートにおいて、夜惑星が地平線よりも上の女性サインにあるとき。ただし火星は男性サイン。

持しません。リリーの手法では、エッセンシャル、アクシデンタル・ディグニティを相応に得ていれば、あらゆる惑星をアルムーテンとすることができます。その惑星がチャートと関連性を持っていない場合や、重要な場所に対して力を持っていなくともそれを可能とします。イブン・エズラ著“The book of Nativities and Revolutions”（出生図と回帰図）で述べられる手法が、より優れていると考えています。彼はチャートの重要な場所でエッセンシャル・ディグニティを得る惑星を見つけることを推奨しているからです。リリーのアルムーテンは、チャートの他の部分から完全に切り離されている可能性があります。イブン・エズラの説では太陽・月、アセンダント、誕生前の月、ロット・オブ・フォーチュン（パート・オブ・フォーチュン）を重視します。一方、彼もまた、アクシデンタル・ディグニティなどから「最良」の惑星を導く方法を試していますが、個人的には同意しません。チャートのアルムーテンは、ハウスのアルムーテンを導く方法と同じ計算方法をとるべきと考えています。つまり、エッセンシャル・ディグニティ（惑星のそれだけでなく、イブン・エズラが述べる重要な場所）からのみ導く方法です。その手法から、チャートのアルムーテンの状態が良いか悪いかを判別し、出生図を持つ人の人生大要について結論を導けるのです。

ホラリー占星術では、ハウスのルーラーと共にアルムーテン、共同アルムーテンの使用を強くお勧めします。算出にはドロセウスのトリプリシティとエジプシャン・タームを用います。これらをハウス・カスプの度数から算出します。もし二つの惑星が同点となった場合は、共同アルムーテンとして両方とも採用してください。ハウスへのアスペクトなどを考慮し、どちらか一方を選ぶ必要はありません。後の章で用いる事例チャートで判明しますが、非常に頻繁に、答えがドミサイル・ルーラーではなく、アルムーテンから導き出されます。ハウス・アルムーテンの問題は、アングルを除き、使用するハウス・システムによって変わってしまう点です。

事例チャートのMCは蟹座19度11分。ドミサイル・ルーラーとして月が5点。木星はエグザルテーションで4点、金星はトリプリシティで3点、木星はタームで2点、水星はフェイスで1点。木星がトータルで6点です。したがって、木星がMCのアルムーテンとなります。

アンティシア

序文で述べた通り、（アンティシアに頼らず同じ結論に達するという意味で）ホラリー占星術においては、アンティシアの有用性が見つけられません。もちろん、同意しない占星術師もいます。アンティシアとコントラ・アンティシアの算出には一室が牡羊座で始まるチャートを想像してください。二室は牡牛座、三室は双子座です。関係性は次のようになります。第一サインのアンティシアは第六サインにあります。ですから、牡羊座のアンティシアは乙女座にあります。第二サインのアンティシアは第五サイン、第三サインは第四サインです。同様に、天秤座を第一サインにすると、アンティシアはそこから六番目のサイン（魚座）に、蠍座（第二サイン）は水瓶座（第五サイン）、射手座（第三サイン）は第四サイン（山羊座）となります。惑星の度数とアンティシアの度数は足すと30になることを忘れないでください。ですから、牡羊3度に惑星があるとき、アンティシアは乙女27度です。双子14度の惑星は、蟹16度にアンティシアがあります。コントラ・アンティシアは、アンティシア度数の対向にある度数です。前例の場合、牡羊3度のコントラ・アンティシアは、魚27度。双子14度のコントラ・アンティシアは、山羊16度です（訳注　蟹座の0度は夏至、山羊座0度は冬至に相応します。そのため、蟹座0度と山羊座0度を結ぶ線に対称となる点はコンジャンクションと同様の意味を持ちます）。

プラネタリー・アワー（惑星時間）

プラネタリー・アワー（惑星時間）は普通の時刻とは異なり60分間隔でなく、昼時間・夜時間で長さが異なります。昼時間は日の出（太陽・アセンダントの合）と共に始まり、日の入り（太陽・ディセンダントの合）と共に終わります。夜時間は日の入りから日の出までです。ですから、チャートをつくる日と場所によって変化します。1時間分の正確な長さを求めるとき、昼時間が14時間のとき、これを12で割り、夜時間10時間を12で割ります。最初の1時間を支配する惑星が、その質問を支配する日の惑星です。火曜日なら、その日のルーラーは火星で、一日の始まりの時間は火星が支配しています。その次の時間は太陽に支配され、その後はカルディアン・オーダー（土星、木星、火星、太陽、金星、水星、月）に従います。ですから、太陽の次の時間は金星が支配します。

ロット・オブ・フォーチュン（パート・オブ・フォーチュン）の計算方法

昼夜で反転させないトレミーの計算方法は使いません。夜チャートでは計算を反転します。殆どのロットは、セクトの惑星・太陽と月から計算を始めます。夜チャートであれば月から始めます。ロット・オブ・フォーチュン（以降、ＬＯＦと呼びます）においても例外ではなく、これに対する納得のできる反論を聞いたことがありません。昼チャートであれば、太陽から月までの距離をアセンダントに足します。夜チャートでは、月から太陽までの距離をアセンダントへ足します。事例チャート（昼チャート）では、太陽から星座の並び順で月までの度数を測ります。太陽から月までおよそ１０３度（双子座7度5分、蟹座30度、獅子座30度、乙女座30度、天秤座5度53分）です。これをアセンダントへ足すと山羊座29度となります。

在室ハウスの判断

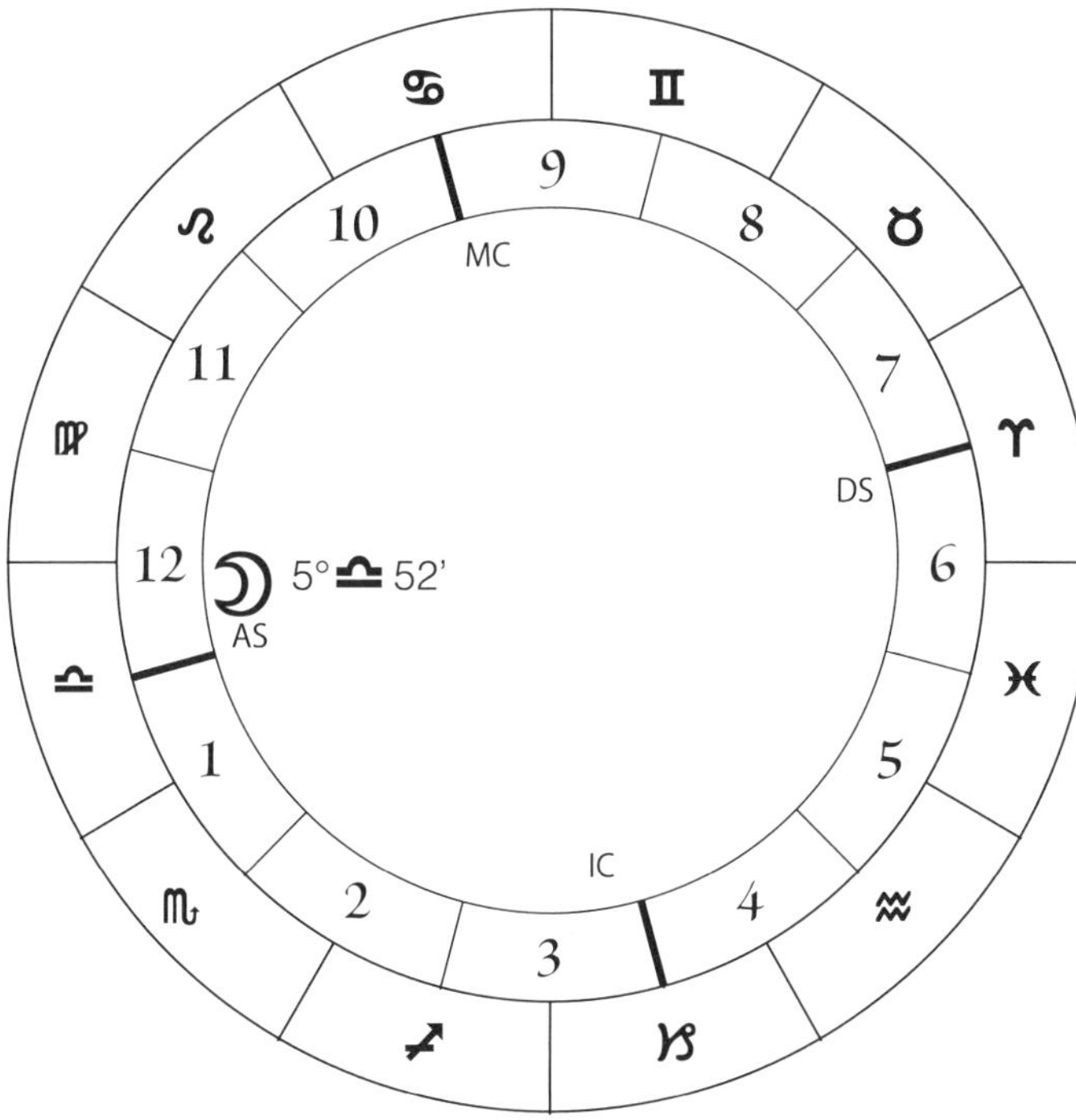

月は一室、それとも十二室？

本書ではアセンダントがある天秤座全体を一室として考える。

月は十二室だが天秤座にある。アセンダントは天秤座。従って、月を一室の天体とみる。

第三章　「第二ハウス関連」お金

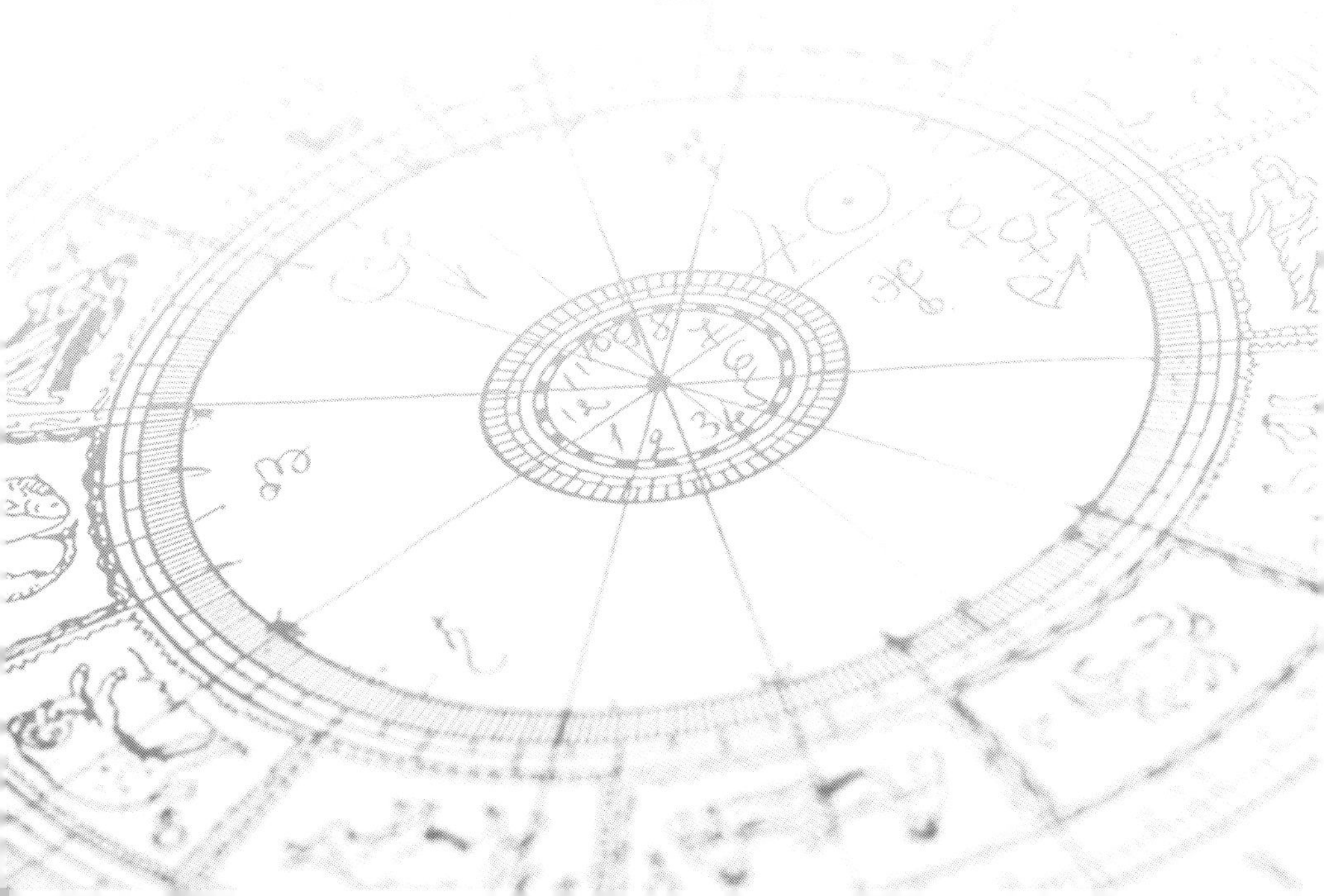

01

支払いに同意は得られるか？

質問者はテレビ局で働くことを望んでいた。しかし、テレビ局側は彼に支払う報酬は、テレビ局で仕事を得ているというステータスだけで十分であり、お金を支払う必要はないと考えているようだった。提案を申し出ていたが、無報酬となるのが心配だった。

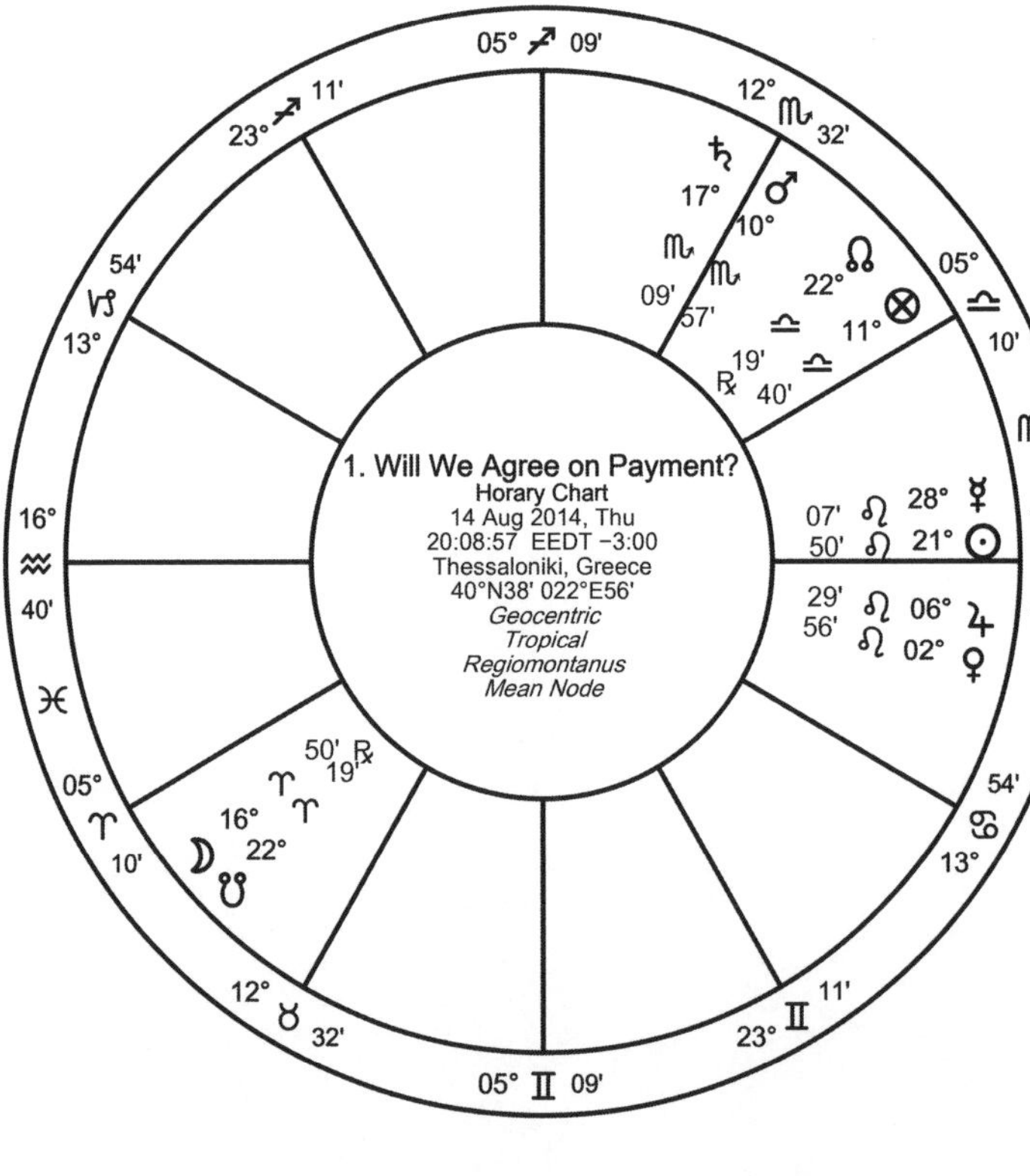

質問者

一室、土星（一室のドミサイル・ルーラー、アルムーテン）、木星（一室にインターセプトする魚座のドミサイル・ルーラー）、月

質問者のお金

二室、火星（二室ルーラー）、太陽（二室アルムーテン）、月、サウスノード、木星（富のナチュラル・ルーラー）、ＬＯＦ、金星（ＬＯＦのドミサイル・ルーラー）、土星（ＬＯＦのアルムーテン）

テレビ局

七室、太陽（七室のドミサイル・ルーラー、アルムーテン）、水星（七室にインターセプトする乙女座のドミサイル・ルーラー）、木星と金星も可能性がある。

肯定的表示

月はお金を表す二室。吉星である木星と金星はタームのミューチュアル・リセプションで合。火星、太陽がそれぞれのドミサイルにあります。月は太陽とトラインに向かい、太陽から受容されています。水星はコンバストですが、太陽からドミサイルで受容されています。また、土星は火星に受容されています。

否定的表示

七室ルーラーが七室にある場合、七室に関係する問題ではあまり良い表示ではありません。七室に表される人物が自身の考えに基づき、妥協することを望んではいないのです。七室にインターセプトするサインのルーラー、水星も七室にあります。火星、金星、水星、太陽、そして木星はすべて土星から障害を受けています。質問者のお金を表す表示星の火星は、凶星である土星に接近（土星は火星から受容されてはいます）。火星を吉星として考えても、土星はそうではありません。また受容されて優位性を得るのは火星ではなく土星です。LOFは八室、ただしアセンダントとトライン。サウスノードは二室で月と合で、非常にネガティブな表示です。

判定

月が質問対象のハウスにあるとき、チャートのラディカリティ（訳注　基本原理や根元性を表し、信頼性や有効性が高いという意味）、すなわち有効性は高くなります。太陽と月のトラインは吉相。提案が5単位（太陽と月の角度差）の時間で決定されることを示しています。しかし、七室の太陽は相手が妥協しないという表示。金星（テレビ局のお金）の木星（質問者の補助表示星）への形成中アスペクトは吉相ですが、土星から障害を受けています。同様に、火星（お金）の土星（質問者と八室アルムーテン）に対する接近は肯定的表示と見てよいでしょう。両星とも質問に関連する表示星だからです。でも、凶星同士の合です。そして火星は土星から障害を受けています。二室のサウスノード、そしてお金に関する表示星が土星から障害を受けていることから、先方から報酬の提示はない、あるいは金額が質問者が納得する額ではないことを示しています。

結　果

提案（太陽・月のトライン）は約五週間後（二日早く）に決定されました。質問者は報酬を期待しましたが、その後、先方からの連絡はありません。

占星術的結論

表示星の火星と土星が凶星であり続けました。七室に関する問題で、七室の表示星が七室にあるのは大抵はよくありません。サウスノードが質問に直結するハウスにある場合、強い否定的表示となります。

02

友達はお金を支払ってくれる？

質問者は友人から頼まれた仕事を受けたが、まだ支払いがない。友人を信頼していたので、恐らく単に忘れているだけだと考えている。

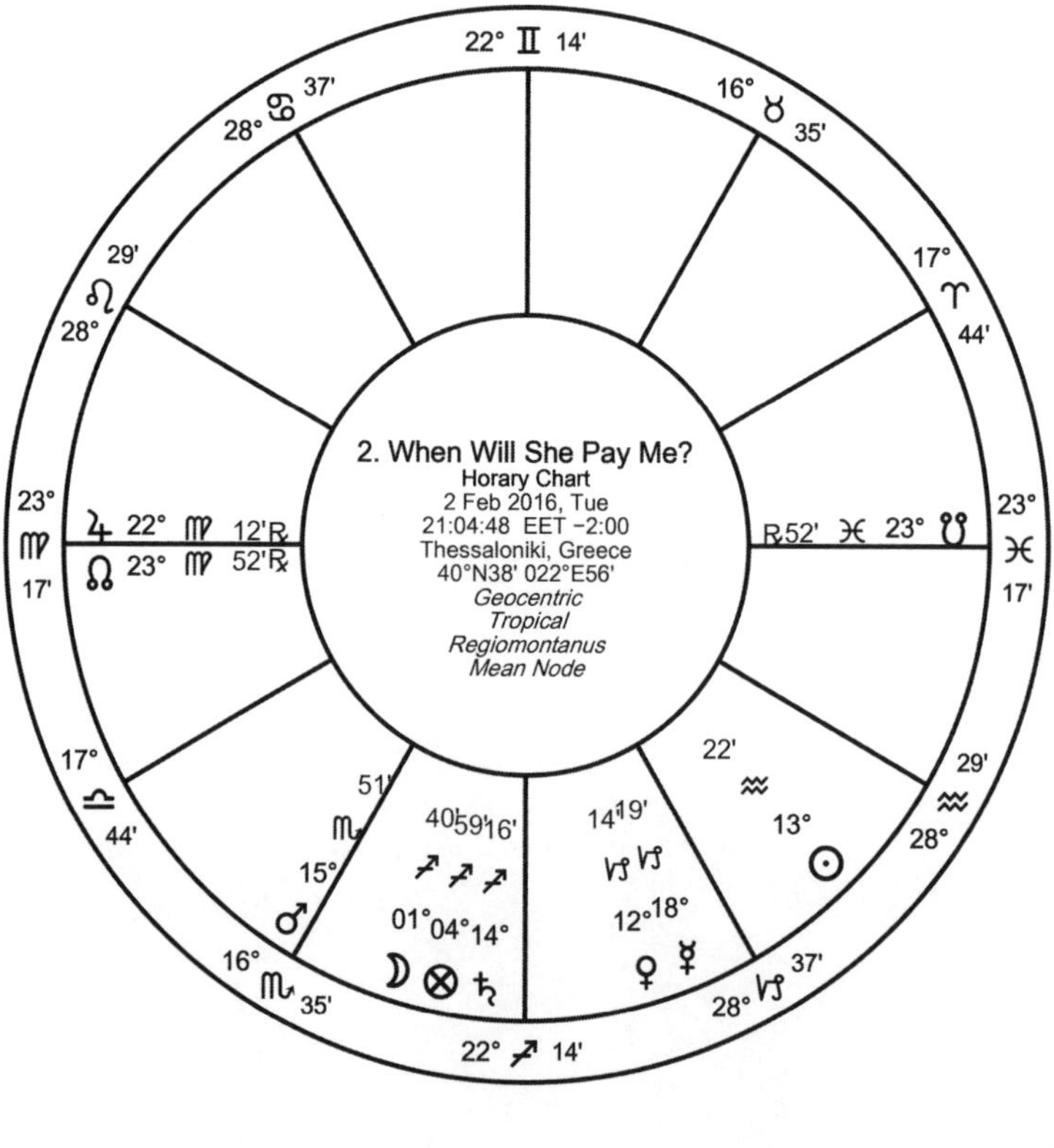

質問者

一室、水星（一室のドミサイル・ルーラー、アルムーテン）、木星、月

質問者のお金

二室、金星（二室のドミサイル・ルーラー）、土星（二室の共同アルムーテン）、木星（富のナチュラル・ルーラー、ＬＯＦのルーラー）、ＬＯＦ

友人

十一室、月（十一室のドミサイル・ルーラー、アルムーテン）

友人のお金

十二室、太陽（十二室のドミサイル・ルーラー、アルムーテン）

肯定的表示

水星（質問者）と木星（富とＬＯＦのルーラー）はリセプションを伴うトラインを形成中。水星はコンバスト、アンダーザビームもなく、速度を速めセクトの吉星、金星と合。もうひとつの吉星、木星はアセンダントと合。同じく、アセンダントと合のノースノードとも合。金星は木星のタームにあり、木星（これも質問者の表示星）とトラインを形成中。月と木星には強いセプション。月は三室（でも、アセンダントから四番目のサイ

ン）にありJOYを得て、LOFと合。太陽（友人のお金）は土星（質問者のお金）と強いリセプションを伴うセキスタイルを形成中。月は太陽（友人のお金）に接近のセキスタイル。ただ、弱いリセプションと共に土星（質問者のお金）との合が先に起きます。土星は凶星ですが、アングルにあり金星とミューチュアル・リセプション、太陽とはシングル・リセプション。金星はディグニティの高い火星とセキスタイルを形成中。火星はエグザルテーションで金星を受容しています。

否定的表示

木星はデトリメント、逆行しながら土星とスクウェア（ただし木星は土星を受容）。太陽はデトリメントで、アセンダントとアスペクトしません。月は土星から障害を受けています（ただ土星の状態は極めて良くオーブ外）。太陽は火星とスクウェア（この火星はドミサイル、夜チャートのトリプリシティ、太陽のフェイスを得ている吉星）。

判　定

多くの肯定的表示があり、恵まれたチャートです。多少の困難、または質問者自身の行動は必要とされますが、間違いなく支払いを受けるでしょう。多くの形成中アスペクトがあるため、支払時期は不明。月が太陽とのセキスタイル、土星との合を完成するのは13度以内。水星が木星とのトラインを4度位内で完成。太陽が土星とセキスタイルを完成させるのは1度内。金星が逆行木星とのトラインを完成するのは9度と少し。質問者は友人に尋ねることを決めていましたし、時間の問題と考えていました。支払いまで一週間前後であると告げました。

結　果

友人から連絡のなかった質問者は、この質問から九日後にメールで連絡（金星は三室ルーラー火星にセキスタイルを形成中）。友人はやはり、支払いを忘れていました。ところがメールが来る直前にそれを思い出し、シンクロニシティに驚いたそうです。質問者は翌朝に支払いを受け取りました。それは木星と金星のトラインが完成する九日半後でした。

占星術的結論

タイミングは金星（質問者のお金）と木星（質問者の共同表示星）によってもたらされました。ハウス内の惑星がルーラーとアルムーテンと同様に、共同表示星となる証左です。

03 レストラン経営はうまくいくか？

当初は「すべきか？」という質問だった。相談者はパートナーと始めたレストラン経営にさらに投資をすべきかを知りたがっていた。占星術で「すべき？」と聞いても、まともな答えは得られないし、そうした質問は有効ではない。かわりに現在のビジネスがどういった状況であるかは見られると伝えた。相談者は同意したが、チャートの有効性は信頼性に乏しい。もしアワールーラー（土星）がアセンダントと調和していればよかったのだが、そうではなかった。

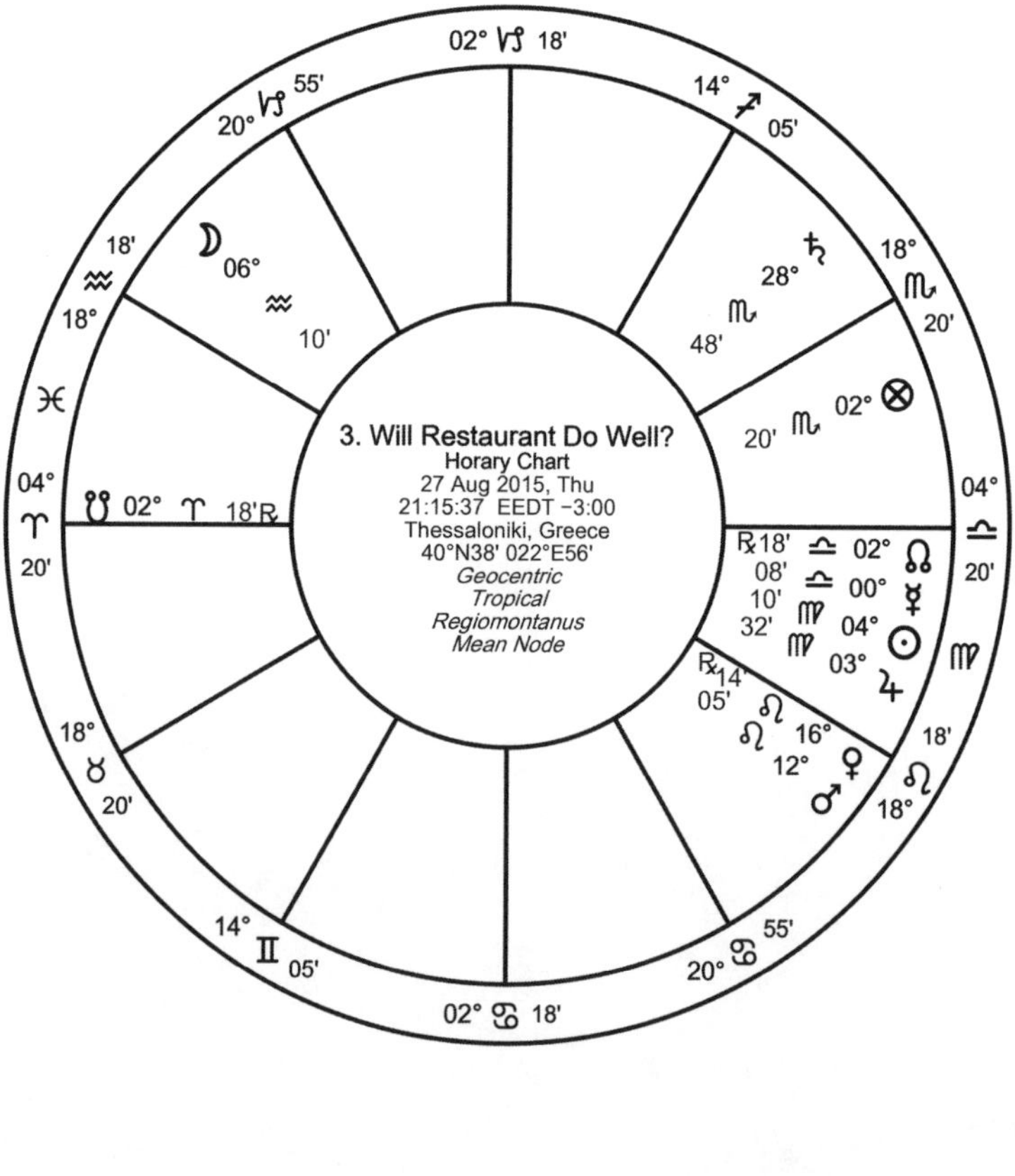

質問者

一室、火星（一室ルーラー、アルムーテン）、月、サウスノード

質問者のビジネス

十室、土星（十室ルーラー、アルムーテン）、太陽（仕事関連のナチュラル・ルーラー）

質問者のお金

二室、金星（二室ルーラー）、月（二室アルムーテン）、木星（富のナチュラル・ルーラー）、ＬＯＦ、火星（ＬＯＦのルーラー、アルムーテン）

パートナー

七室、金星（七室ルーラー）、土星（七室アルムーテン）

肯定的表示

火星は幸運を表す五室にあり、アセンダントとトライン（普通なら、私はこの火星を六室にあると見なすが、本チャートでは牡羊座のアセンダントとトラインとなるのは獅子座）。非常に速度の速い月は、アンギュラー（一―四―七―十室）の水星と（分離ではあるが）トラインで、強いミューチュアル・リセプション。土星（レストランとパートナー）は自身のタームにあり、火星とミューチュアル・リセプション（ドミサイル、トリ

プリシティ／ターム）。主要表示星である火星と金星は互いに合を形成中です。

否定的表示

アセンダント上のサウス・ノード。金星の逆行と凶星火星との合。木星はコンバストにあり、デトリメントで六室。太陽も六室。月は火星とリセプションなしのオポジション。土星は八室にあり、パートナーのお金の障害となっています。ＬＯＦは八室、蠍座。そして凶星が主要表示星です。

判　定

非常に弱い肯定的表示です。月は水星から分離し、金星は火星と合を形成中ですが、逆行。火星は凶星。土星はさらに強い凶意を示すこともありますが、アクシデンタル・デビリティのため力は強くありません。一方で否定的表示は強い。アセンダントにあるサウス・ノードが示す凶意、リセプションのない火星と月のオポジションも同様。さらに、月と逆行の金星、そして六室でコンバストされるデトリメントの木星。互いに合を形成中の火星と金星（互いがそれぞれのお金を表している）。最終的に相談者とパートナーが投資をすることを示していますが、うまくはいかないでしょう。そのうえ、土星（ビジネス）はもうすぐ射手座に入り、ペレグリンとなります。進展は望めません。

相談者にこれ以上の発展は望めないことを告げました。普段は助言をすることはありませんが、投資の停止を進言しました。

結果

相談者はさらなる投資を行いましたが、状況は改善しませんでした。また過去の投資で、パートナーにかなりの金額を費やしていたとのこと。五ヶ月後（月と火星のオポジションは6度以下で完成ですが、月の速度は速く進展を早めました）、相談者はパートナーシップから降り、結果としてそれほど大きな損失に至らずに済みました。

04

支払いはいつか？

この質問の前日、相談者は仕事のパートナーから支払いについて連絡を受けていた。けれども支払いはなかった。規則に従えば月はボイドにあるが、その終了間近にありボイドと判ずるには微妙だ。水星とのアスペクトが終了した直後で、同時にサインを越えると直ぐに別の天体とアスペクトを結ぶ。

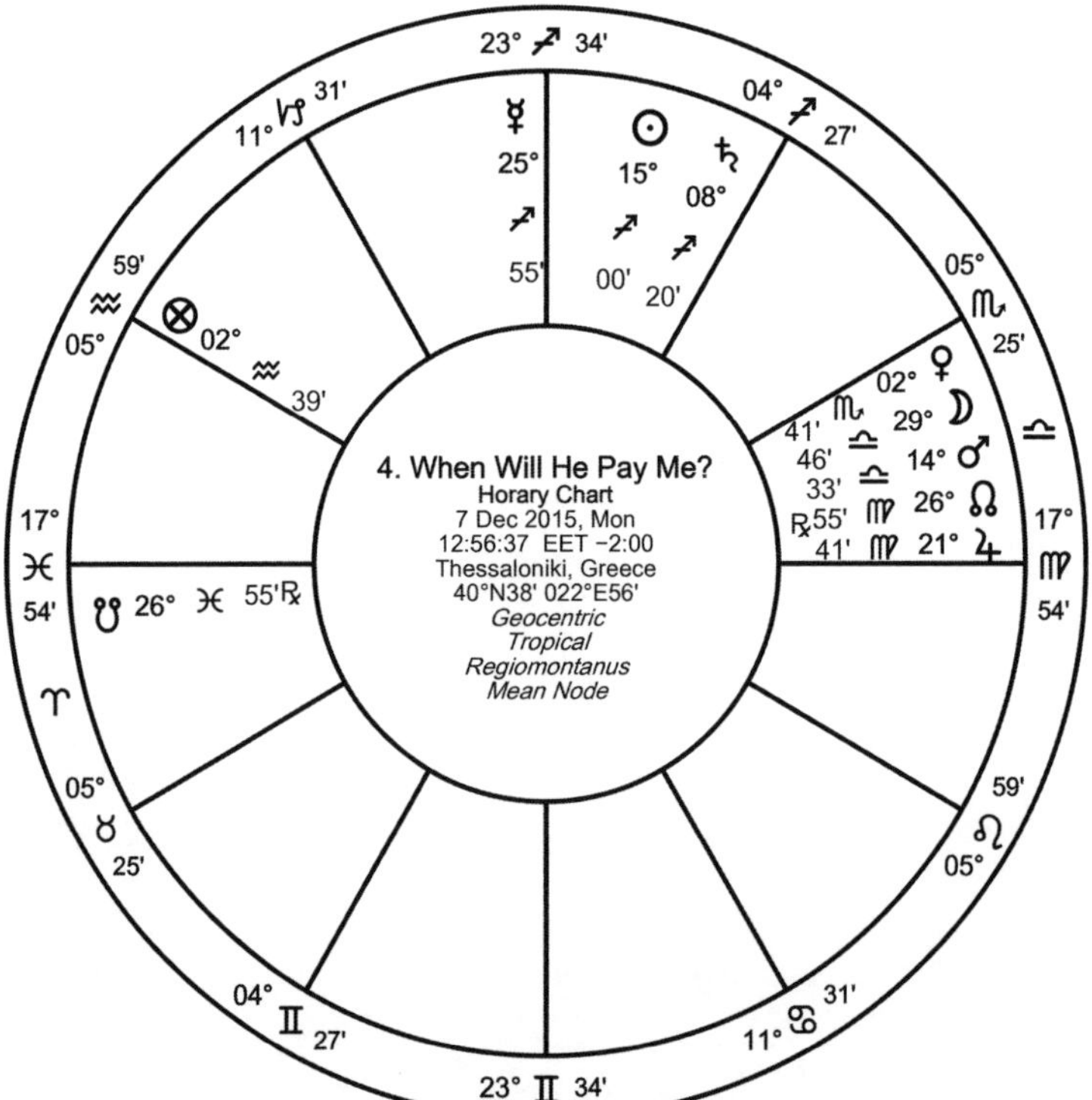

質問者

一室、木星（一室ルーラー）、金星（一室アルムーテン）、月、サウスノード、火星（一室をインターセプトするサインのルーラー）

質問者のお金

二室、金星（二室ルーラー、アルムーテン）、木星（富のナチュラル・ルーラー）、ＬＯＦ、土星（ＬＯＦのルーラー、アルムーテン）

パートナー

七室、水星（七室ルーラー、アルムーテン）、木星、月、火星、ノースノード

肯定的表示

月は金星（質問者と質問者のお金）に近づき、リセプションを伴っています。金星はドミサイルで月を受容し、月がサインを変えると今度はトリプリシティで受容します。土星（ＬＯＦのルーラー）はコンバストから離れ、太陽はトリプリシティで土星を受容。水星はアンギュラーにあり、アンダーザビームにいますがコンバストではありません。太陽はトリプリシティで水星を受容。金星と火星はアスペクトこそありませんが、強いミューチュアル・リセプション。木星はアンギュラーにありノースノードと合。そして水星と強いミューチュアル・リセプション。木星は火星とタームでミューチュアル・リセプション。月は水星（パートナー）

から金星（質問者と彼のお金）へと光を渡しています（トランスレーション）。

否定的表示

一室にサウスノード。LOFが十二室。木星、水星、火星、金星はデトリメント。水星と月、水星と木星がスクウェア。月がヴィア・コンバスタ。

判　定

一室アルムーテン金星は八室のカスプに接し、質問者がパートナーのお金に関心があることを示しています。チャートの有効性の表示です。エッセンシャル・ディグニティは全くと言って良いほどありませんが、複数のミューチュアル・リセプションが助けています。吉星である金星はトリプリシティにあります。そして月と金星はミューチュアル・リセプションで合を形成していますから、良い結末の表示です。アスペクトは3度14分で完成。ただ月の速度はかなり遅い。

結　果

相談者はこう伝えてくれました。

「先方の責任者から三時間四十五分後に支払遅延の謝罪連絡があり、その四時間後に支払いを受けた」

占星術的結論

吉星が関わるエッセンシャル・デビリティとハードアスペクトがあります。しかし、強いミューチュアル・リセプション、シングル・リセプションを持った天体が合を形成するときはそれほど問題になりません。金星が月のフォールにあることに目を奪われ、それに重点を置いたとしたら間違った答えを導いているでしょう。

05

お金はいつ届く？

相談者は海外からのネット送金を待っていた。通常は二、三日かかるが、すでにその日数は過ぎている。いつ頃届くのかを知りたい。

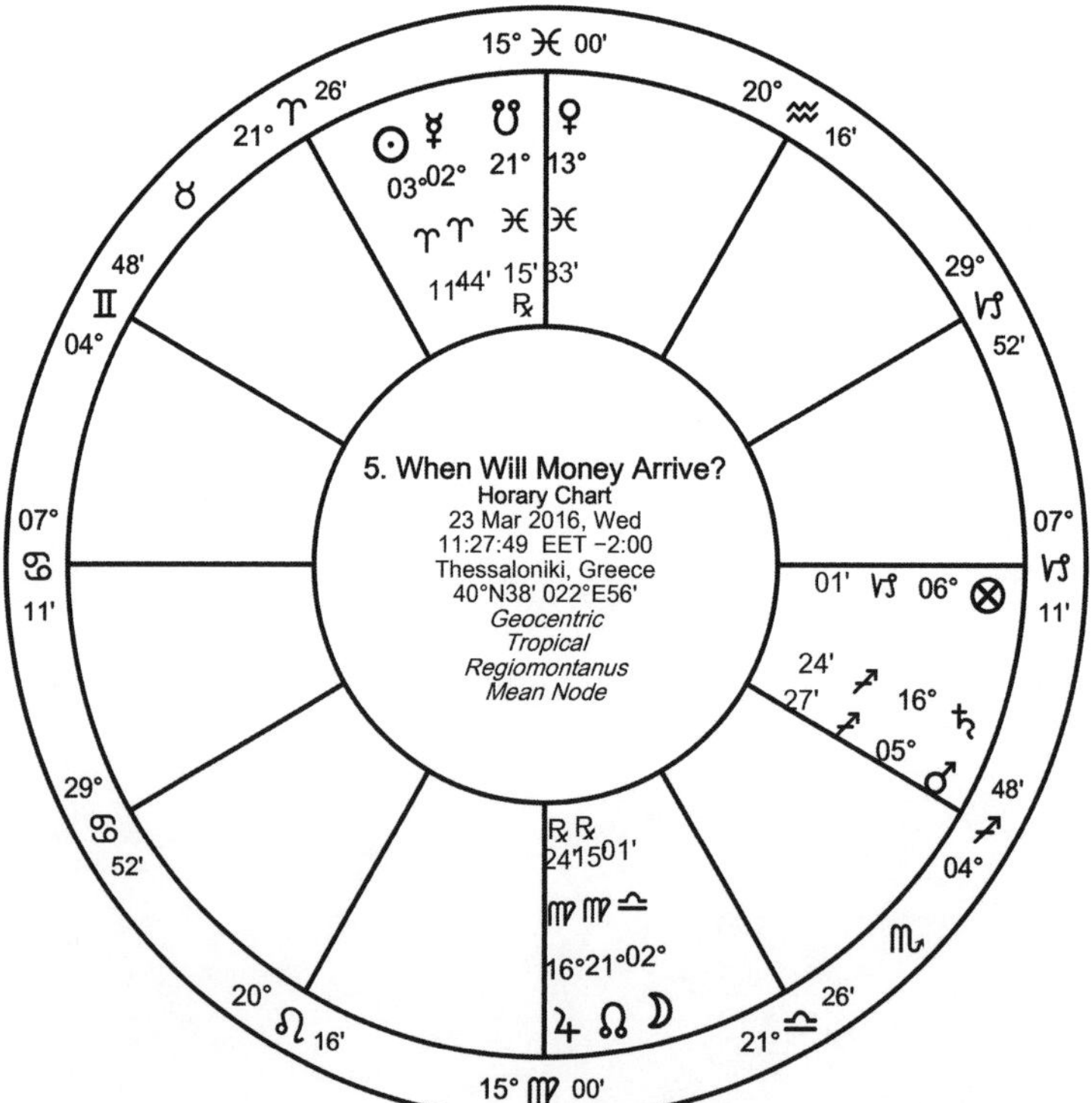

質問者

一室、月（一室ルーラー）、金星（一室アルムーテン）

質問者のお金

二室、月（二室ルーラー、アルムーテン）、恐らく太陽（蟹座をアセンダントとした場合、獅子座は二室のサイン。さらに二室を蟹座よりも占有しているため）、木星（富のナチュラル・ルーラー）、ＬＯＦ、土星（ＬＯＦのルーラー、アルムーテン）

他人のお金

八室、土星（八室ルーラー）、火星（八室アルムーテン）

肯定的表示

二つの吉星はアンギュラーにあります（ただしオポジション）。金星はアセンダントのアルムーテン、エグザルテーションとトリプリシティ。月は火星と土星（他人のお金）にセキスタイルを形成中でミューチュアル・リセプション。太陽はエグザルテーション。木星はノースノードと合。月は自身のフェイスにあります。ＬＯＦはアンギュラー。太陽（質問者のお金の共同表示星）は火星（八室アルムーテン）と強いリセプションを伴いトラインを形成中。金星と木星はミューチュアル・リセプション。

否定的表示

他人のお金を表す凶星の火星と土星は六室。アセンダントとアスペクトせず、リセプションなし。合で互いを傷つけ合っています。金星はサウスノードと合、ふたつの凶星から障害を受けています。火星／土星とセキスタイルの月は、リセプションのない水星と太陽から障害を受けています。木星は土星とパーティル（完全）なスクウェア。シングル・リセプションですが、凶星とのスクウェアの影響を軽減するには弱い。

判 定

問題は恐らく、いつ届くかではなく、本当にお金が届くかどうか。月が形成するセキスタイルは、著しく対向の水星、特に太陽から障害を受けています。あまり良くない表示です。ミューチュアル・リセプションですが、金星は木星とのオポジションを形成。木星は同時に凶星である土星ともパーティルなスクウェアです。これは、なんらかの問題が起きて、お金が届かないことを表しています。月が形成する複数の接近のセキスタイル、太陽が火星に形成中のトライン、そして金星のエッセンシャルおよびアクシデンタル・ディグニティから相談者は最後にはお金を受け取るでしょう。でも、新たな送金手続きが必要となるでしょう。

結 果

送金はありませんでした。銀行送金に問題があり、送り手の元に戻っていました。相談者は第三者を経由し四週間後にお金を受け取りました。月と火星の完全トラインまで3度半（月の移動はとても遅く時間がかかります。太陽は3度で火星とトラインを完成）。

占星術的結論

太陽と月のハードアスペクトは常に問題となります。ここでは、水星と太陽が月／火星のセキスタイルへの障害となりました。リセプションのないオポジションだからです。最終的な支払いタイミングは相手のお金（八室）のドミサイル・ルーラー（土星）ではなく、アルムーテン（火星）へのアスペクトで示されました。

第四章　「第七ハウス関連」人間関係

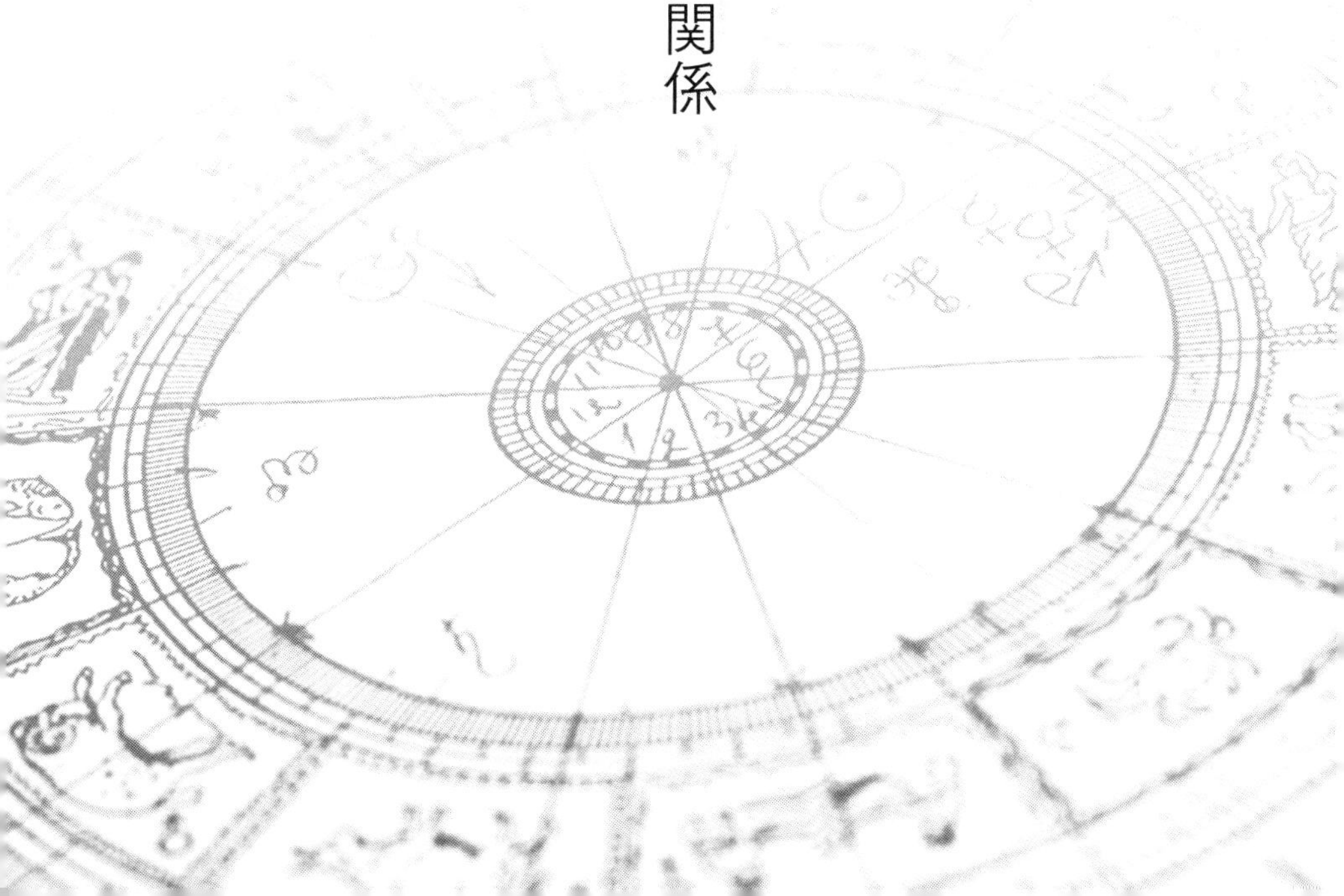

06 僕たちはうまくいくか？

相談者は、海外の女性と付き合っていたが、問題が起きていた。女性は疎遠になり、態度も冷たくなっていたのだ。彼は彼女の国へ行くつもりだったので、うまく進展するかを知りたい。

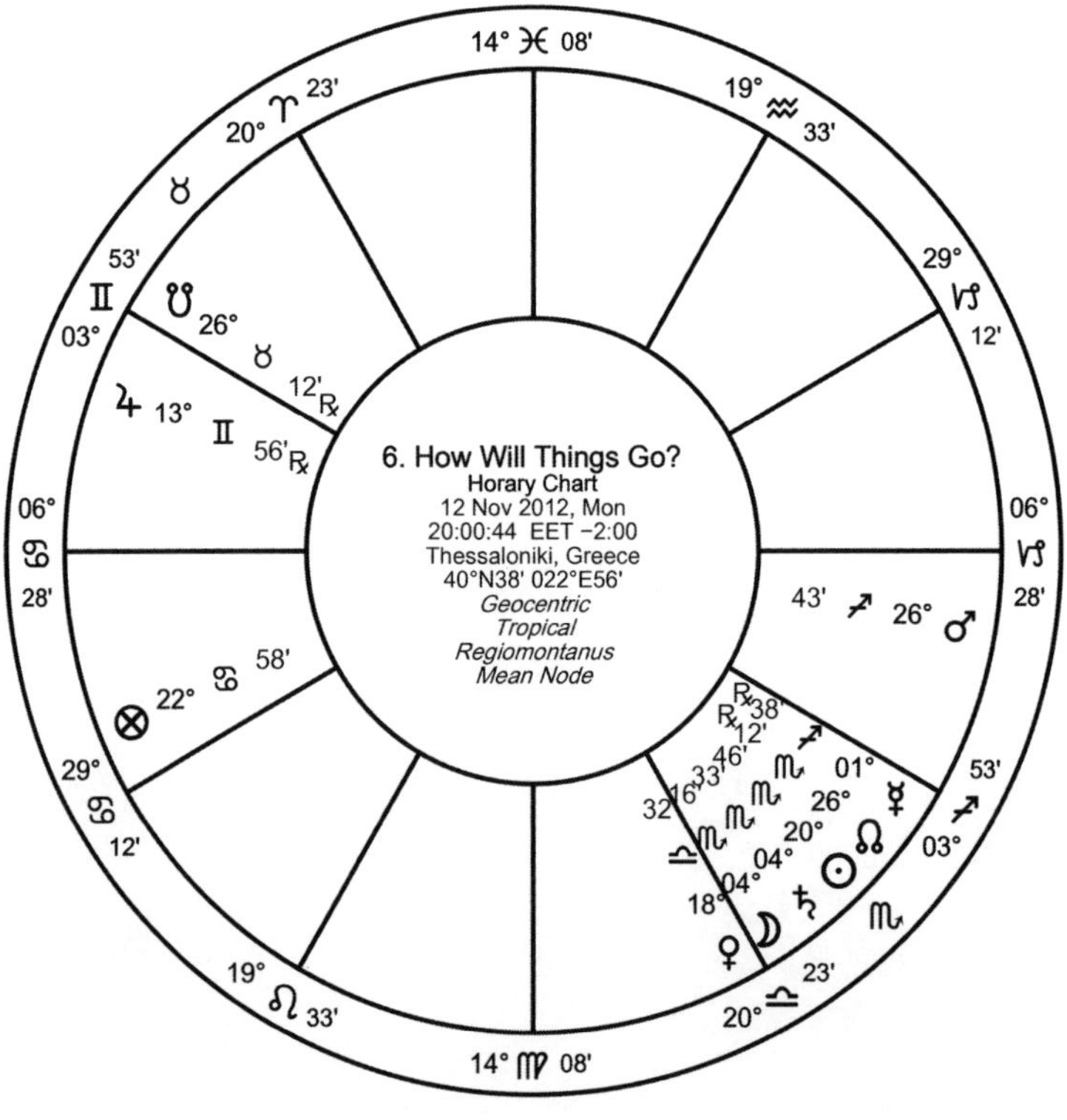

質問者

一室、月（一室ルーラー、共同アルムーテン）、火星（一室の共同アルムーテン）

相手の女性

七室、土星（七室ルーラー、アルムーテン）

肯定的表示

二つの主要表示星（月、土星）は五室、アセンダントとトライン。ＬＯＦは一室。火星は六室でＪＯＹ、自身のターム。火星と木星に弱いミューチュアル・リセプション（木星は弱く、二つの惑星はオポジション）、土星はサンビームから離れつつあります。

否定的表示

月はフォール、非セクト（昼夜が逆の状態）でペレグリンの土星と完全な合。火星は六室でＪＯＹですが、ケイデントにありアセンダントにアスペクトしません。月はサンビームにあり、コンバストに向かっており、ヴィア・コンバスタにあります。

判　定

月は土星と太陽から大きく障害を受けています。月と土星にリセプションはありません。このような場合コンジャンクションから何も良いことは生まれません。二つが完全なコンジャンクションにあることで、すぐに遭遇することを表しています。でも期待すべきではないでしょう。

結　果

相談者は彼女の国に行きました。彼女の態度は始終冷たく、結果はよくありません。ほどなくして彼女はギリシャを訪れましたが、それが彼らにとって最後となり別れました（月がコンバストに向かう）。

占星術的結論

もう一度書きます。凶星は凶星であることをやめません。それが表示星であっても、そうでなくてもです。同じ事は太陽にも言えます。太陽が表示星でも、コンジャンクションで他の天体を焼き尽くしてしまうでしょう。

07 離婚するでしょうか？

相談者は数年にわたり結婚生活で問題を抱えていたが、妻は離婚に同意しなかった。だが、妻が他の男性に惹かれていることを知ったとき、相談者はできるだけ早く結婚生活に終止符を打ちたかった。

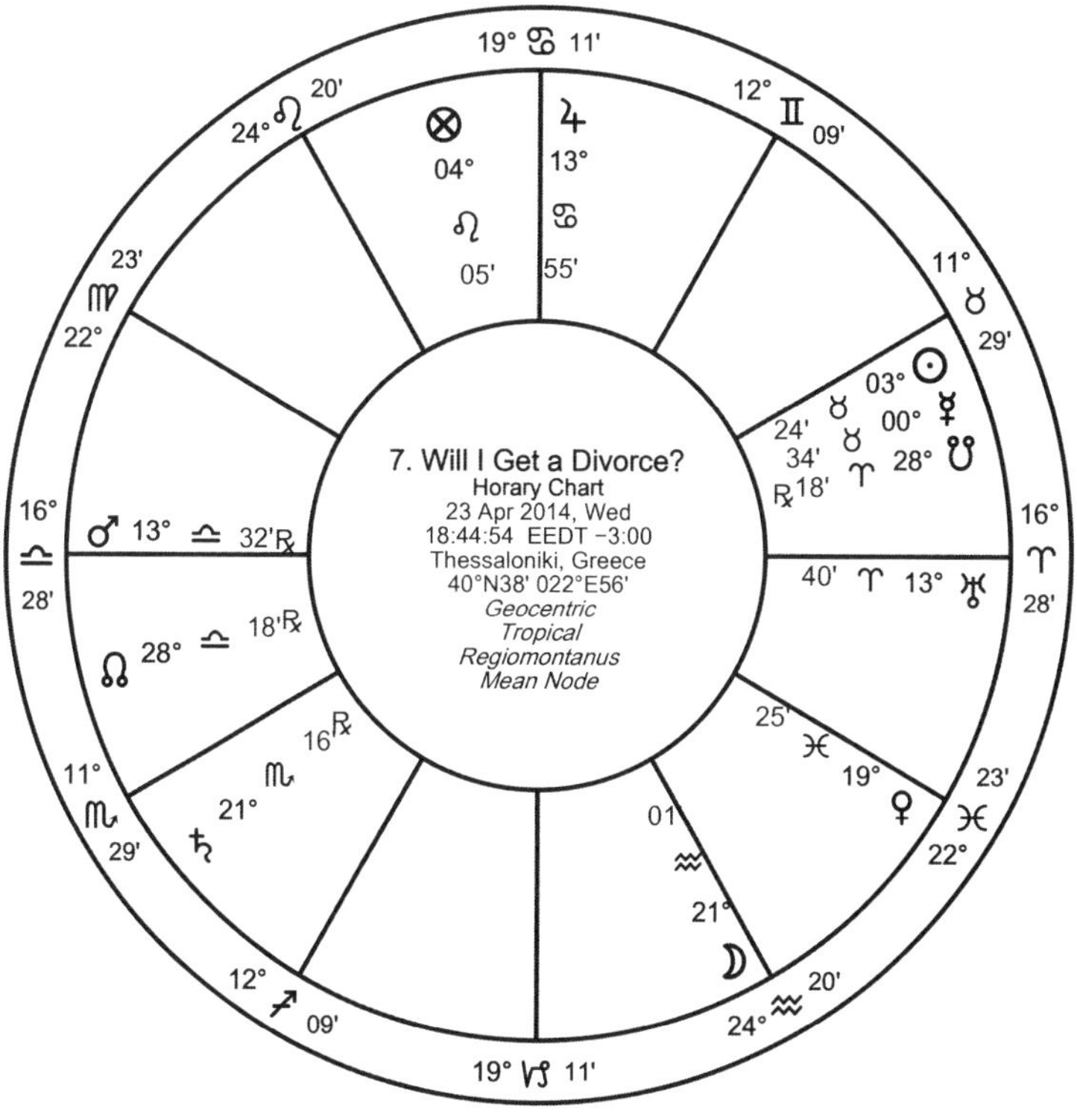

質問者

一室、金星（一室ルーラー）、土星（一室アルムーテン）火星、月、ノースノード

妻

七室、火星（七室ルーラー）、太陽（七室アルムーテン）、サウスノード

肯定的表示

金星はエグザルテーション。アンギュラーでエグザルテーションの木星とミューチュアル・リセプション。火星は土星とミューチュアル・リセプション（ただし火星と土星にアスペクトはなく、火星に深刻な障害。土星は逆行しアセンダントにアスペクトしない）。太陽は木星にセキスタイルを形成中。

否定的表示

結婚のハウスにサウスノード。金星は六室、アセンダントとアスペクトなし。火星（不調和と破壊）はアセンダントと合、デトリメントで逆行。月は土星と完全なスクウェア（ただしリセプションあり）。木星は完全なスクウェアをとる火星から障害を受けています。普段、ホラリーで外惑星は使いません。天王星と水瓶座の関係はないと考えていますが、火星とは強い繋がりがあります。その天王星はディセンダントと合、火星と完全なオポジションです。これは火星の破壊性を強めます。太陽は八室で、やがて土星とオポジション（ただし質問時間ではアスペクトのオーブ外）。アンティシアを用いるのなら、火星（破壊）は金星（相

談者）のアンティシアと合を形成しようとしています。

判　定

火星はアセンダントにあります。離別や離婚の明確な予兆（七室ルーラーでもあり、妻が離婚を望んでいない表示）です。月と土星にはリセプションがありますが、凶星とのスクウェアの凶意を取り除くには不十分。強いミューチュアル・リセプションが必要です。また仮にそうだとしても問題は再び起きるでしょう。太陽と土星は対向サイン。オポジションは離別や完全不一致を表します。

アル・ビルーニによるホラリーでの結婚のロット（ASC＋DSC－金星）は蠍座の13度。ここも土星の障害を受けています。木星からのトラインがありますが、ルーラーの火星は衰弱。やはり肯定的表示は弱い。二人は別れるでしょう。

結　果

四ヶ月と一週間後、相談者の妻は別居。でも離婚はしていません（木星と結婚のロットとの完全トライン）。太陽が土星と完全オポジションとなるまで16度半（実現まで十六週間）という表示でした。

占星術的結論

太陽と水星はアセンダントから見て八室にあります。もし七室にあると考えたとしても、異なるサインのため七室の表示星にはなりません。一、七室軸に天王星がある人間関係のチャートは否定的表示です。こうした問題を止めるには、凶星とのスクウェアに、強いミューチュアル・リセプションが必要です。別居のタイミングはドミサイル・ルーラーではなく、アルムーテンのオポジションによって示されました。

08

関係は生まれるか？

相談者には気になる男性がいたが、追いかけることに疲れていた。質問時まで特に大きな進展はなく、彼女は彼を忘れようとしていた。

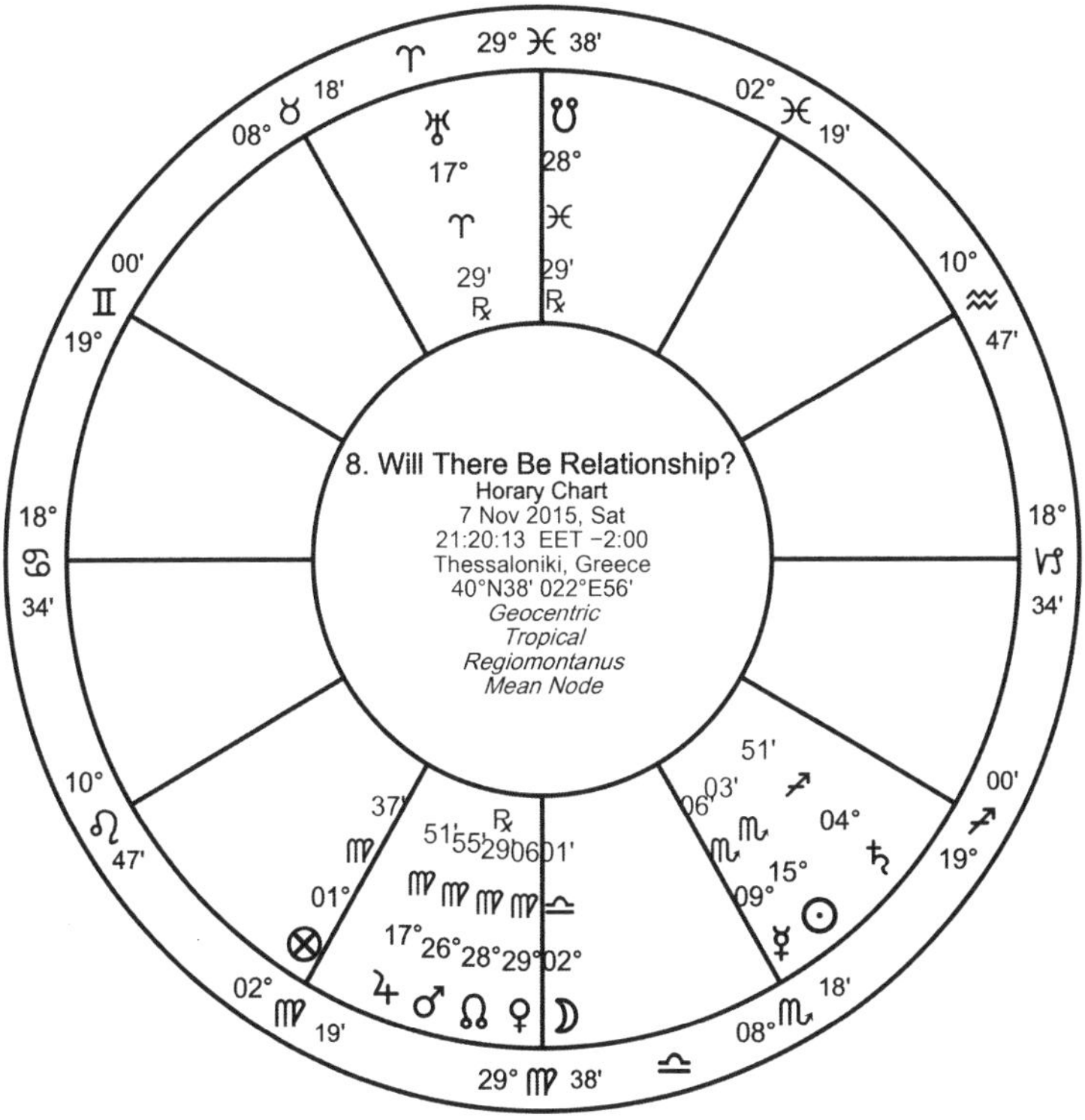

質問者

一室、月（一室ルーラー、アルムーテン）

相手

七室、土星（七室ルーラー、共同アルムーテン）、火星（七室の共同アルムーテン）

肯定的表示

月は土星にセキスタイルを形成中。また、土星からエグザルテーションで受容されています。火星はノースノードと合。そして吉星に囲まれています。月と金星はアスペクトなしのミューチュアル・リセプション。火星は水星と強いミューチュアル・リセプション。

否定的表示

土星は六室のサインにあり、アセンダントとアスペクトしません。

判　定

セキスタイル形成中の月と土星。強いリセプションは、3単位時間内に起きる肯定的な出来事の表示です。でも月の速度が遅いため時間はかかるでしょう。お相手の男性はターン（訳注　チャートを回転〈ターン〉させてハウスの関係性を変えて見る方法）十二室（六室の土星は七室〈彼〉から見て十二室目）。彼が、なんらかの心理的問題を抱えていることを示しています。月はアンギュラーで活動宮。よって数ヶ月ではなく、数週間、数日内に起きることを示しているのでしょう。

結　果

相談者に告げると、とても驚いていました。全て忘れようとしていたと言うのです。ところが四日後、紆余曲折があり、二人は付き合い始めました。お相手の男性は両親を亡くしたばかりで、結婚生活にも問題を抱えていたそうです。

占星術的結論

吉星がアスペクト形成中のとき、シングル・リセプションの作用は強力です。二人の間に関係が生まれました。土星が月に対して無関心であることは、この関係があまり長く続かないか、なんらかの問題が起きることを示してはいるでしょう。でも、それらを強調し過ぎれば、関係が作られる事実を見落とすことになります。

09

よりを戻せるか？

相談者は、はるかに年の離れた若い女性と別れたばかり。ふたたび付き合えるか気がかりだった。

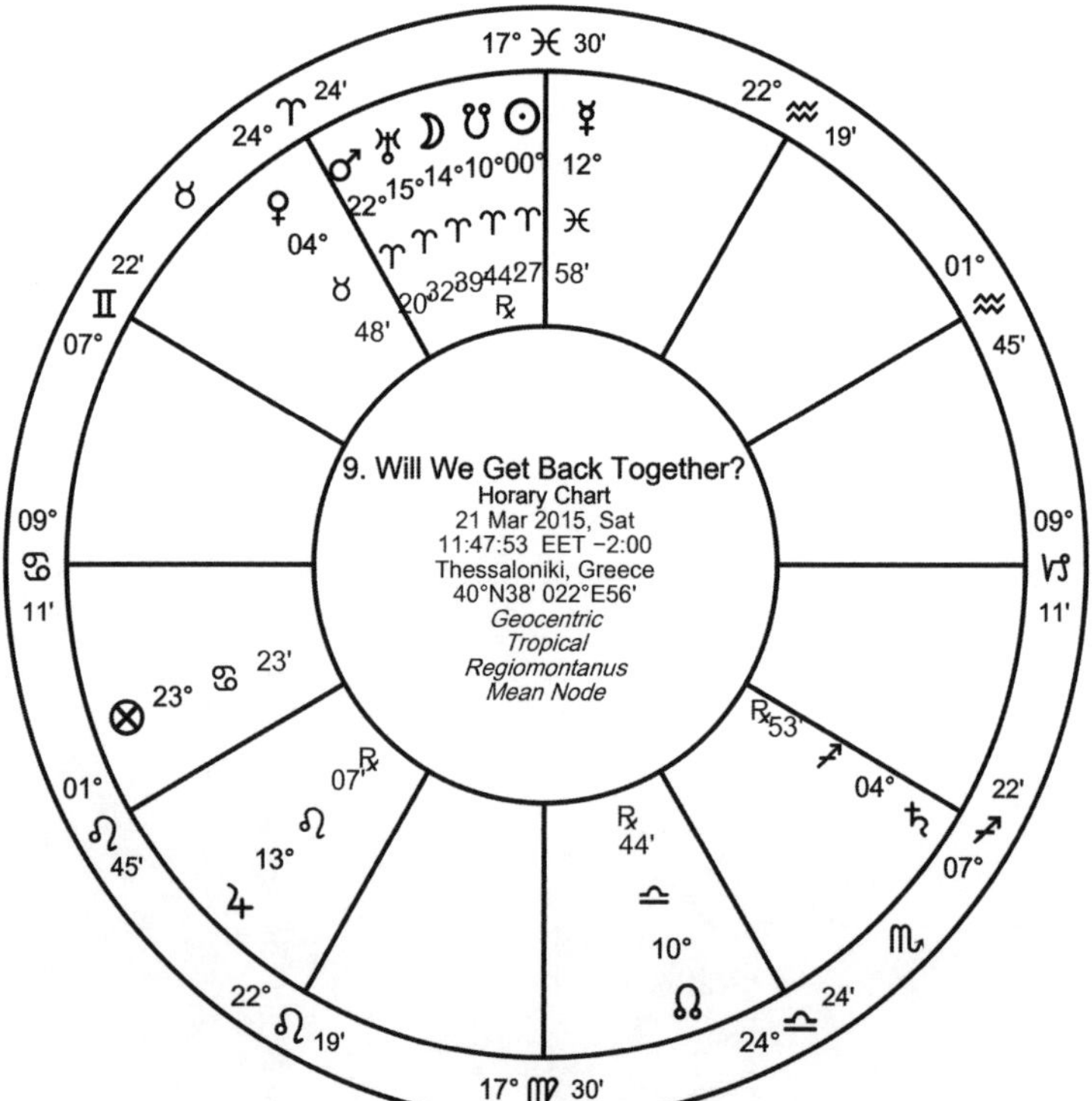

質問者

一室、月（一室ルーラー）、金星（一室アルムーテン）

相手

七室、土星（七室ルーラー、アルムーテン）

肯定的表示

金星はドミサイルで吉意の高い十一室。月はコンバストを抜けています。また、いかなる場合でも強いリセプションを伴うときは、通常より障害は少なくなります。太陽はエグザルテーションで月を受容しています。月は火星に接近し、火星のドミサイルで受容されています。月は吉星の木星と分離のトライン。ＬＯＦは一室。太陽はリセプションを伴い土星にトラインを形成中。

否定的表示

土星は六室で逆行。月はサウスノード、天王星と合（チャート08を参照）、そしてアンダーザビームにあります。月は土星から分離しています。金星は土星とアスペクトなし。金星はリセプションなしで逆行の木星とスクウェアを形成中。その木星はアセンダントとアスペクトしていません。

判　定

一般的には不運なチャートではありません。しかしながら、ディグニティとリセプションがあるのに、表示星の間に形成中アスペクトが皆無です。これは相談者にとって明らかな不運です。月と火星の合は、リセプションが働いているため、月にとって有益です。でも火星は人間関係の敵対者。月と天王星の合も同様。ただし、表示星のエッセンシャル・ディグニティが示していることは、関係が終わったとしても、相談者にとって悪いことではありません。また、太陽（男性を表す表示星）が形成中の土星へのトラインは、相手の若い女性に新たな関係が生まれることを示しています。

結　果

彼らがよりを戻すことはありませんでした。

占星術的結論

「よりを戻すか?」というチャートにおいて、表示星間の形成中アスペクトは必須です。全体的な吉意だけでは十分ではありません。太陽は相談者の男性に適応すべきではないでしょう。なぜなら第三者を表すこともあるからです。やはり、人間関係のチャートにおいて天王星は否定的に働くようです。

10 関係は改善？

付き合っている女性との関係があまりうまくいっていない相談者。状況が好転するかを知りたいとのことです。

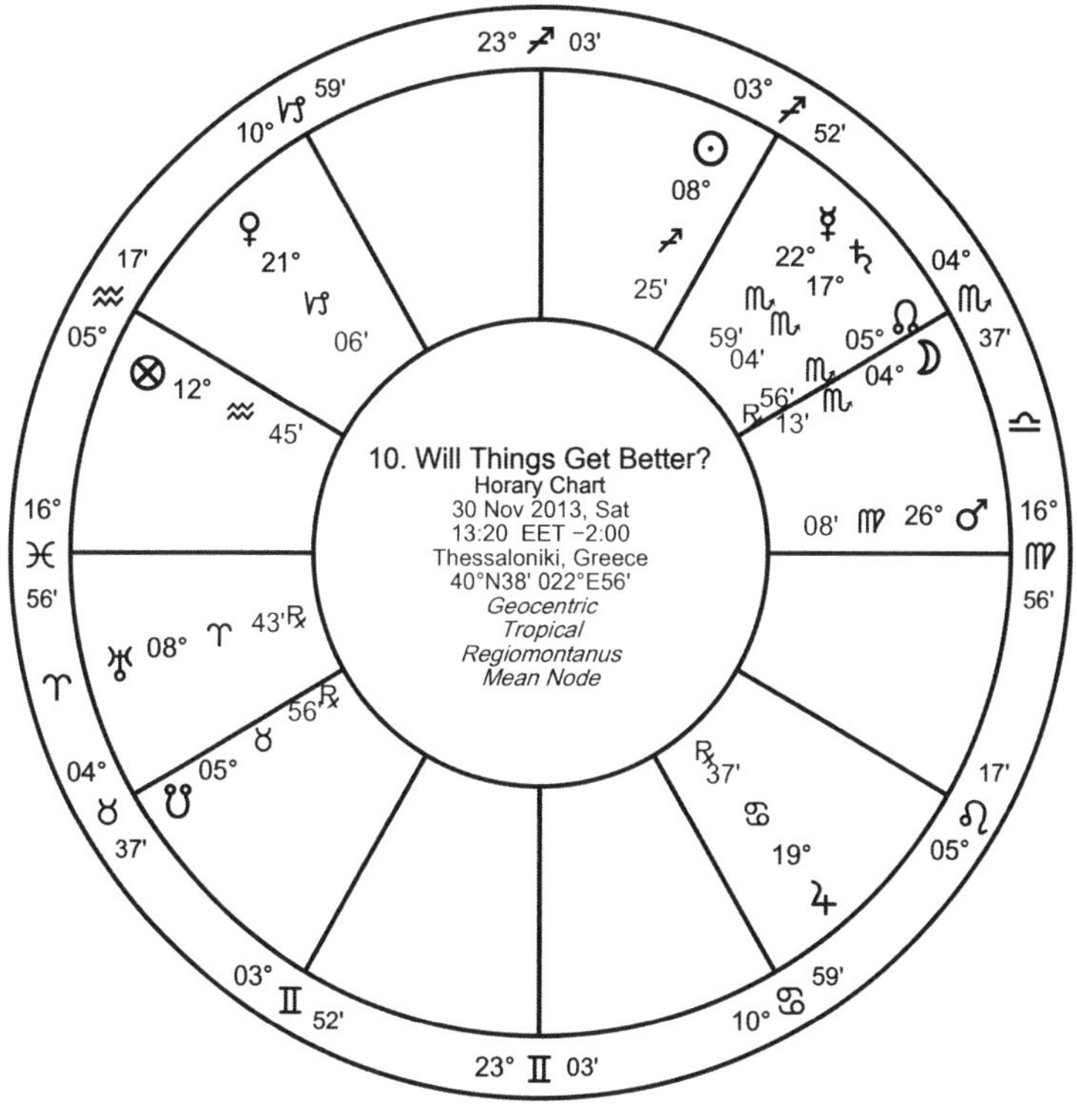

質問者

一室、木星（一室ルーラー）、金星（一室アルムーテン）、火星（一室をインターセプトしている牡羊座のルーラー）、月

相手

七室、水星（七室ルーラー、アルムーテン）、火星

肯定的表示

金星は幸運を表す十一室でトリプリシティとタームを獲得。また、火星とミューチュアル・リセプション（エグザルテーション、トリプリシティ）でトライン、土星ともミューチュアル・リセプション（ドミサイル、トリプリシティ）。木星は幸運の五室にあり、エグザルテーション。月はノースノードと合。

否定的表示

月はフォールで八室、リセプションなしで凶星の土星と合を形成しつつあります。分断の天体、火星は関係性を表す七室。月と金星のセキスタイルは土星から邪魔されています。金星と火星のトラインは、金星の速度が遅くなりつつあるために完成しません。水星は金星とのトラインから分離し、木星と土星からも分離中。木星は逆行。月はヴィア・コンバスタ。天王星は一室をインターセプトするサインにあります。

判　定

ディセンダントにある火星は明瞭な離別の予兆。この場合、火星は相談者の表示星でもあり、相談者の関係性修復への関心を表します。表示星の形成中アスペクトがありませんし、八室の月と土星の合は極めて悪い予兆です。

結　果

彼らはその後すぐに別れました。

占星術的結論

バーバラ・ダンがその著作で数チャートを引き合いにして述べています。関係性を判別するチャートにおいては、七室の火星は極めて否定的な表示です。リセプションのない凶星との合は、大抵は物事の破壊を表します。そして、やはり一、七室軸の天王星は否定的な役割を担います。

11 私たちは付き合う？

相談者は海外からやって来た同僚と出会い、彼を好きになる。どうやら、彼も彼女に関心があるらしい。

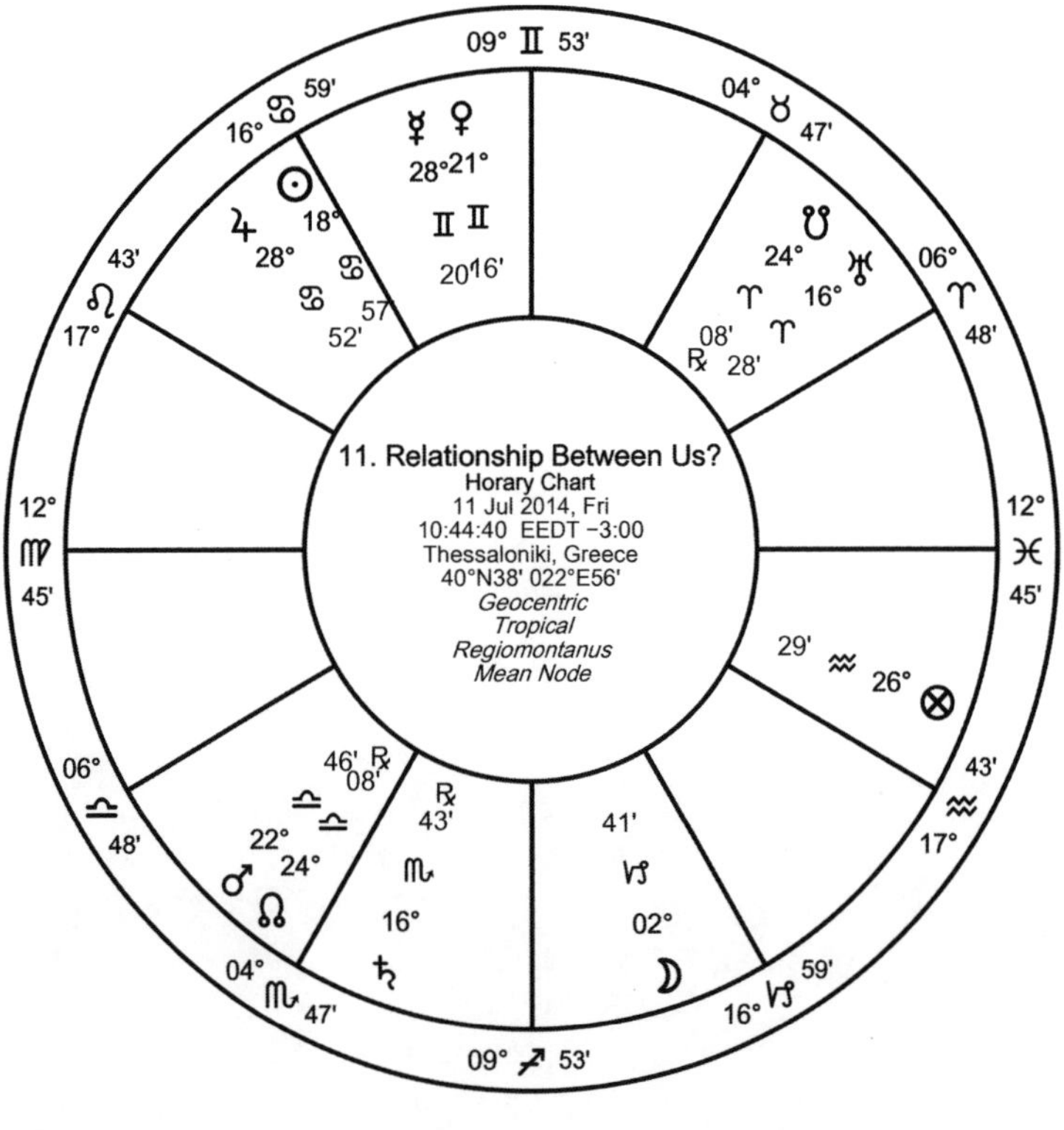

質問者

一室、水星（一室ルーラー、アルムーテン）、月

相手

七室、木星（七室ルーラー、アルムーテン）

肯定的表示

水星は自身のドミサイルにあり、アンギュラー、そしてアンダーザビームにもありません。速度は遅いですがスピードを上げつつあります。また、吉星の金星と合。木星はエグザルテーション、木星のＪＯＹ、幸運の十一室にあります。月が次にセキスタイルでアスペクトするのは土星、つまり月の受容星です（リセプション）。そして、金星は火星にリセプションを伴うトラインを形成中。

否定的表示

月はデトリメントで、アスペクトする土星はオーブ外。木星はアンダーザビームにあり、すぐにコンバストです。水星は速度を上げて次のサインへ移動、そしてアンダーザビームに入ります。水星と木星のアスペクトはなし。やがて月はリセプションを伴い木星とのオポジションを形成します。しかしその前に太陽とオポジション。リセプションは伴いますが、太陽と月のオポジションは常に深刻です。しかも、月は火星とスクウェアをとり、シングルリセプションはありますが、両者ともデトリメント。月がつくるアスペクトはあ

りますが、質問時点ではすべてオーブ外です。

判定

肯定的表示はありますが、主要表示星間のアスペクトはなし。さらに、二つの表示星は太陽から脅かされているため、関係性が生じることはないでしょう。月はやがて木星にアスペクトしますが、その前に太陽と火星のハードアスペクトが待っています。もし、月がオーブ内でアスペクトするとしても、木星とのオポジションが恵まれた関係や持続性のある関係を示すことはありません。

結果

二人が付き合うことはありませんでした。

占星術的結論

アスペクトの不足が決定的であることの証左です。主要表示星にはエッセンシャル・ディグニティがありますが、太陽からの障害は深刻です。

12 彼らは離婚する？

相談者は結婚式で友人の介添人を務めた。だが、二人の仲がうまくいっておらず、将来を憂慮している。

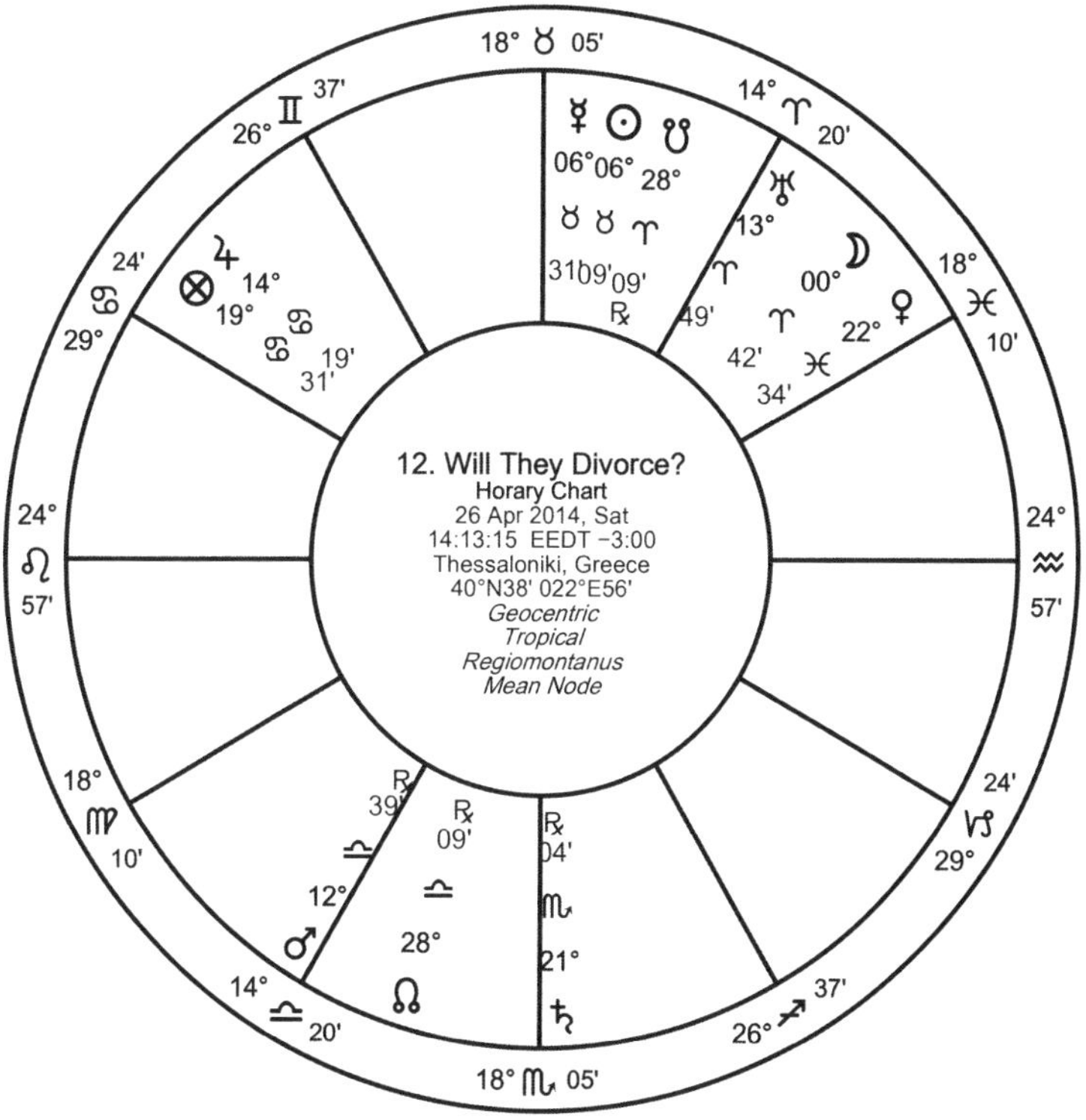

質問者の友人

十一室、水星（十一室ルーラー、共同アルムーテン）、土星（十一室の共同アルムーテン）

友人の夫

五室（十一室から見た相手）、木星（五室ルーラー、アルムーテン）

結婚

結婚のロットは、蟹座27度21分（結婚のロットは金星から七室のカスプまでの距離をアセンダントに足します）。

第三者の人間関係を見るチャートについて、バーバラ・ダンはターンさせる前のチャートも検討すべきと述べています。つまり一、七室軸の検討です。よって太陽（一室ルーラー、アルムーテン）、土星（七室ルーラー、アルムーテン）、そして月も検討します。

肯定的表示

木星はエグザルテーション。太陽と月のミューチュアル・リセプション。水星は木星にセキスタイルを形成中。太陽と水星はアセンダントから見てアンギュラーの十番目サイン。太陽は木星にセキスタイルを形成中。火星と土星のミューチュアル・リセプション。金星と木星とミューチュアル・リセプション。

否定的表示

木星はアセンダントとアスペクトせず、デトリメントで逆行の火星から障害を受けています。水星はコンバストで、木星とセキスタイル。セキスタイルはコンバスト中に完成。月の次なるアスペクトは、分断の天体、火星とのオポジション。火星はデトリメントで逆行。またそのすぐ後に月は天王星と合。太陽と木星のセキスタイルは、両者が障害を受けた状態で起きます。仮に水星の妨害（プロヒビション）を考慮に入れないとしてもそれは変わりません。障害を起こすのは木星に対しては火星。太陽に対しては土星です。そして太陽は木星とのセキスタイルの後に、土星とオポジション。凶星である土星は逆行し、アンギュラーハウスにあってチャート全体に影を投げかけています。

判　定

主要表示星間で形成中のアスペクトは、何も確約してくれていません。コンバスト中の天体が良い結果を示すとも思えません。太陽は木星とセキスタイルですが、両者ともに凶星から障害を受けています。火星と土星のミューチュアル・リセプションは両者にとって望ましくありません。二つの天体はアスペクトせず、エッセンシャル・ディグニティも持たず、逆行だからです。月と火星のオポジションに、リセプションはあります。でも火星の状況とアスペクトからして肯定的な意味ではありません。

結　果

およそ十ヶ月後、彼女（相談者の友人）は主治医のセラピストに会いました（太陽の速度が落ちる期間、太陽と木星のセキスタイル完成まで9度半でした）。そこから一年後（二〇一五年五月五日、月と火星のオポジション）に離婚調停を行い、十四ヶ月と半月後の二〇一五年七月七日、離婚しました。

占星術的結論

ターン前のチャートは的確にタイミングを表示します。

13

だれか相手を見つけられるか？

相談者の結婚生活は決して幸せなものではなかった。彼女は夫に先立たれ、もういちど出会いを求めていた。

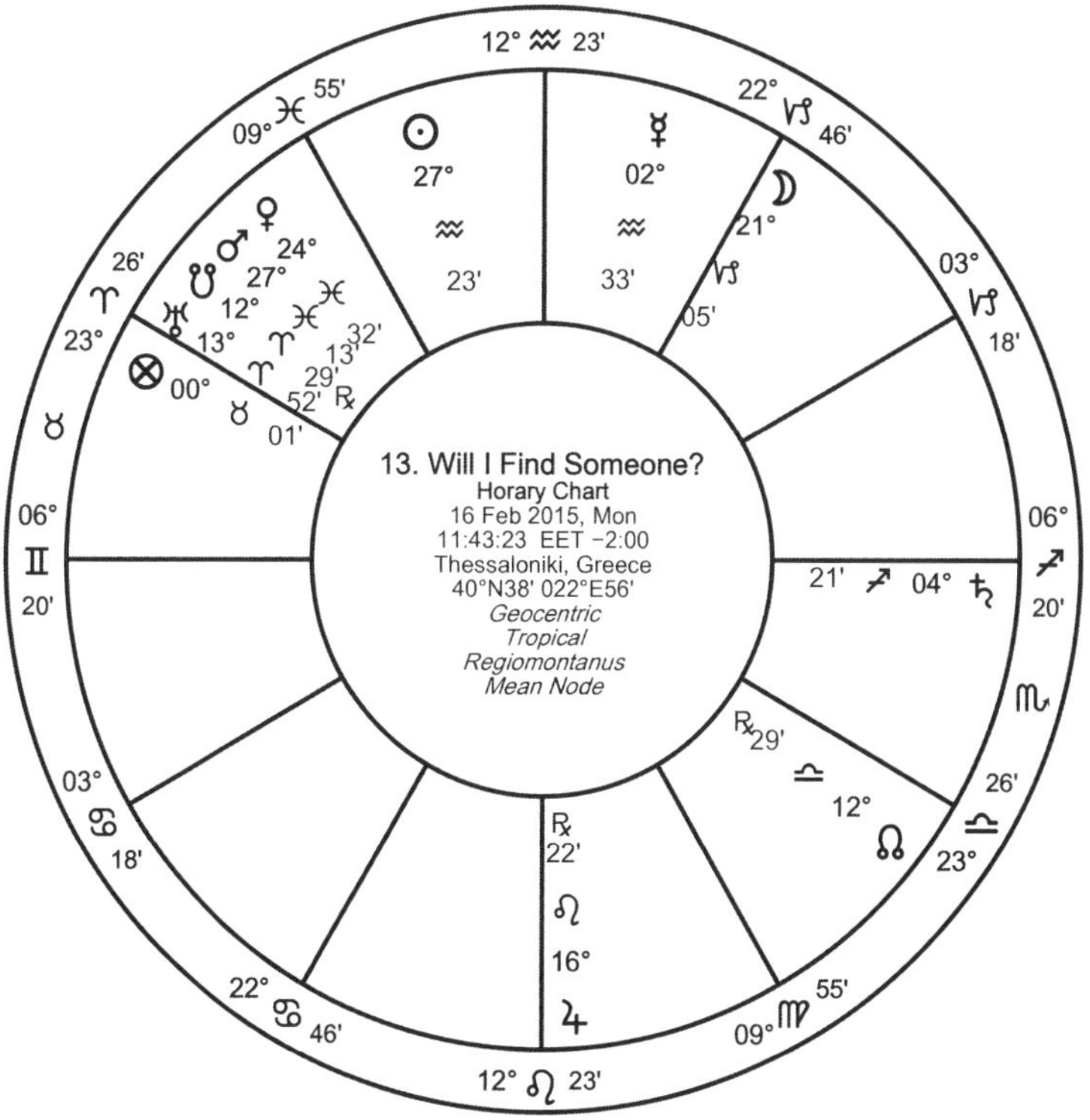

質問者

一室、水星（一室ルーラー、共同アルムーテン）、月

相手

七室、木星（七室ルーラー、アルムーテン）、土星

肯定的表示

月は、高速でエグザルテーションする金星にリセプションを伴いセキスタイルを形成中。また月をエグザルテーションで受容する火星にもアスペクトします（ただし火星は分断の天体）。火星は自身のタームとフェイスにあり、金星から受容されています。水星は七室の土星に、強いリセプションを伴いセキスタイルを形成中。水星と木星はアンギュラーハウス。水星は自身のターム、金星は自身のトリプリシティとエグザルテーションにあります。木星は自身のフェイスにあり、土星とターム、ドミサイルでミューチュアル・リセプション。

否定的表示

土星は七室を障害。水星の速度は非常に遅い（すぐに速くなりますが）。木星の逆行。月はデトリメントで、アセンダントにアスペクトしません。水星はリセプションなしで木星とオポジションを形成中。

判　定

水星と木星のオポジションはよくありません。しかし、二つの肯定的表示があります。月と金星のセキスタイル（月・金星の調和アスペクトは人間関係チャートでは常に肯定的）、水星と土星のセキスタイルです。関係性が生まれる未来を表しています。しかし、水星と木星のオポジションは前途有望とは言えません。七室の土星の存在も問題。水星と土星のセキスタイルはあと2度で完成。月と金星のセキスタイルは3・5度、水星、木星のオポジションは12度で完成します。

結　果

問題を孕んではいましたが、八ヶ月後に出会いがありました。タイミングはかなりズレています。水星と木星のオポジションがそのタイミングに見合っているでしょう。進展速度はアンギュラーの惑星によって速められたのでしょうか。つまり、惑星間で起きる接近アスペクトと木星の逆行（唐突な出来事）です。興味深いことに相談者は「土星的」な人でした。彼女の月は山羊座の土星とMCで合、そして恋におちた相手のアセンダントと太陽は山羊座の土星とオポジション。チャートの七室土星は、その状況をよく描いています。

占星術的結論

月と金星の調和アスペクトは、人間関係を見るチャートでは非常に重要です。土星が水星を「嫌う」という事実は、関係性になんらかの問題があることを示しています。しかし、そればかりに目を向け、両者のリセプションを無視してしまうと間違った結論を出すことになります。彼らの関係には問題がありますが、その後、二年近く経った現在も交際は続いています。

14 関係は終わり？　それとも？

相談者は既婚男性と付き合っていた。彼女は深い関係性にはそれほど興味はなく、会いたいときに会うという関係を望んでいた。一方、男性は男女の関係を終えて友人になることを望んでいた。相談者は男性を完全には信用しておらず、その真意を測りかねている。

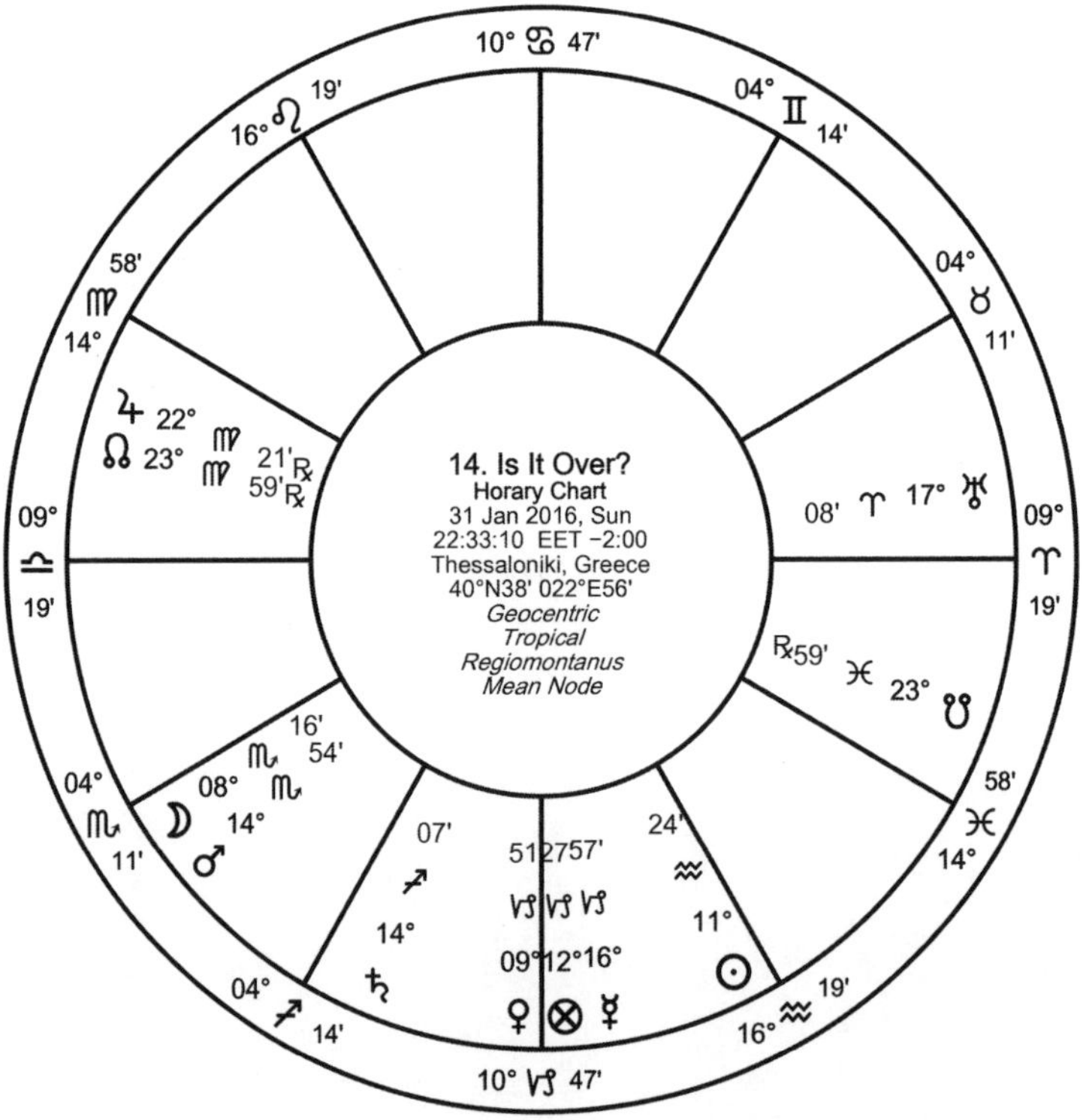

質問者

一室、金星（一室ルーラー、共同アルムーテン）、月

相手の男性

七室、火星（七室ルーラー、アルムーテン）

肯定的表示

月が最初にアスペクトするのは金星。月は金星のターム、金星は月のトリプリシティでミューチュアル・リセプション。金星はアンギュラーハウス。月は火星（彼）に合を形成中、火星は月をドミサイルで受容。金星はリセプションを伴い、火星にセキスタイルを形成中。

否定的表示

月はフォール。ヴィア・コンバスタにあり、アセンダントにはアスペクトしません。月は金星とセキスタイルを形成した後、月と火星の合が起きる前に、太陽とリセプションなしでスクウェアとなります。太陽は非常に弱いリセプション（フェイス）を伴い、火星にスクウェアを形成中。これにより、金星と火星のセキスタイルを妨害（プロヒビション）。これらがほぼ同時に起きます。そして七室に天王星。アセンダントは恒星ヴィンデミアトリックス（Vindemiatrix）と非常に近い合。この恒星は未亡人を表し、関係性を示すチャートには相応しくありません。

判定

肯定的表示はただひとつ、月と金星のセキスタイルです。二人の間になんらかの連絡があり、関係が終わってはいないことを示しています。しかし、月と火星の合は太陽から妨害され（厳密にはプロヒビションではありません）、金星と火星のセキスタイルも太陽から妨害されています。太陽は五室にあり十一室を支配。男性は子どものことを考えているのでしょうか？　それとも、彼女を友人としてしか見ていないのでしょうか。

いずれにせよ、相談者が心に描いているようなことは起きそうもありません。初めのうちは楽観的な期待も持てますが、望むようにはいかないでしょう。

結果

二週間後、彼女はまるで何ごともなかったかのように、一週間ほど毎日彼に電話をしました。でも彼は関係性を修復したがるような態度は見せません。男性は健康上の問題を明かしたそうです。その後、連絡は途絶えました。私への質問から四ヶ月後、彼の方から友人としての連絡がありました。そして、彼女が連絡しなかった理由を尋ねたとのこと。友人としてではなく、恋人でありたい、そう彼女が答えると、彼は二度と彼女に連絡はしないと約束をしました。ところが、彼はふたたび連絡をとり、何度か電話を交わしたそうです。それ以上の関係はなく、今後もそれは難しいと彼女は考えています。

占星術的結論

妨害（プロヒビション）の概念を示す好例です。肯定的表示のアスペクトを、リセプションなし、または弱いリセプションのスクウェアが妨害する二つの例です。ここでもまた天王星が七室に現れ、人間関係のチャートに否定的な表示をしています。

15 この関係に未来はある？

相談者は妊娠中。ボーイフレンドは国外に働きに出ている。彼はギリシャを離れ、共に国外に出るしか一緒になる方法はないと言う。相談者の家族と仕事は、ギリシャなので、彼女は悩んでいた。

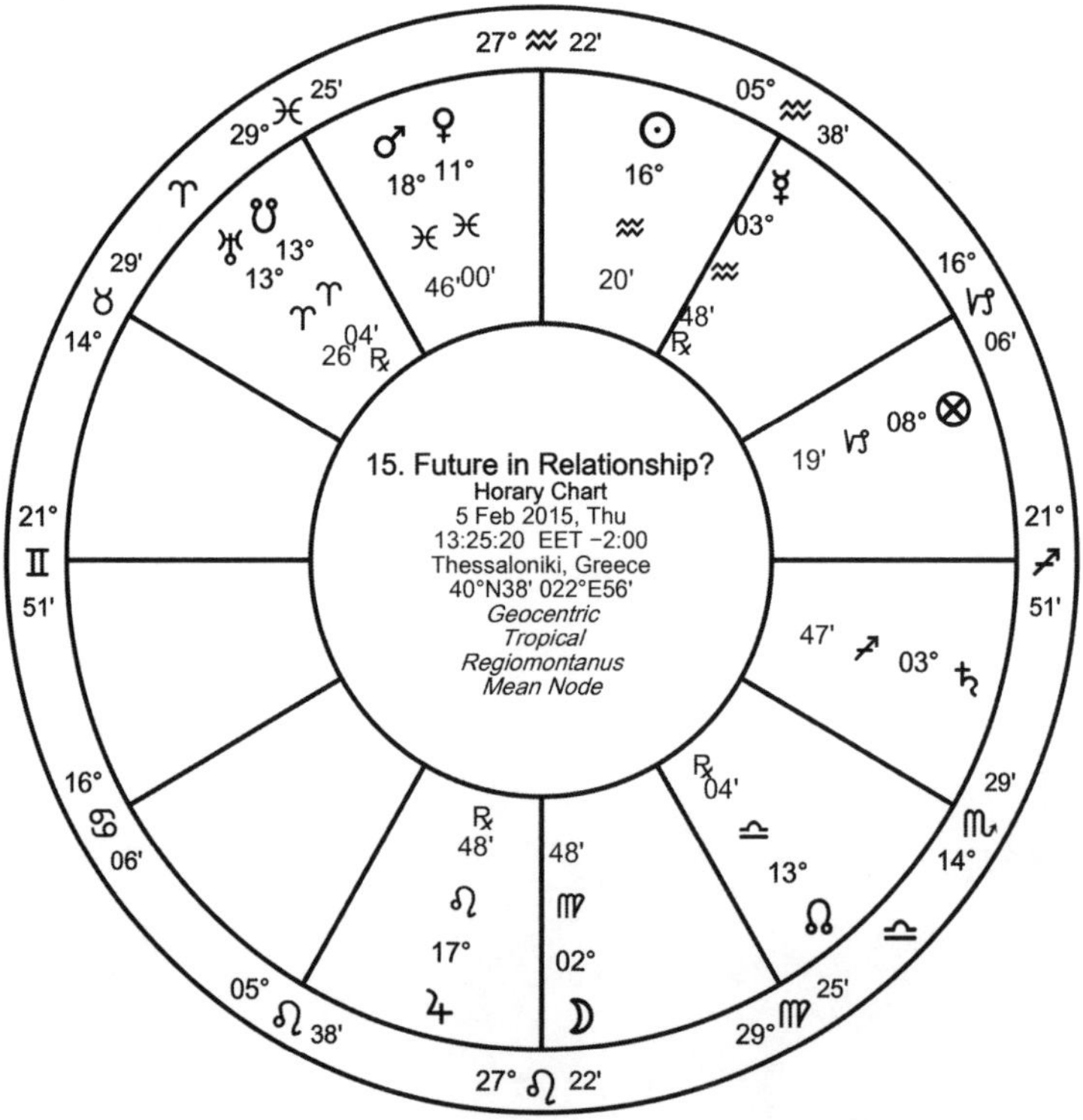

質問者

一室、水星（一室ルーラー、共同アルムーテン）、月

ボーイフレンド

七室、木星（七室ルーラー、アルムーテン）、土星（もありえる）

赤ちゃん

五室、金星（五室をインターセプトする天秤座のルーラー、子どものロットである天秤座7度50分のルーラー:昼チャートでASC＋土星－木星より導く）、水星（五室カスプのルーラー、アルムーテン）、土星（子どものロットのアルムーテン）

肯定的表示

水星は強いリセプションを伴い土星にセキスタイルを形成中。高い金星のディグニティ。木星と土星のミューチュアル・リセプション。五室（赤ちゃん）のノースノード。太陽と土星のミューチュアル・リセプション。水星は自身のタームにある。

否定的表示

金星は二つの凶星に挟まれる「包囲」。ただし金星が火星と合となる前に、月が金星とオポジションを形成。

主要表示星、水星と木星の逆行。木星は太陽とオポジション（ただし太陽は木星を受容している）、水星はアンダーザビーム。水星が順行に入る後に、木星とオポジションを形成します。月は金星にオポジションを形成中（リセプションあり）。しかし、ここで重要なことは金星がリセプションなしで土星とスクウェアをとることです。

判　定

水星が土星に二度セキスタイルをつくるのは肯定的表示です（一度目は逆行時、二度目は順行時）。しかし、質問時の水星は逆行、ケイデント、アンダーザビームで弱体化。水星の状況は改善しますが、土星と二度目のセキスタイルをつくるとき、その速度は非常に遅くなります。木星は逆行、リセプションはありますが対向の太陽から障害を受けて良くない状態。赤ちゃんは強そうです。金星のディグテニティは充実し、ノースノードは五室。でも金星は凶星に挟まれています。月はリセプションを伴い金星とオポジションとなりますが、金星は赤ちゃんにとっての八室ルーラーです。水星は土星とのセキスタイルの後、逆行中の木星とオポジションとなります。また、もし土星が七室にあると考えるなら、その存在は七室に障害をもたらします。

ここまでの表示は吉凶混在。それほど幸運な状態ではなく、さらに悪化する可能性があります。リセプションなしで起きる月と土星のスクウェアに疑問の余地はありません。これらの配置と、他の判断から良い未来は描けません。相談者には、もし彼と共に進むことを選んだとしても、やがては後悔することになるだろうと告げました。

結　果

結果は一年以上経ってから知らされました。彼女は一人残り、出産もしませんでした。

占星術的結論

本チャートは、ホラリー占星術での月の重要性を示しています。リセプションなしの月と土星のスクウェアは、仮に強い肯定的表示があったとしても乗り越えることが難しいのです。

16

付き合うことになるかな？

相談者は男性と電話で話をし、相手は興味を示している様子である。

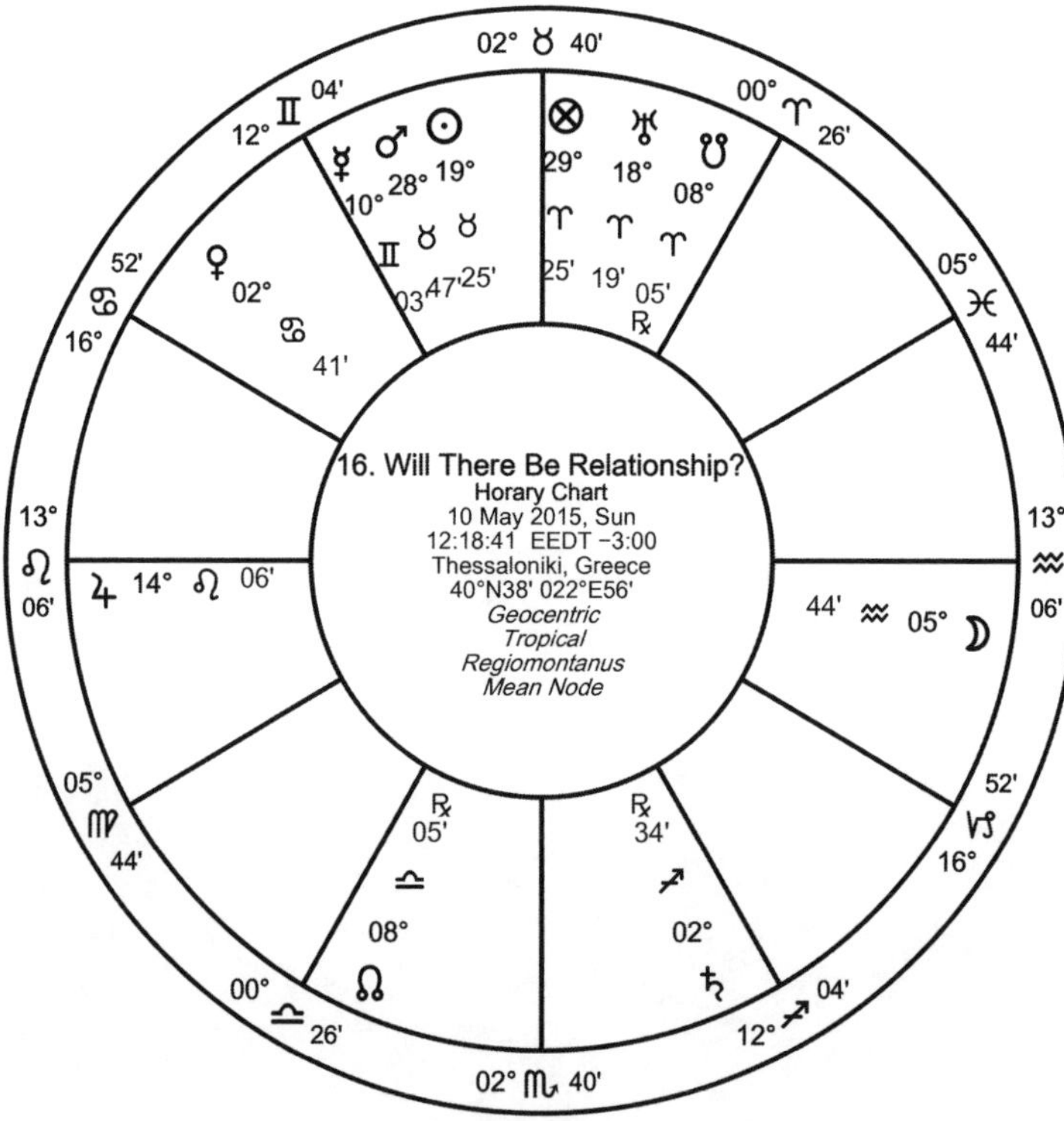

質問者

一室、太陽（一室ルーラー、アルムーテン）、木星、月

恋への興味

七室、土星（七室ルーラー、アルムーテン）、月

肯定的表示

セクトの吉星、木星がアセンダントにあります。月の次のアスペクトはドミサイルにある水星。太陽と月はアンギュラー。木星は自身のタームにあり、土星とミューチュアル・リセプションで分離アスペクト。

否定的表示

月はリセプションを伴い土星から分離。土星逆行。太陽と土星は互いにアスペクトしません。月は水星とトラインの後、木星とオポジションとなり、その際にタームでリセプション。その後、主要表示星の太陽とリセプションを伴うスクウェア。分断の天体、火星と土星は互いにアスペクトを形成し、火星がサインを変えた後にオポジションとなります。太陽は木星から分離、デトリメントの火星と合となり障害を受けます。

判　定

明瞭なチャートではありません。普通に考えれば、障害のない木星が、アセンダントにあるチャートは肯

定的ですし、月の水星へのアスペクト形成も良い表示です。表示星間の形成中アスペクトはスクウェアとオポジション。シングル・リセプションを伴っています。でも、こうした場合は強いミューチュアル・リセプションが必要です。不運を表すわけではありませんが、幸運のチャートでもありません。期待するわけではありませんが、何かが起きそうな気配はあります。しかし、相談者には何か特別な事が起きるわけではないと伝えました。

結　果

相談者によると、その三ヶ月後、八月あたりから、ふたりは付き合うことになりました。相談者は最初とても幸せだったそうです。でも男性には問題がありました。彼には失った子どもがいたのです。ですから何にも増して子どもを欲しがりました。相談者は出産適齢期を過ぎ、仮に出産できたとしても、すでに二人の子どもがいました。数ヶ月後に問題は表面化し、ふたりは別れることになります。こんな問題はもう十分と、彼女の方から切り出したということです。

占星術的結論

吉星であっても、オポジションが示すのは望ましいことではありません。「問題がオポジションの完成で示されるとき、それは長く続かない」というリリーの言葉は正しいでしょう。またこのチャートは、ハウスのドミサイルやアルムーテンに限らず、ハウス内にある天体を表示星として扱うべきことを示しています。

17

ふたたび一緒になるか？

相談者は既婚者である。しかし彼と妻は別居中。彼はふたたび一緒になれるかを知りたい。

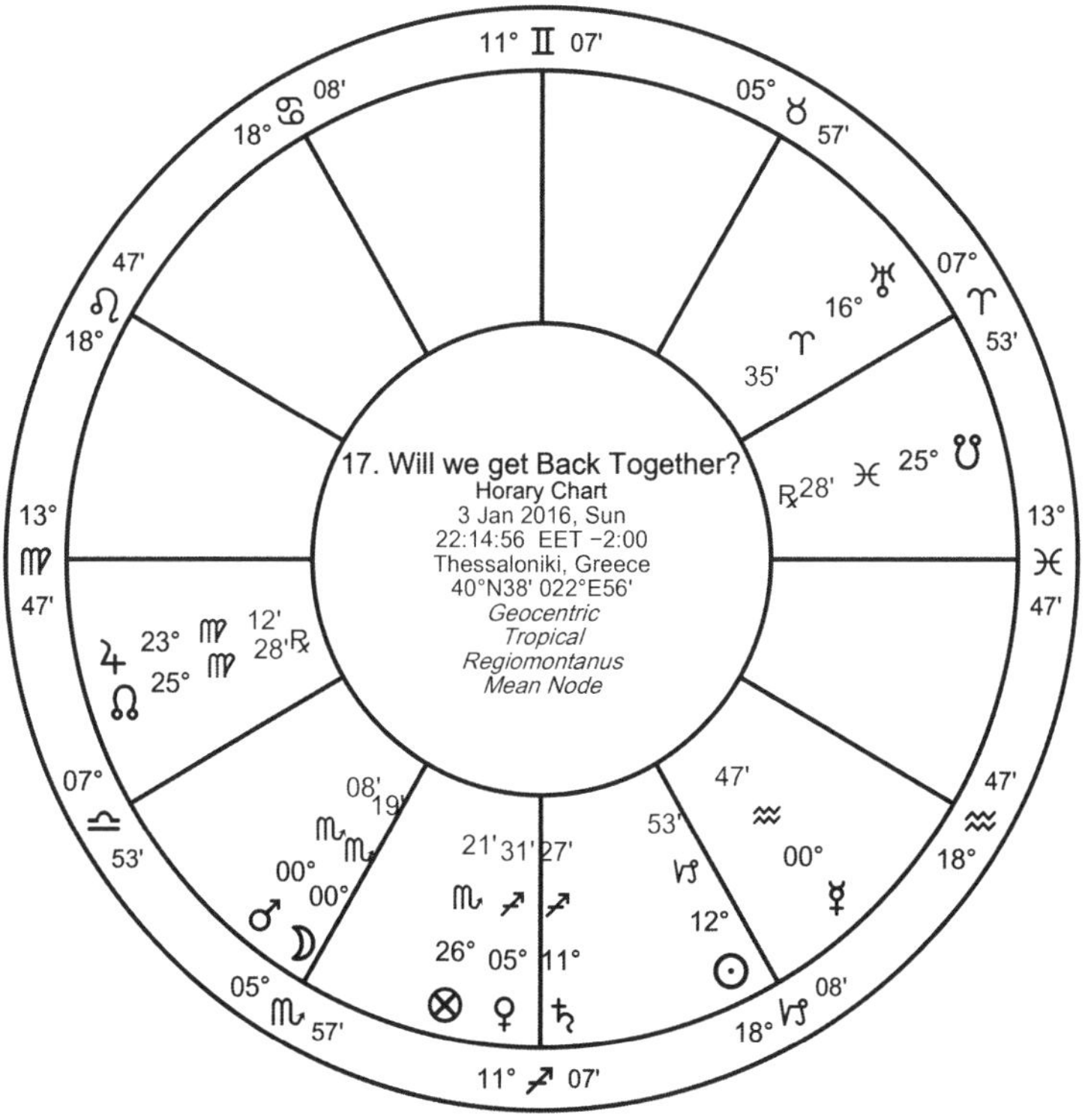

質問者

一室、水星（一室ルーラー、共同アルムーテン）、木星、月

妻

七室、木星（七室ルーラー、アルムーテン）

肯定的表示

七室ルーラー、アルムーテンの木星は一室。月は正確に火星と合。月はドミサイル、トリプリシティ、ターム、そしてフェイスで火星から強く受容されています。水星は自身のトリプリシティとタームにあります。月は太陽にセキスタイルを形成中。水星は逆行に移った後に、木星とトラインとなります。

否定的表示

月はリセプションなしで水星とスクウェアを形成中。水星は逆行に移ろうとしており、その後、再び火星とリセプションなしのスクウェアとなります。分断の天体、火星はディグニティを得てはいます。でもこの場には登場しない方が良いでしょう。木星も逆行に移り、水星とトライン。トラインが完成するとき、両者は逆行しています。また、その前に水星はリセプションなしで火星とスクウェア。リセプションなしのスクウェアは明確な否定的表示です。サウスノードは人間関係の七室。水星と木星のトライン前に、太陽が木星とトライン。水星と木星には弱いリセプションがあり、太陽が妨害（プロヒビション）するわけではありま

せんが、妻（木星）が別の男性（太陽）と出会う表示かも知れません。人間関係のナチュラル・ルーラー金星はアンギュラーの土星に接近し合。月はフォールにあり、ヴィア・コンバスタです。

判定

リセプションなしの月と水星のスクウェアは問題です。また、リセプションを伴っていても、逆行する表示星同士のトラインは良い結末を約束するわけではありません。仮にふたたび関係を築いても別れが訪れるでしょう。この問題を含むトラインを、火星がスクウェアで侵すことで、二人の関係が元に戻ることがないのは明白です。

結　果

関係は元に戻りませんでした。二〇一七年一月、相談者は離婚を申し出ました。

占星術的結論

こうした「もういちどやりなおせるか？」といった質問においても、順行天体の形成中アスペクトが必要です。「天体が逆行するのだから、お互い戻るだろう」という読み方には注意しましょう。また、リセプションなしのスクウェアは常に妨げとなります。

第五章　「第十ハウス関連」キャリアと達成

18 店を閉めることになるか？

衣料店を営む相談者。経営状態は厳しく閉店を覚悟している。

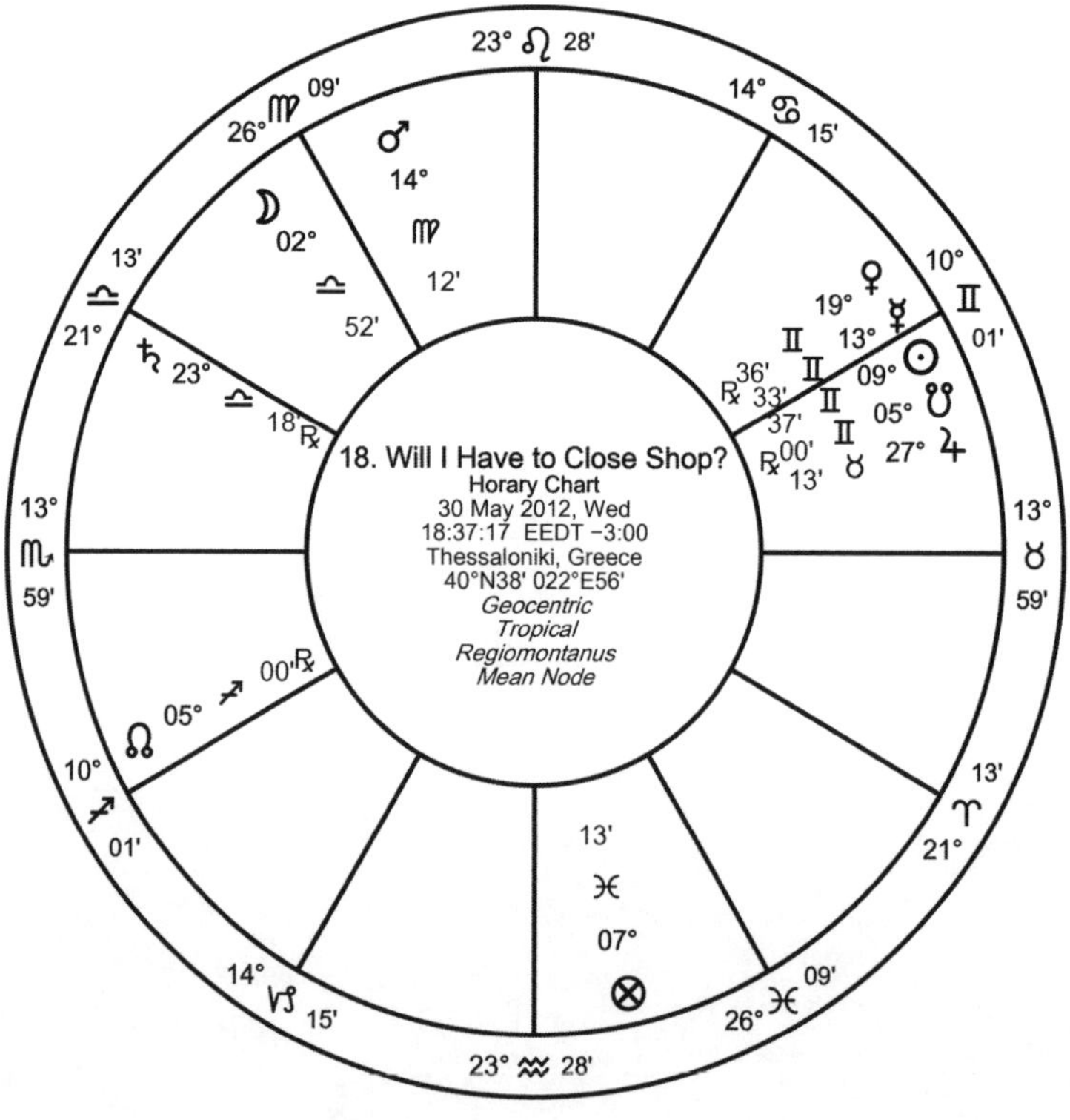

質問者

一室、火星（一室ルーラー、アルムーテン）、月

店

十室、太陽（十室ルーラー、アルムーテン、職業のナチュラル・ルーラー）

質問者のお金

二室、木星（二室ルーラー、アルムーテン。富のナチュラル・ルーラー、ＬＯＦのルーラー）、ＬＯＦ、金星（ＬＯＦのアルムーテン）、ノースノード

肯定的表示

月は太陽にトラインを形成中。月は自身のフェイス。火星は幸運の十一室。木星はアンギュラー。水星は太陽と金星をドミサイルで受容（水星は金星のタームにあるため、ミューチュアル・リセプション）。ノースノードは二室カスプと合。火星と金星の弱いミューチュアル・リセプション。火星と水星の弱いミューチュアル・リセプション。ＬＯＦは豊穣サイン魚座。金星は土星とミューチュアル・リセプション。

否定的表示

太陽は八室でサウスノードと合。太陽は水星に受容されていますが、水星はコンバスト（ただし水星の移

動速度は速く、コンバストから遠ざかろうとしている）。太陽はリセプションなしで火星にスクウェアを形成中（スクウェアが完成する際に、太陽は火星のタームとフェイスに入ります）。木星とアルゴルの合。月と太陽はアセンダントとアスペクトしません。

判　定

状況は芳しくありません。火星とはスクウェアですが、水星は火星と太陽の大きな助力となっています。ところがコンバストなので効果的には動けません。ただし水星は自身のドミサイル、またコンバストから離れつつあるので破滅はしません。太陽は死の部屋、八室。否定的表示です。太陽は火星とスクウェア（アスペクト完成時にはリセプションを伴います）。金星は、太陽と火星のアスペクトを妨害し（強い水星の近傍にある）八室で逆行し弱体化し、そしてコンバストに入ろうとしています（ただし水星、火星とミューチュアル・リセプション）。太陽もまたサウスノードとの合で弱められています。さて、ノースノードは二室カスプと合。水星はコンバストですが、自身のドミサイルにあり、太陽と火星を受容しています。調和的な太陽と月のアスペクトは、まだ全てを喪失していないことを表しています。太陽と月のトラインは常に幸運を示します。ことさら仕事関係のチャートでは良い表示です。しかも本チャートの十室ルーラーは太陽。最後に、表示星がミュータブル・サインにあることは変化の表示です。

結　果

相談者は事業（ミュータブル・サイン）を守るために営業場所を移しました。状況は安定せず、閉店危機は去ってはいませんが、この相談から五年経過しても今なお営業中です。

占星術的結論

ドミサイル、エグザルテーションでシングル・リセプションを伴う天体の合はとても強く、受容した天体を助けることを、本チャートは示しています。また、自身のドミサイル、エグザルテーションにある天体はコンバストを受けても完全には破壊されません。コンバストから離れる場合、太陽に接近するよりもずっと状況は良いのです。

19

仕事が見つかるのはいつ？

相談者は失業したばかりだ。次の仕事が見つかるのはいつか。

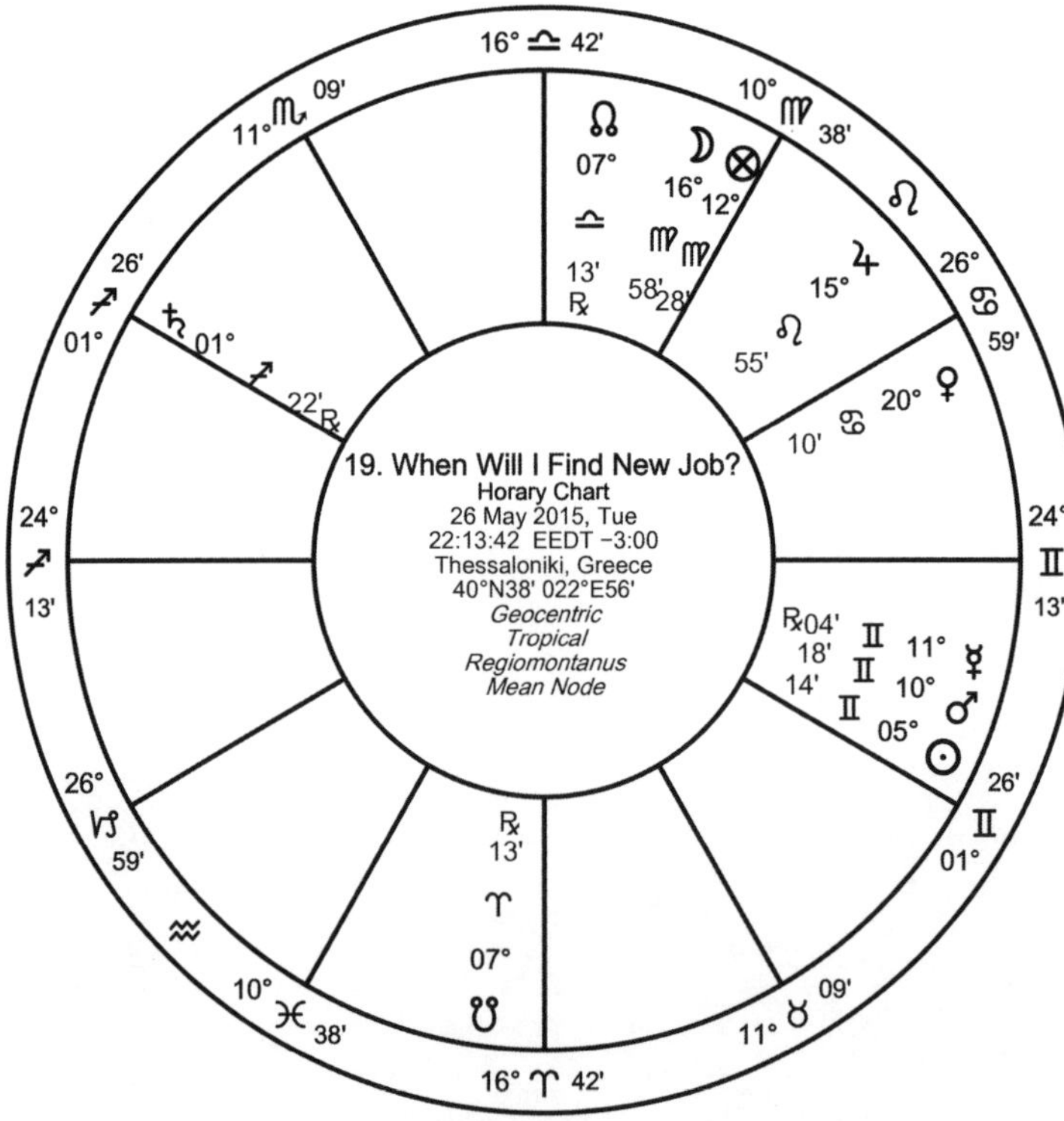

質問者

一室、木星（一室ルーラー、アルムーテン）、月

新しい仕事

十室、金星（十室ルーラー、共同アルムーテン）、土星（十室の共同アルムーテン）、太陽（職業のナチュラル・ルーラー）

肯定的表示

ノースノードは十室カスプと合。木星はアセンダントと土星にトラインを形成しています。そして土星とはミューチュアル・リセプションにあります。月はLOFと合。木星は自身のトリプリシティとフェイス。月は自身のトリプリシティで、金星（仕事）と強いミューチュアル・リセプションを伴いセキスタイルを形成中。吉星が表示星。

否定的表示

太陽は六室で凶星火星と合。両者は土星と分離のオポジション。土星は逆行。月はケイデント（ただしアセンダントの射手座から十番目のサインでややポジティブ）にあり、太陽と火星（ただし分離のアスペクト）から障害を受けています。金星は八室でアセンダントとアスペクトしません。

判定

仕事を示す二つの表示星（特に土星）から、ベストなチャートとは言えません。ただ、土星は太陽と火星のオポジションですが、アセンダントと同じサインにあります。ですからアセンダントへの障害はそれほど大きくはありません。またミューチュアル・リセプションで木星の助けがあります。金星は八室と見るべきでしょう。それでも、月は強いミューチュアル・リセプションを伴い金星にセキスタイルを形成中です。幸運なアスペクトは、十室のノースノード。相談者の希望が叶いそうな状態ですから、3単位時間（月と金星の角度差）をやや上回るタイミングで仕事はみつかります。八室の金星、月のミュータブルサインとケイデントから、週単位ではなく月単位。悪い表示は、その仕事が相談者の期待通りではないことでしょう。

結果

三ヶ月後（八月二十五日）、相談者は新たな仕事の契約をしました。九月九日に契約締結。給与はそれほど良いわけではありませんでしたが、相談者によれば「望み通りの仕事」とのこと。

占星術的結論

リセプションを伴うセキスタイルは、肯定的結果を得るには十分でしょう。繰り返しになりますが、月が金星のフォールにあることで、月が金星を嫌うという説（訳注　天体Aのフォールにある天体Bが、天体Aを嫌うということ）はそれほど重要ではなく、月の金星に対するリセプションによって完全に上書きされるということです。

20

仕事は見つかる？

相談者は第三者から、これから起業する新聞社でコラムニストの仕事があると言われた。それからしばらく経つが、新たな知らせがない。

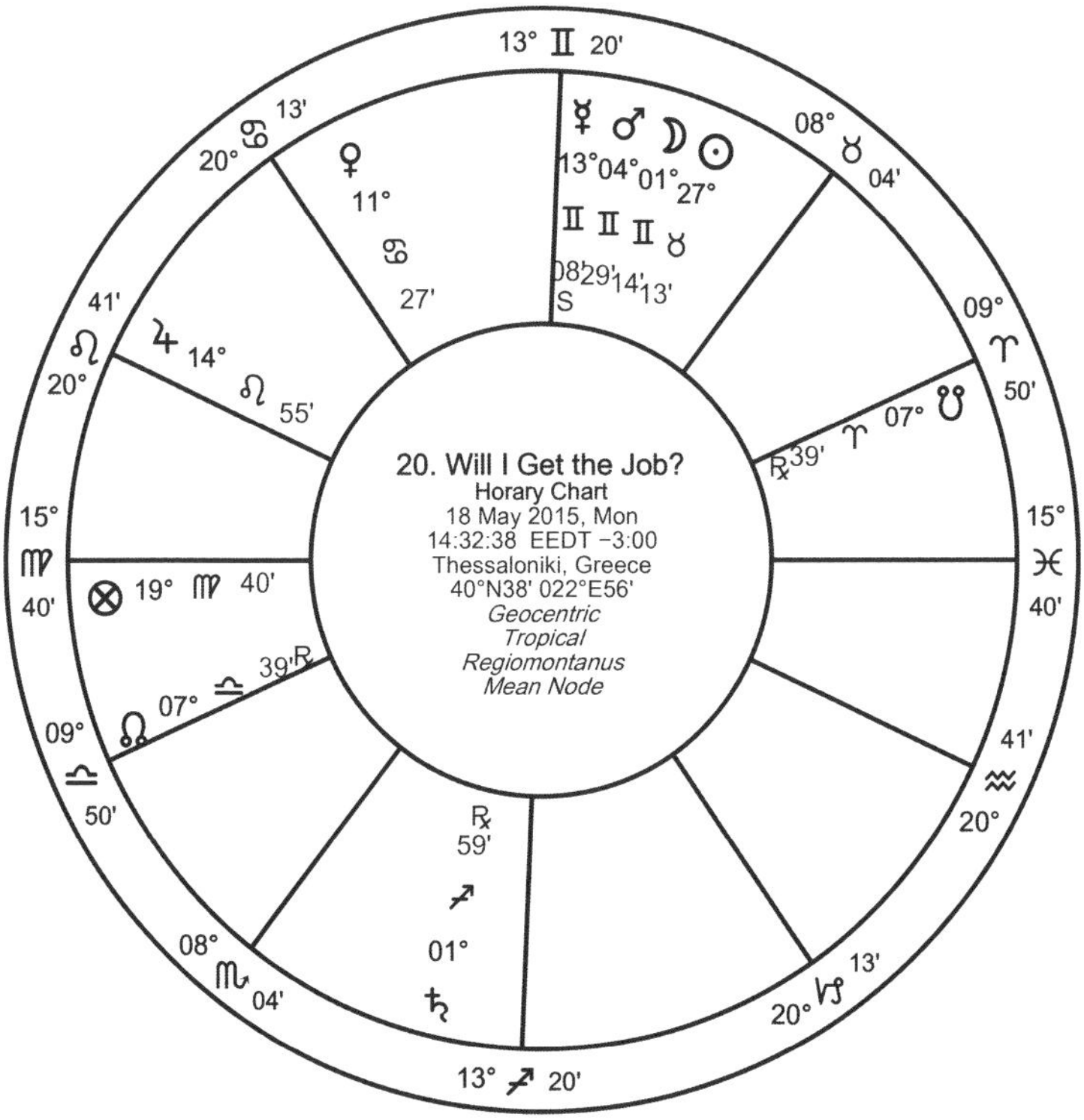

質問者

一室、水星（一室ルーラー、アルムーテン）、月

新しい仕事

十室、水星（十室ルーラー、アルムーテン）、火星、月、太陽（職業のナチュラル・ルーラー）

肯定的表示

水星はドミサイルでMCと合。LOFは一室。月はMCと同じサイン。水星は火星と月をドミサイルで受容。

否定的表示

水星は間もなく留となり、逆行します。月は先ず土星とオポジションとなり、その後、火星（凶星）と合。火星は十室カスプを障害。太陽はアルゴルと合。

判　定

最も不運なチャートです。水星と吉星である木星のセキスタイルは、水星の逆行により完成しません（リフラネーション）。逆行することで、水星は凶星火星と合となります。最も重要なのは、月が二つの凶星とアスペクトすることです。相談者は仕事を得ることはないでしょう。

結　果

仕事が来なかっただけでなく、仕事そのものが消えていました。資金的問題で、新聞社は起業しなかったのです。

占星術的結論

本チャートはリフラネーションを分かりやすく示しています。水星の逆行で、木星とのセキスタイルが完成しないのです。また、月が強いリセプションなしで凶星とハードアスペクトをとるのは極めて否定的な表示です。

21 九ヶ月以内に仕事は見つかる？

相談者がある占星術師に相談したところ、相談内容の期限を決めるようにと言われたとのこと。私はその指定には同意しない。なぜなら、もし十ヶ月以内に仕事が見つかる未来があればどうだろう。その場合チャートは否定を示すに違いないからだ。相談者はセカンドオピニオンを望んだ。

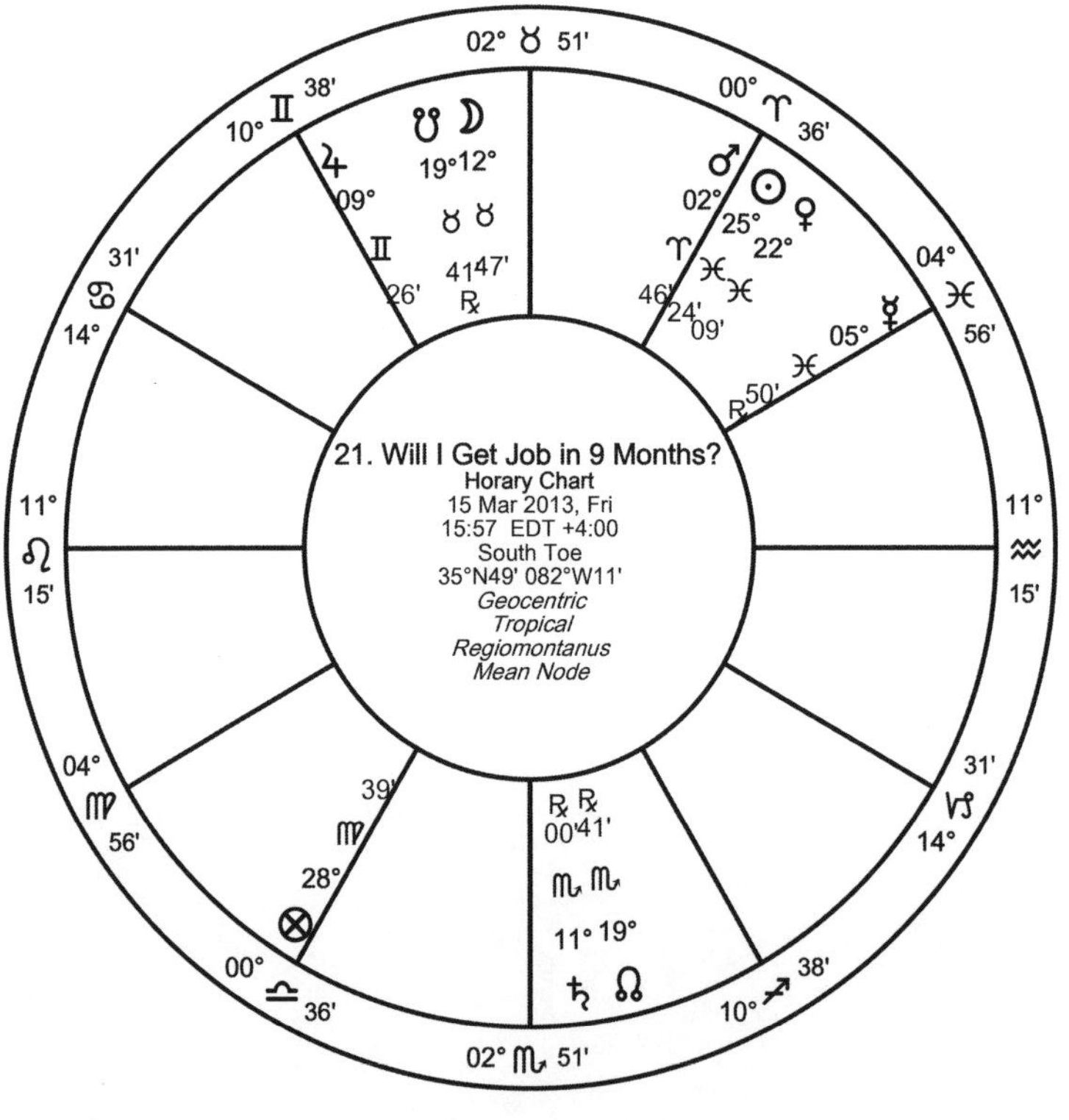

質問者

一室、太陽（一室ルーラー、アルムーテン）、月

新しい仕事

十室、金星（十室ルーラー、アルムーテン）、月、サウスノード、太陽（職業のナチュラル・ルーラー）

肯定的表示

月は十室アンギュラーで高揚。金星はエグザルテーション、自身のトリプリシティ。月は強いリセプションを伴い、オーブ内で金星へセキスタイル形成中。太陽は火星とミューチュアル・リセプション。また金星に受容され、自身のエグザルテーション・サインへと移動しています。

否定的表示

サウスノードは十室。月は少し前に土星のオポジションによって障害を受けています。金星は八室でコンバスト。

判　定

金星はコンバスト（金星はエグザルテーションとトリプリシティで太陽を受容しています。恐らく破壊的作用は免れるでしょう）。ただ、太陽はサインを移るため金星はしばらくの間はコンバストから抜けます（ア

ンダーザビームにはあります）。月が次につくるアスペクトは、強いリセプションを伴った吉星金星とのセキスタイル。そして両者ともにエグザルテーションです。しかし、サウスノードは十室にあり、土星から侵される月（分離中です）が表す状況は深刻。ただ依然として、月と十室ルーラーの金星とのセキスタイルは強い幸運を示します。月が十室にあることで、ほぼ間違いなく約11単位時間で仕事を得るでしょう。本チャートは最良というわけではなく、多少の問題は残ります（金星が牡羊座で再びコンバストするため）。

結　果

相談者は十一ヶ月内で仕事を見つけましたが、長くは続きませんでした。上司との間に問題が起き、二〇一四年秋に解雇されてしまいました。

占星術的結論

受容している惑星の違いにかかわらず、強いリセプションがあるとき、コンバストは、それほど破壊的ではないようです。ただ、太陽が天体を受容していればさらなる確信を得られます。サウスノードが相談事項のハウスにあるときは否定的表示です。

22 夫の雇用は少なくとも年内はつづく？

前出と同じ相談者。相談者のご主人は失業の心配をしている。勤めている会社は毎年六月に雇用契約を見直す。やはり別の占星術師に相談済みで、セカンドオピニオンを求められた。

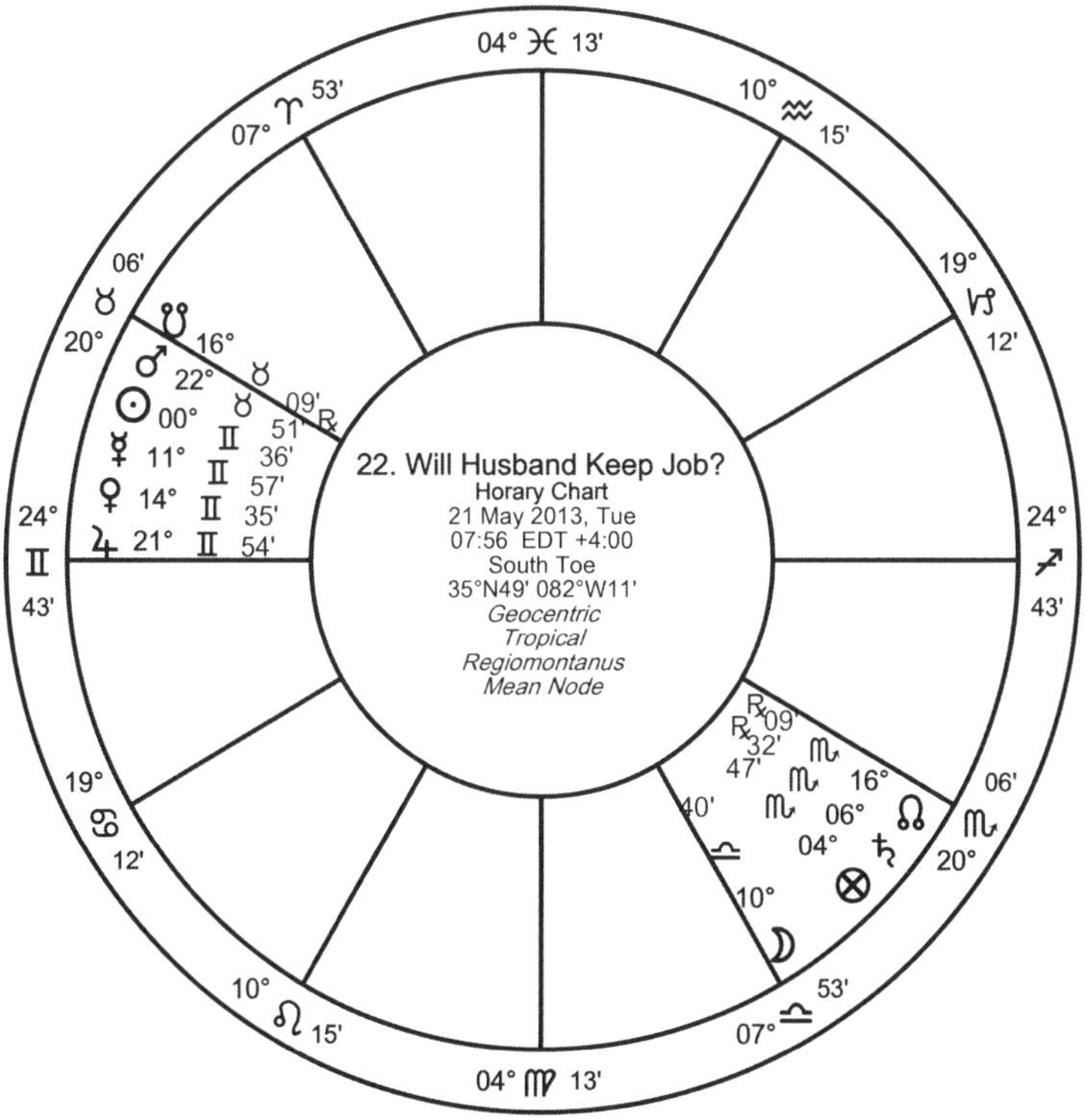

質問者

一室、水星（一室ルーラー、共同アルムーテン）、土星（一室、共同アルムーテン）、金星、木星、太陽、月

仕事

十室、木星（十室ルーラー）、金星（十室アルムーテン）、太陽

夫

七室、木星（七室ルーラー、アルムーテン）

肯定的表示

月は幸運の五室。水星は順行でとても速く、コンバストの外。太陽、金星、木星は水星にドミサイルで受容されています。月は水星、金星とリセプションを伴いトラインを形成中で、後に木星とトライン。太陽、水星、そしてふたつの吉星がアセンダントと同じサインにあります。

否定的表示

木星（夫）はデトリメントで、アンダーザビームに入ろうとしています。ＬＯＦは土星と合。土星（アセンダントの共同アルムーテン）は逆行し、アセンダントとアスペクトしません。水星はアンダーザビーム。ミュータブル・サインが優勢、変化の表示。

判　定

非常に恵まれたチャートです。双子座にある全ての天体は水星から受容され、月とトライン。水星はアンダーザビームですが、ドミサイルで太陽を受容しています。金星（仕事のアルムーテン）と水星は木星（夫）と合を形成中で、良い意味しかありません。相談者のご主人が仕事を続けるのは、ほぼ確定です。ただし、木星の状態は徐々に悪化し、アンダーザビームに入り最後はコンバストになります。

結　果

二〇一三年六月時点での失職はありませんでした。しかし翌年の六月に解雇されてしまいました。

占星術的結論

繰り返しになりますが、リセプションがある限り、コンバストとアンダーザビームはそれほど破壊的ではありません。

＊訳注　オリジナルチャートとターンチャート

夫の仕事の質問ですから、夫（七室）の十室目（三室）で占断すべきではないか？と思われるかもしれません。ＱＨＰでは仕事に関する質問（十室）、子ども（五室）、動物（十二、六室）についてはターンチャートよりも、オリジナルチャートを重視します。

23

夫は仕事を見つけられるか？

相談者の夫（前出のチャート参照）の失業について。別の質問を異なる占星術師に質問している。

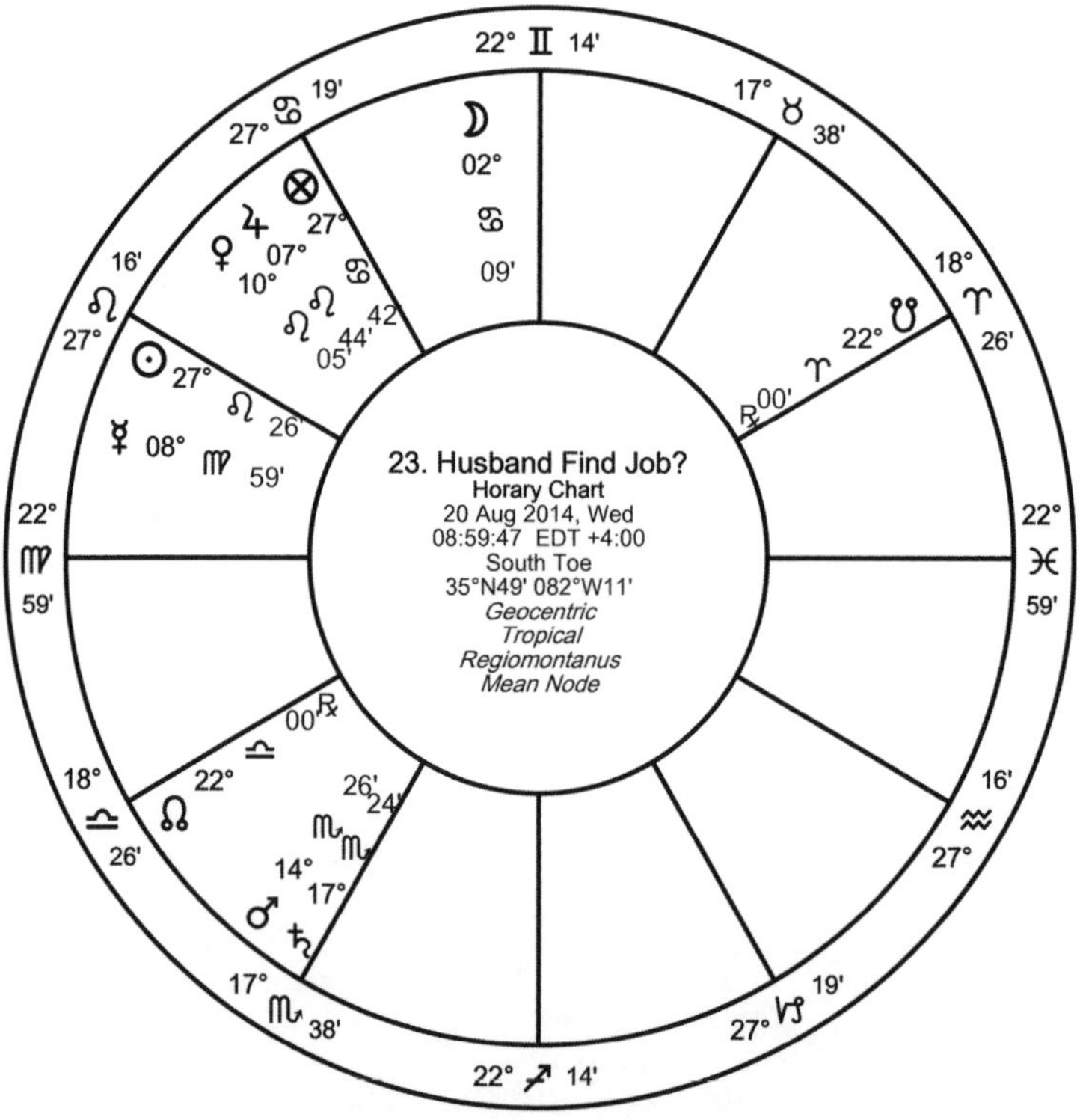

質問者

一室、水星（一室ルーラー、アルムーテン）、月

夫

七室、木星（七室ルーラー）、金星（七室アルムーテン）

新しい仕事

十室、水星（十室ルーラー、アルムーテン）、太陽

肯定的表示

月と水星はドミサイル。月は水星にセキスタイルを形成中。太陽はドミサイル。ＬＯＦは幸運の十一室、ドミサイルにある月が十一室を支配しています。水星はアセンダント。木星は太陽から安全な距離をとり、両者は分離中。木星と金星は太陽のサインにあってドミサイルの太陽から受容されている。

否定的表示

金星はアンダーザビームへと入ろうとしており、二つの凶星と接近スクウェアがあります。木星も凶星から障害を受けていますます（本チャートにおいて火星は吉星〈ベネフィック〉として扱えますが、強いリセプションのないスクウェアです）。月と水星はリセプションのないセキスタイル。太陽は十二室。

判定

月と水星のセキスタイルは幸先が良いことを示しています。通常、セキスタイルが効力を発揮するにはリセプションを必要とします。ここでは水星、月にとても強いエッセンシャルおよびアクシデンタル・ディグニティがあります。ところが、リセプションなしで凶星から障害を受ける金星と木星には疑念を生じます（ただ、ありがたいことに金星は太陽から受容されています）。ご主人は8単位時間で仕事を見つけるでしょう。これは月が水星とアスペクトを完成させるまでの度数。けれども、なんらかの問題が起きるかも知れません。

結果

相談者の夫は八ヶ月後、二〇一五年四月十五日に新たな仕事の契約を交わしました。ところが、ギリシャ全土が経済危機に脅かされ、五月末に失業しました。グリグジット（ギリシャのＥＵ離脱）の可能性がパニックを引き起こした年でした。

占星術的結論

両方の天体が強いディグニティを有していない限り、セキスタイルが働くにはリセプションが必要です。やはり、アルムーテン（金星）がその効果を発揮しました。金星と凶星の形成中アスペクトが、ご主人にとって結末が良くないことを表しています。

24

仕事全般で今後何が起きるか？

相談者は仕事に満足しておらず、追い詰められていた。だが、経済危機にあるギリシャで仕事を辞める選択肢は考えられない。出口はないのか。

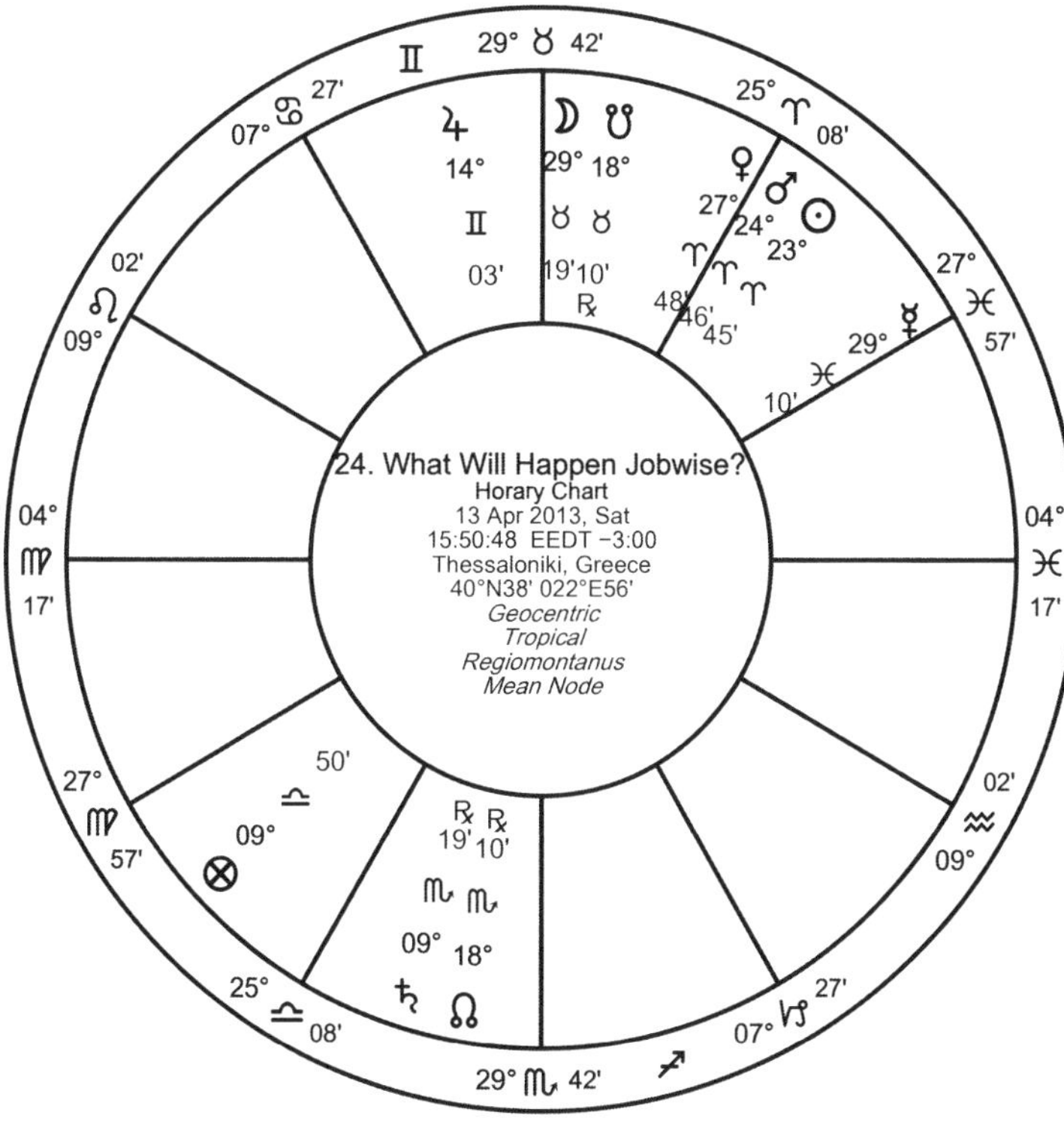

質問者

一室、水星（一室ルーラー、アルムーテン）、月

仕事

十室、金星（十室ルーラー、アルムーテン）、月、水星（十室をインターセプトするサインのルーラー）、木星、太陽

判定

チャートのラディカリティは、質問対象である十室カスプと月の合によって得られます。月はボイドではありません。月が牡牛座の最終度数にあるだけでなく、水星と完全なセキスタイルだからです。印象的な点は、急速な変化を示していること。月とMC、水星はちょうどサインが変わる瞬間で、ふたつとも相談者の仕事のルーラーです。MCがある牡牛座のルーラー、かつアルムーテンの金星も牡羊座後半の度数です。そしてエグザルテーションの太陽と火星とのミューチュアル・リセプション。両者はアセンダントにアスペクトしませんが好材料です。固定宮の牡牛座から離れようとしている月とMCは、市の職員である相談者が退職を決め、公的保障（仕事）と収入を手放すことを描いていると言えるでしょう。

解雇や離職を表す解雇・辞任のロット（太陽から木星までの間の距離を土星に足す）は木星が支配する射手座の29度33分。木星の次なるアスペクトは月。変化は1単位時間内に起き、恐らく相談者の退職を促すでしょう（郵便局員は終身雇用のため解雇はされません）。

水星と木星（相談者と退職）のミューチュアル・リセプションもまた同じ方向を示しています。月は木星と15単位時間で合、金星は12単位時間で土星とオポジションを迎えます。

結　果

八ヶ月後、相談者はそれほど深刻ではない疾病にかかり、慢性的病状と診断されました。そのため仕事をとりまく環境はさらに悪化し、すぐにでも辞めたかったそうです。質問時点から正確に一年後、彼は退職しました。

占星術的結論

表示星がサインの最終にあるとき、頻繁に変化を表します。

25 在職できるか？

相談者が働いていた事務所は、経済危機の影響で人員整理に入った。相談者はその対象になることを恐れていた。

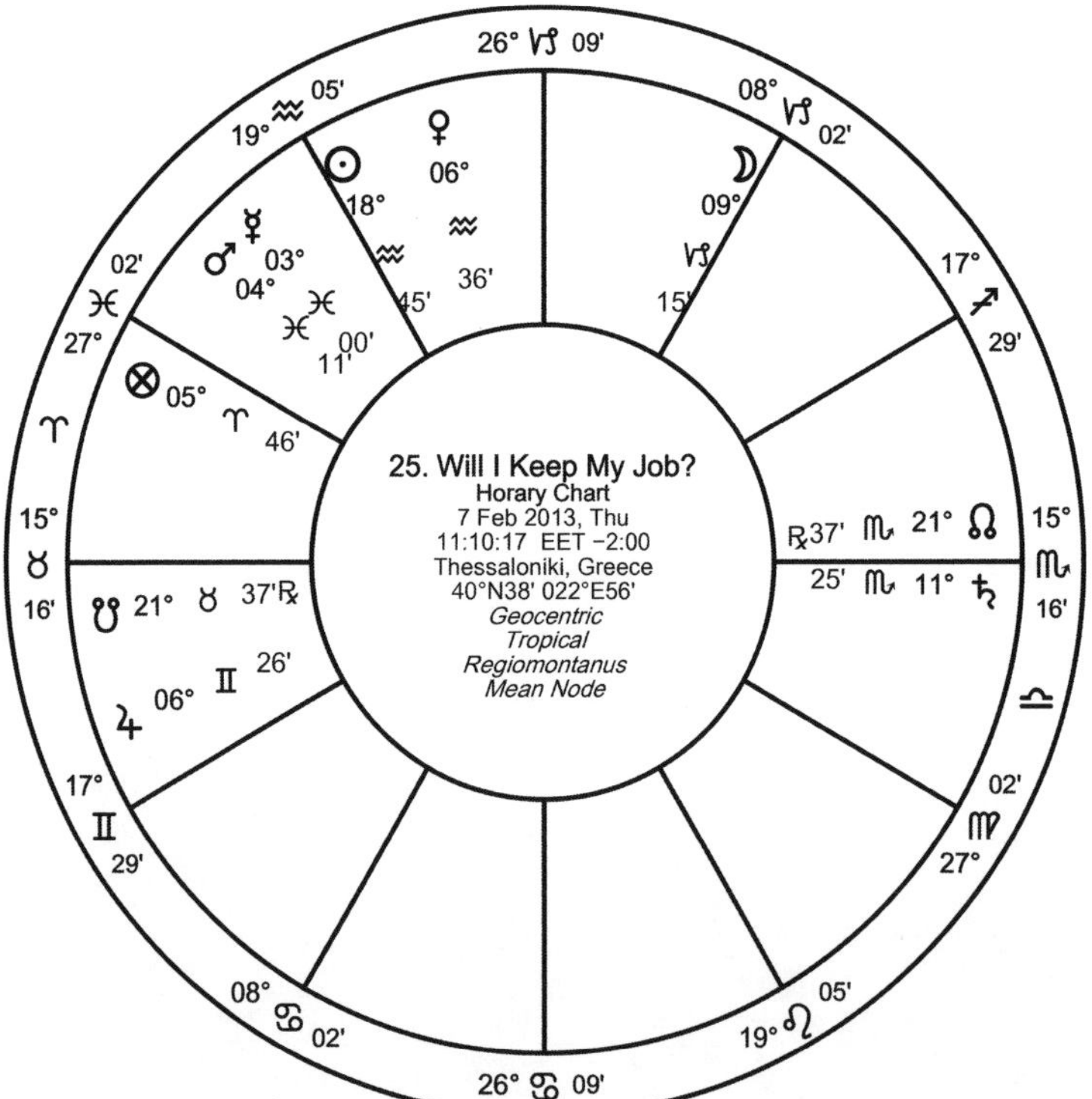

質問者

一室、金星（一室ルーラー、アルムーテン）、月、サウスノード

仕事

十室、土星（十室ルーラー）、火星（十室アルムーテン）、太陽

肯定的表示

金星はアセンダントから数えて十番目のサインにあり（十室、十一室はともに強いハウスなのでどちらにしても問題はない）フェイスを得ています。そしてLOFとパーティルなセキスタイル。また金星とパーティル・トラインを形成する、もう一つの吉星である木星は自身のタームとフェイスにあります。金星は土星とミューチュアル・リセプション。火星はミューチュアル・リセプションで土星とトラインを形成中。月は土星にセキスタイルを形成中。土星は月をドミサイルで受容。太陽は幸運の十一室にあり、土星とミューチュアル・リセプション。相談者のお金を表す水星はデトリメントで火星と合です。でも、一室よりも二室との関係性が高い木星とミューチュアル・リセプション。アセンダント、金星、土星は固定宮にあり、不変を表します。

否定的表示

金星はアンダーザビーム。金星と土星のスクウェア（ただしミューチュアル・リセプションは大きな助

力）。月はデトリメント、ケイデントにあり光を減じている（欠けつつある）。アセンダントにはサウスノード。火星は木星にスクウェアを形成中（ただし木星は吉星で、かつ火星を受容しています）。太陽はデトリメントにあり、土星とスクウェア。

判定

一室のサウスノードは相談者を弱体化し、月はそれほど強くなく、金星は土星とやがてスクウェアです。太陽はデトリメントで、土星とスクウェアですがリセプションがあります。しかし、金星は土星とミューチュアル・リセプション、月もまた土星とセキスタイルを形成中。これらは否定的要素を中和する肯定的表示です。簡単にはいきませんが、相談者の失職はないと判じました。

結果

困難はありつつも、失職することはなく現在も在職しています。

占星術的結論

困難なアスペクトとディグニティの不在は、リセプションによって補完されます。この場合も、土星が月を「嫌う」ことに縛られると間違った占断をすることになります。

26

試験はうまくいくか？

相談者は予定よりも一年早く試験を受けることにした。さらに一年間在校したくなかったのだ。そして試験を受ける機会を得た。しかし、うまくいくか不安だった。

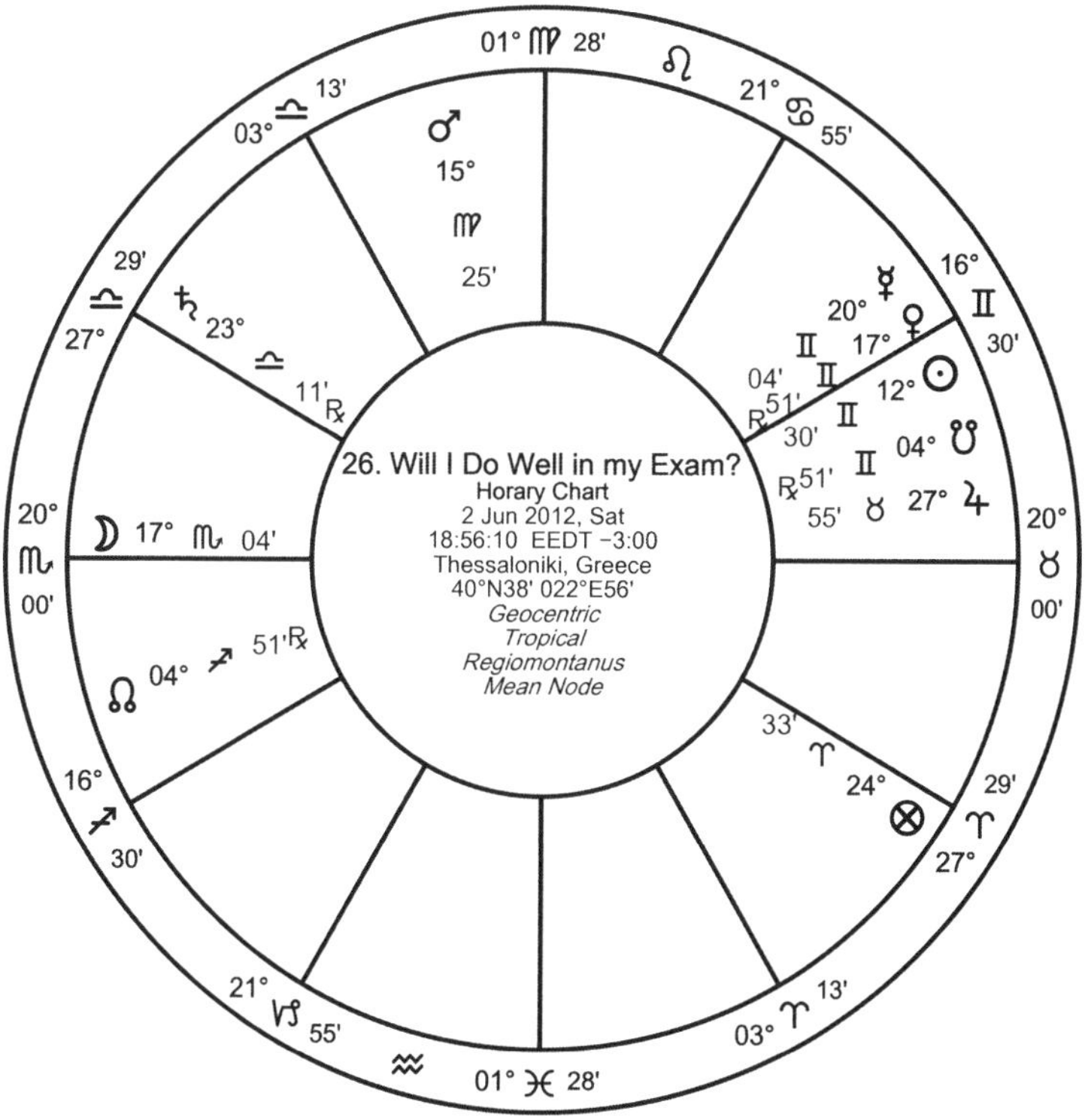

質問者

一室、火星（一室ルーラー、アルムーテン）、月

成功

十室、水星（十室ルーラー、アルムーテン）、火星

肯定的表示

水星はドミサイル、順行、非常に速くコンバストから抜ける最中。月はアセンダントと合。火星は月を受容。アセンダントルーラーの火星は成功のハウス、十室。MCとレグルスの合（二〇一〇年から乙女座）はこうしたチャートでは最も肯定的な表示です。ドミサイルにある水星から受容される金星は、水星（成功）から火星（相談者）へと光を受け渡しています（トランスレーション）。そして、金星と火星のミューチュアル・リセプション。水星と火星のミューチュアル・リセプション。金星はエグザルテーションの土星とトライン。そしてミューチュアル・リセプション。LOFはアンギュラーの火星に支配されており、火星は質問対象のハウスにあります。月は木星を受容し、次に組むアスペクトもアンギュラーの木星。水星が次にアスペクトするのは、エグザルテーションの土星。土星は水星を受容しています。

否定的表示

火星は凶星（ただし、非常に多くのリセプションがあり、凶意は消失）。水星と金星は八室にあり、サウスノー

ド と同居。月はフォール。金星はタームで太陽を受容していますが、コンバスト。そのため金星がトランスレーションを効果的に行えるかは疑問です。

月と木星はオポジション。太陽は火星にスクウェアを形成中（しかし火星はフェイスで太陽を受容しています）。

判　定

相談者はほぼ間違いなく試験に通るでしょう。肯定的表示は十分に要件を満たしています。彼はうまくやれるでしょうか？　月とアセンダントの合はポジティブ。けれどもフォールです。金星はコンバストで、トランスレーションが効果的に機能するかは期待できません。一方で、レグルスとＭＣの合は非常に強力です。こうしたケースでは他の否定的示唆をはね除けてしまいます。

結　果

予想した通り筆記試験は難しかったそうです。しかし、適切な対応ができました。口頭試験が見事な出来映えで、総合評価を高めました。

占星術的結論

ドミサイルのリセプションを伴う合は非常に強力です。競争を判定するチャートでは、レグルスの役割は重要で、複数の否定的表示をも書き換えてしまいます。

27 選挙はどの党が勝つ？

二〇一五年九月二十日にギリシャで行われる選挙について私自身が質問した。投票前調査では、現与党と最大野党の接戦を示していた。

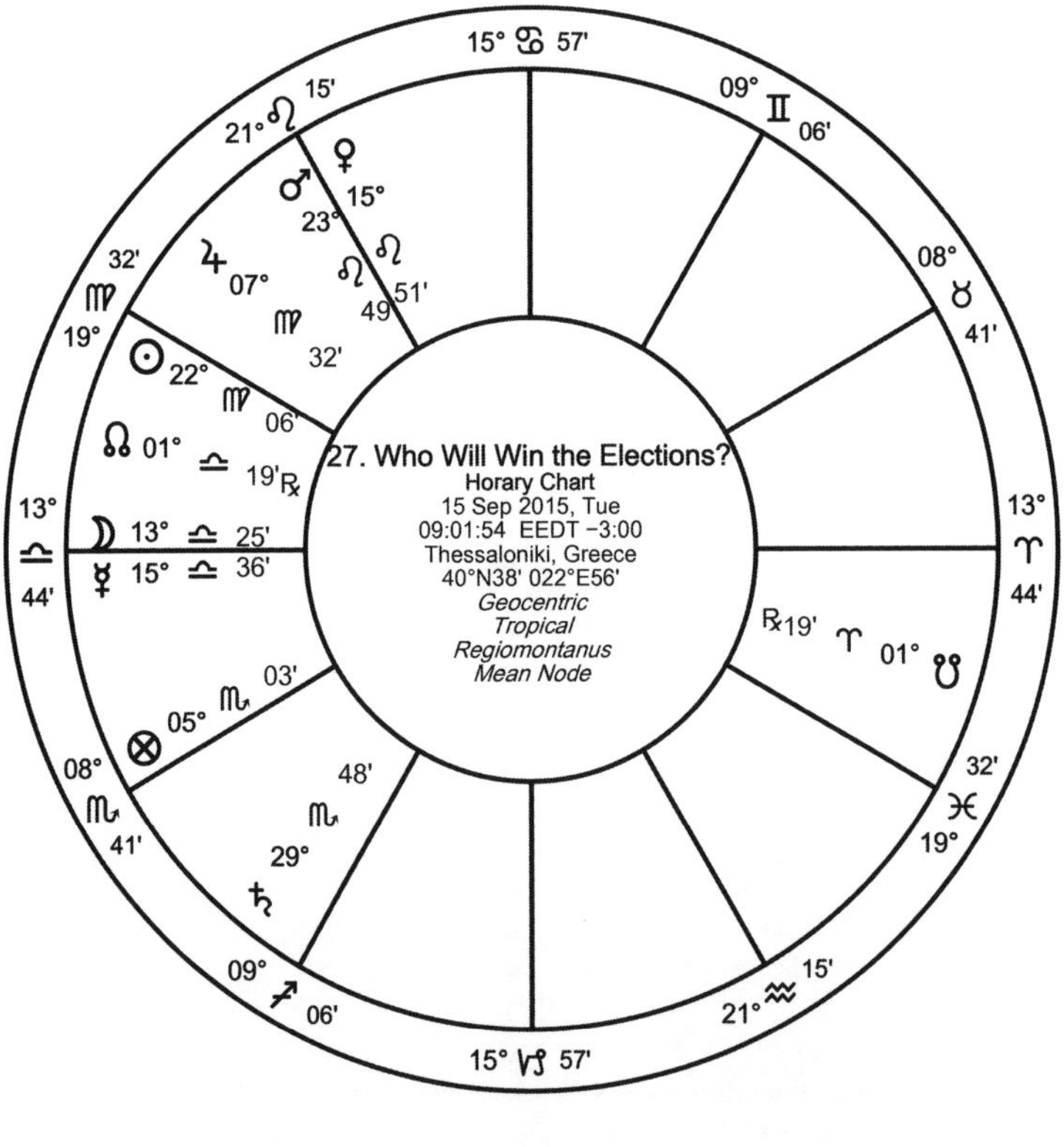

質問者、大衆

一室、金星（一室ルーラー）、土星（一室アルムーテン）、月、水星

与党

十室、月（十室ルーラー、アルムーテン）

野党

四室、土星（四室ルーラー、共同アルムーテン）、火星（四室共同アルムーテン）、金星（四室共同アルムーテン）

与党に対する肯定的表示

月はアセンダントとパーティルな合。また水星(大衆)とはリセプションを伴う合を形成中(質問時点のタームでのリセプション)。また、月は金星と強いリセプションを伴うセキスタイルを形成中。

与党に対する否定的表示

月はペレグリン（ただし月を受容する金星へ接近のアスペクト）。

野党に対する肯定的表示

土星は自身のタームで順行。また金星とターム、トリプリシティでミューチュアル・リセプション。吉星の金星は十一室。

野党に対する否定的表示

火星は土星とスクウェア（火星は土星を受容。しかし共に凶星。よって強いミューチュアル・リセプションが必要）。金星は火星から障害を受けており、速度が遅い。土星は射手座へとサインを移ろうとしており、そこでディグニティを失います。水星（民衆）は金星よりも遅く、やがて逆行に移ります。よって金星とのセキスタイルは完成しません。そして土星はアセンダントとのアスペクトがありません。

判　定

本チャートは強く与党の勝利を示しています。月（与党）とアセンダント（民衆）の合は与党勝利を示すに十分でしょう。月の水星への合は同じ意味で、金星とのセキスタイルはさらにその意味を補強します。土星の状態はそれほど悪くはありません（順行で自身のタームにあります）。また金星は幸運の十一室にあります。しかし与党を支持する表示を覆すほどではありません。チャートは与党勝利を約束し、事前調査がどう示そうと接戦にはなりません。

結　果

政権与党の勝利。野党も悪くはありませんでしたが、与党の後塵を拝しました。

占星術的結論

アンギュラーは非常に重要なアクシデンタル・ディグニティです。また、アセンダントにアスペクトしないときはデビリティ（衰弱）となります。

28 ギリシャは欧州歌唱コンテストの勝者となるか?

我々ギリシャが勝者になるという噂があった。非常に優れていたからだ。

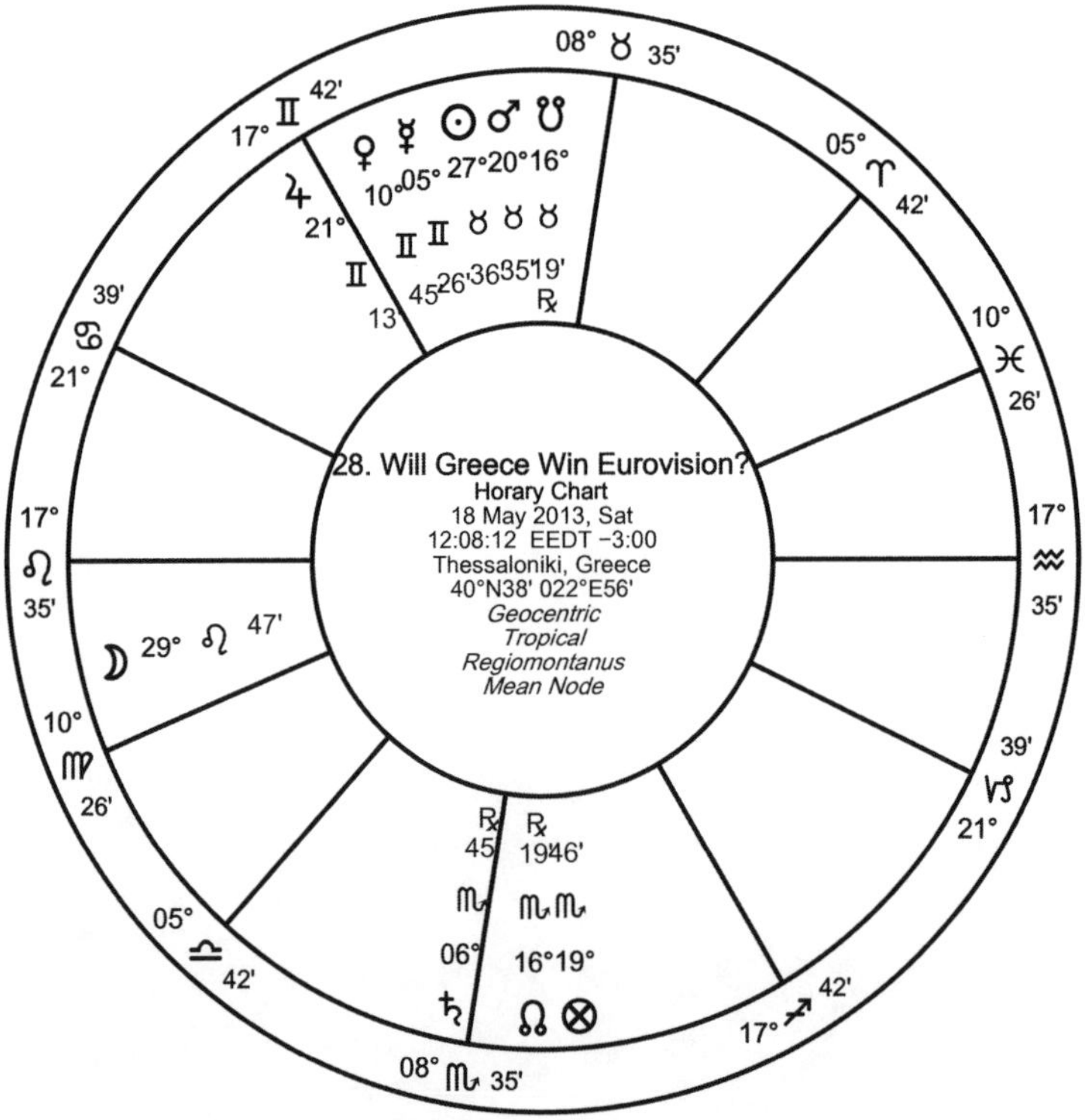

ギリシャ

一室、太陽（一室ルーラー、アルムーテン）、月

優勝

十室、金星（十室ルーラー、アルムーテン）火星、太陽、サウスノード

月は太陽とミューチュアル・リセプションでボイドの最終。太陽は牡牛座の27度で月とアスペクトを結んでいました。ボイドとするには疑わしいです。

肯定的表示

太陽十室。月は一室（MCルーラーのエグザルテーションとフェイスにあります）。太陽と月は強いミューチュアル・リセプション。金星は幸運の十一室にあり、水星のドミサイルで受容され、コンバストもありません。金星は、吉星である木星に合を形成中（ただし木星はデトリメント。合の完成時、金星との間にリセプションなし）。

否定的表示

コンバストの火星とサウスノードが十室を侵しています。もうひとつの凶星、土星はMCとオポジション。凶星が共にアンギュラーにあります。太陽は火星から障害を受け、アルゴルと合。

判　定

ＭＣへの障害から、ギリシャが優勝しないことは明白です。優勝には否定的表示がないか、もっと少ないことが必要。しかし、月と土星のミューチュアル・リセプション、そして金星の状態が良いことから上位に入る希望は持たせてくれます。

結　果

優勝はしませんでしたが、二十六人中、六位という結果でした。

占星術的結論

問われた事柄のハウスに入るサウスノードは重大な障害です。凶星の入室や、凶星とのアスペクトと同様の作用があります。

29

彼女は就職できる?

クライアントの一人が失職し、新しい会社に就職希望を出した。ホラリー占断の依頼ではなく、出生図で向こう一年の分析の依頼であった。そのため、この質問者は私自身である。

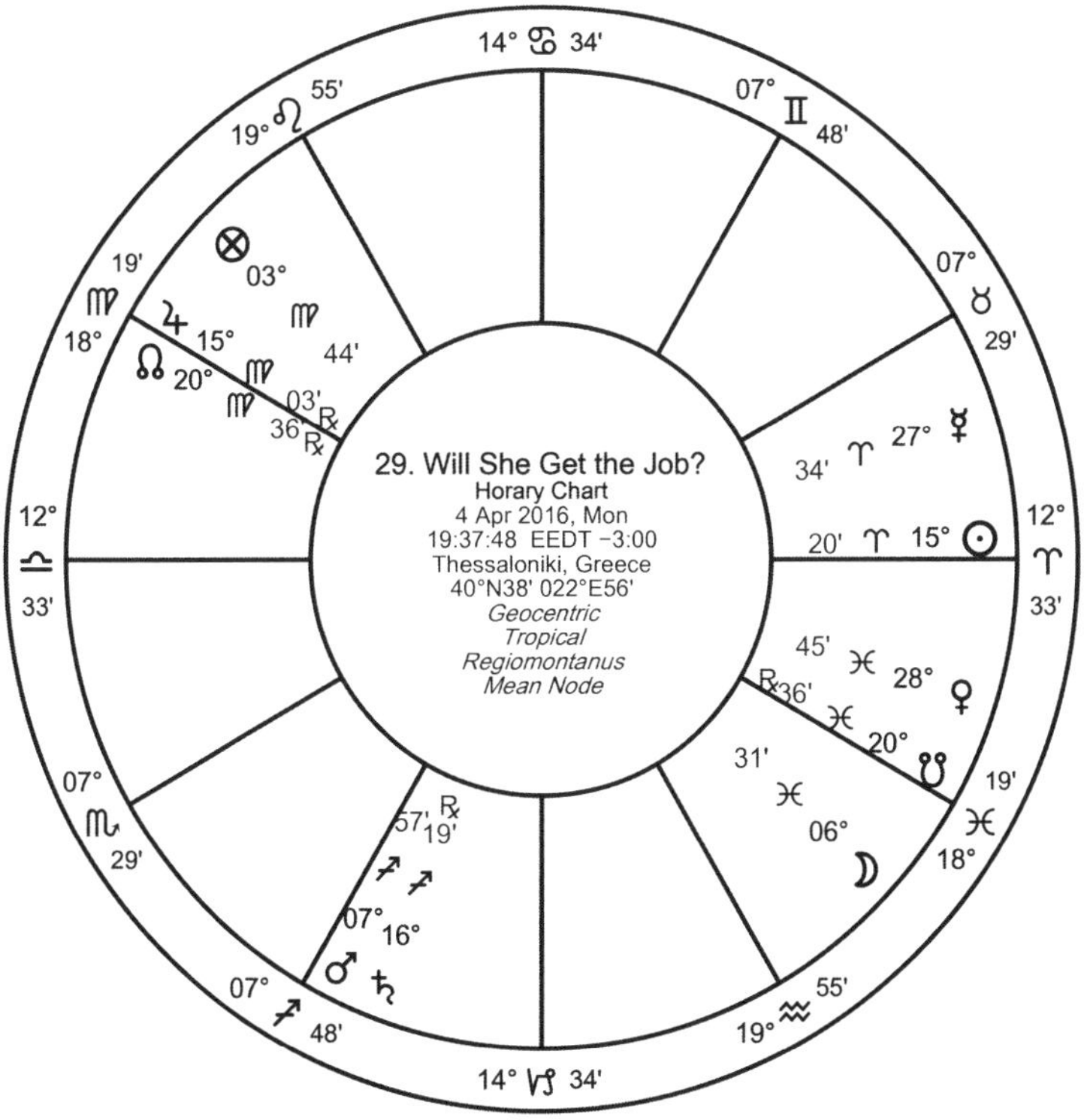

相談者

七室、火星（七室ルーラー）、太陽（七室アルムーテン、七室に入室）、水星

新しい仕事

十室、月（十室ルーラー、アルムーテン）

肯定的表示

月は金星のエグザルテーションとタームで受容されています。太陽はアンギュラーにあり、エグザルテーション。また火星とミューチュアル・リセプション。水星はコンバストを抜けて、太陽に受容されています。

否定的表示

月（仕事）と相談者の表示星、太陽と水星の間にアスペクトがありません。月はアセンダントとアスペクトせず、凶星二つから障害を受けています。月はフェイスで土星を受容しています。土星にとっては良いのですが、月には関係がありません。こうした弱いリセプションはスクウェアを中和するには不十分です。また、月は先ず最初に火星とリセプションなしでスクウェアをとります。

判　定

ここでは七室に相談者をあてています。一室に相談者をあてるべきという説と関係なしに、強いリセプショ

ンがなく、月が凶星と形成中のスクウェアがある場合、結果には疑いを残します。彼女は仕事を得られないでしょう。

結　果

就職はできませんでした。

占星術的結論

チャートに注目してください。もしトレミーのディグニティ表を使えば、火星は昼の水サイントリプリシティ・ルーラーです。特に表示星となるために火星を凶星と見なさなかったり、「仕事が相談者を好きか」という視点で見る場合、火星のトリプリシティに入る仕事（月）は肯定的表示となります。また月は常に「全ての」チャートの表示星（質問そのものの表示星）です。相談者の共同表示星にとどまりません。だからこそ弱いリセプション、あるいはリセプションなしで月が凶星と接近アスペクトをとるとき、質問内容や質問者にかかわらず強い否定的表示となります。

30

会社は解散し、退職金を貰える？

相談者は仕事に満足していなかった。だが退職するつもりもなかった。自主退職では退職金が支払われないためだ。彼女は会社に解散して欲しい。というのも、会社が（噂どおりに）解散し、解雇されれば手厚くお金が支払われるからだ。

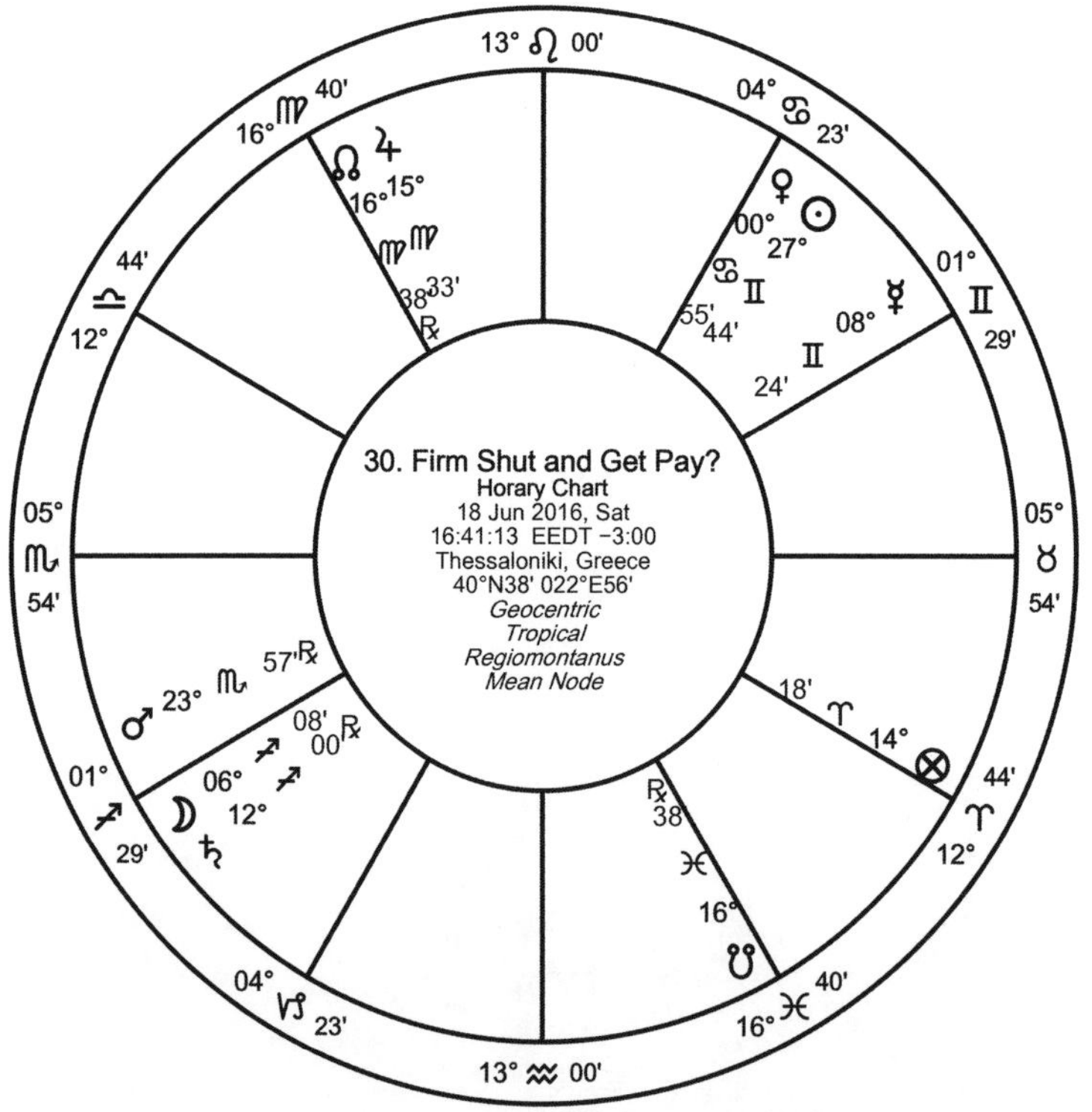

質問者

一室、火星（一室ルーラー、アルムーテン）、月

仕事

十室、太陽（十室ルーラー、アルムーテン）

お金

二室、木星（二室ルーラー、アルムーテン）、LOF、火星（LOFのルーラー）、太陽（LOFのアルムーテン）、月、土星

肯定的表示

火星はドミサイルで、すぐに順行へと移ります。木星は最近順行に転じノースノードと合、そしてJOYとなる幸運の十一室にあります。水星は太陽を受容。水星は自身のドミサイル、サンビームもなく順行。木星と金星、火星と金星、太陽と土星のミューチュアル・リセプション。

否定的表示

土星は逆行し質問対象のハウスに障害を与えています。木星はデトリメントのサインにあり、土星から障害を受けています。太陽は凶意の八室。月は水星にオポジション、土星（わずかなリセプションあり）とは

合を形成中。また、月は木星とリセプションを伴いスクウェア、太陽とはオポジション（オーブ外）。これら全て否定的なアスペクトです。そしてＬＯＦは凶意の六室。

判定

二室の月は質問のラディカリティを示します。太陽は八室ですが、水星から受容されています。ですから仕事に問題はあるでしょうが、さほど深刻ではありません。太陽がサインを変えると水星の助けは消えます。でもアセンダントとアスペクトし、凶星からの障害もありません。会社に深刻な問題が起きているようには見えません。一方、二室で逆行する土星は非常によくない表示です。さらに木星（相談者のお金）とスクウェアで月の障害にもなります。こうなると相談者がお金を手にすることはありません。つまり、会社の解散はないということ。しかし、火星が蠍座で順行になる点は相談者にとっては良いことです。

結果

会社は解散せず、相談者は退職金を得ることはありませんでした。ただ数人が解雇されました。彼女は解雇されることなく、別部署に異動。給与は少し減額されましたが、職場環境はずっと良くなりました。これらは九月九日、三ヶ月経ずして起きました。太陽が蟹座（彼女の仕事の変化）に入るまで2度余り必要。太陽の速度は平均（0度57分）よりも遅く、これらの事象が起きるまで少し長い時間が必要でした。

占星術的結論

リセプションなしか、弱いリセプションを伴う月と凶星の合が答えとなります。ディグニティのない土星が質問対象のハウスに障害を与えるときは、非常に良くない表示です。

第六章　「第十ハウス関連」スポーツの勝敗

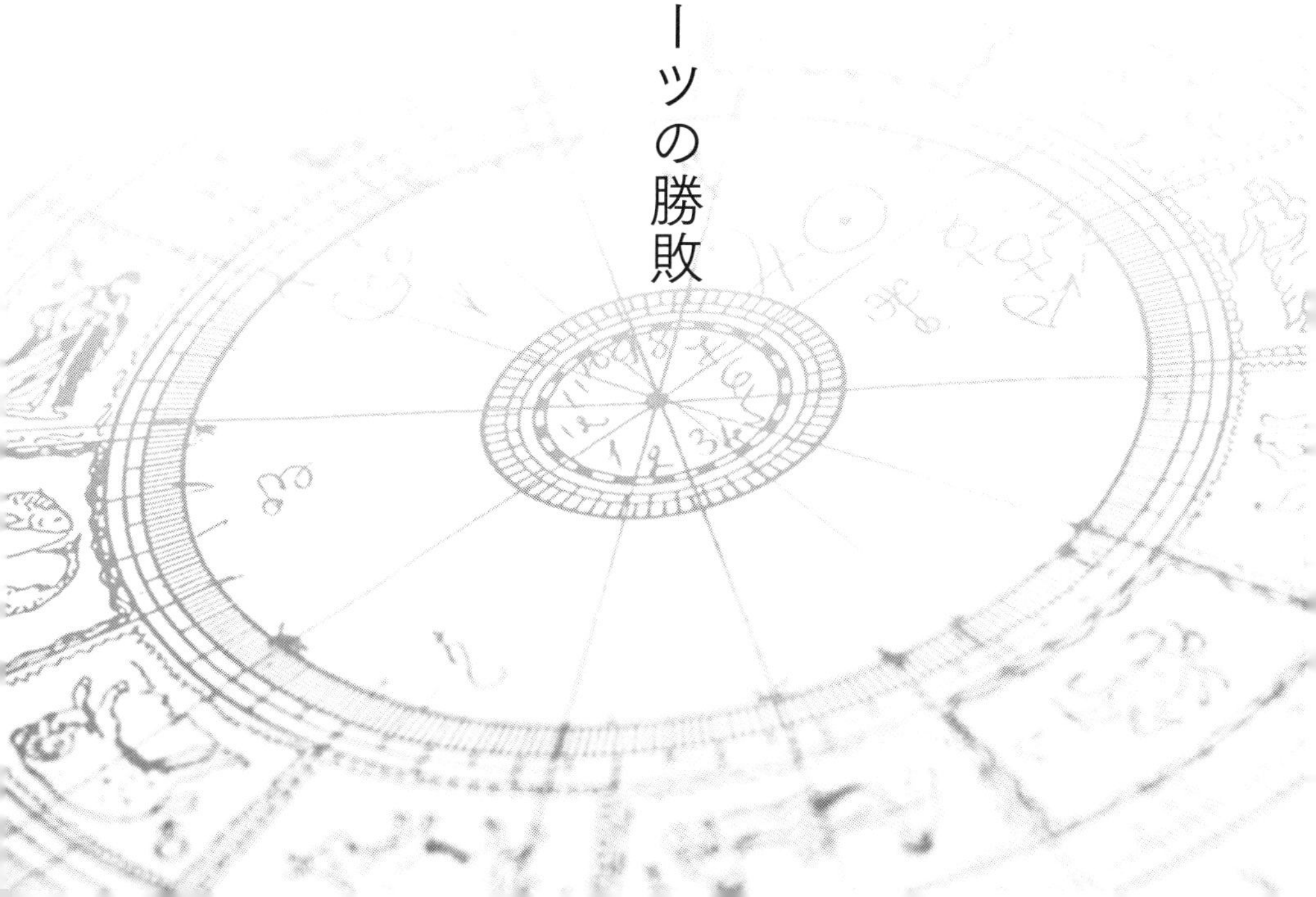

31

フェデラーは全豪オープン戦二〇一三で優勝するか？

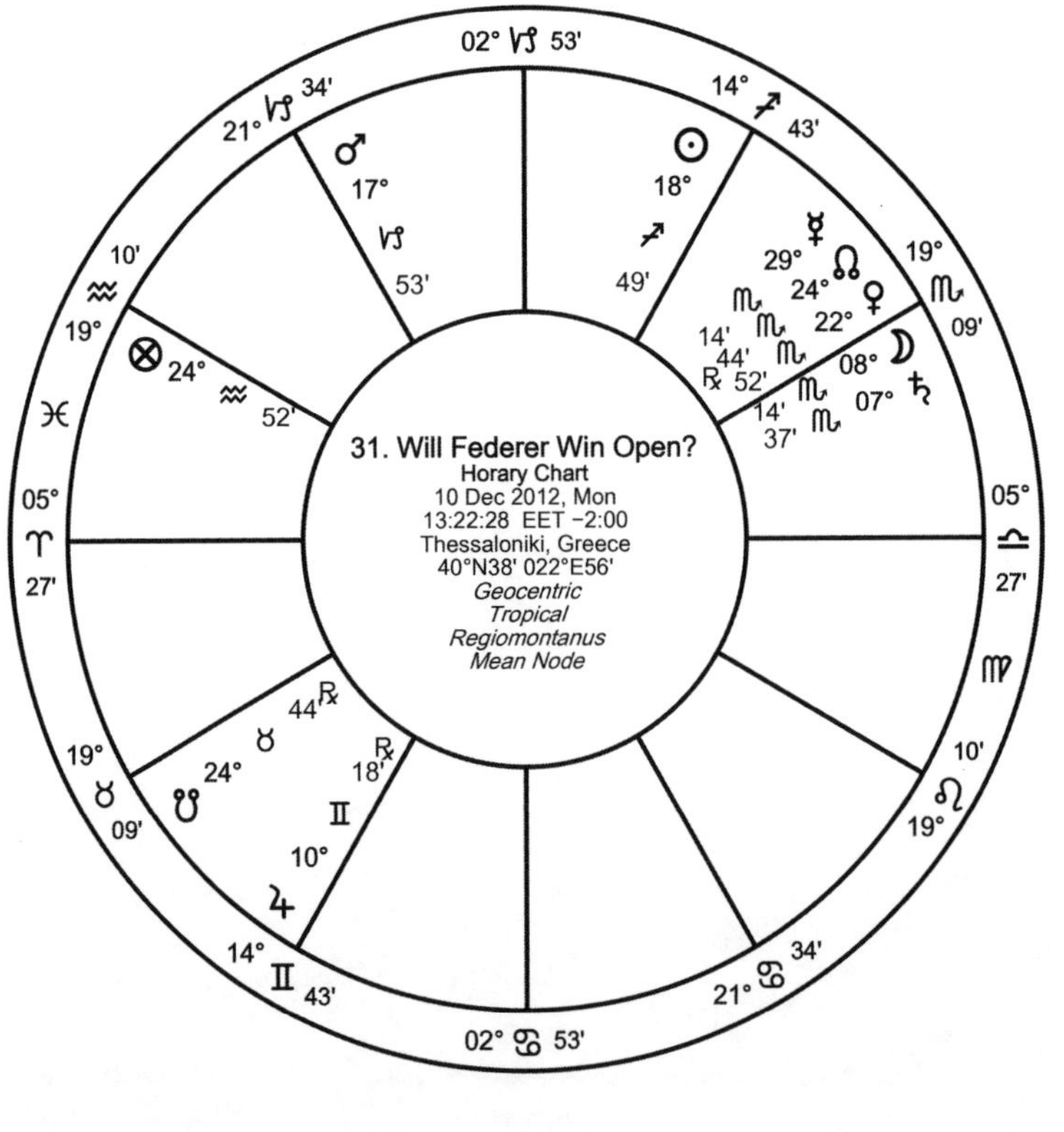

フェデラー

私はフェデラーのファン。だから一室です。

一室、火星（一室ルーラー）、太陽（一室アルムーテン）、月

勝利

十室、土星（十室ルーラー、アルムーテン）

肯定的表示

火星は十室でエグザルテーション。火星は十一室に近いですが、アセンダントのサインから数え十番目の山羊座にあります。よって十室とします。火星と土星は非常に強いドミサイルのミューチュアル・リセプション。月は土星（勝利）から火星（フェデラー）をセキスタイルでトランスレーションし、火星は月をドミサイルで受容しています。太陽は自身のトリプリシティ。火星は金星と強いミューチュアル・リセプション。土星は金星からトリプリシティとタームで受容されています。

否定的表示

月は八室、フォールでヴィア・コンバスタ。凶星が表示星。月の光は非常に弱く、強い障害を土星から受けています。土星を受容する金星は八室でデトリメント。優勝には大きな賞金がかけられており、二室のサウスノードと関連があるでしょう。太陽はケイデントにあり、火星、土星とアスペクトなし。

判定

非常に良いチャートですが、土星の月に対する障害は深刻。トランスレーションが機能するには、良い条件と対象となる二天体間にリセプションが必要です。月は非常に弱く、火星とのリセプションがありますが、土星とはありません。もし月と土星がもっと良いハウスとサインにあるなら良い結果をもたらしたでしょう。グランドスラムの勝利には、さらに完璧なチャートが必要です。しかしながら、肯定的表示は彼がかなり良いところまでいくことを示しています。

結果

本チャートは私のＱＨＰディプロマの最終試験でした。彼が準決勝、あるいは決勝戦までいくが優勝トロフィーを勝ち取ることはないと予測。フェデラーは準決勝まで勝ち上がりましたが、そこで負けました。

占星術的結論

ここで見るべきは凶星が表示星であるとき、依然として凶意を失わないという事実です。本チャートの月は、すでにフォール、そして土星から深刻な障害を受けているため、強い肯定的表示があっても優勝には遠いのです。トランスレーションが効果を発揮するには、トランスレーションされる二天体間にリセプションが必要で、かつトランスレーションを行う天体が良い状態でなければなりません。

32

フェデラーはナダルに勝つか？

フェデラーの対戦相手は強敵ナダル。
彼にとって難しい相手。

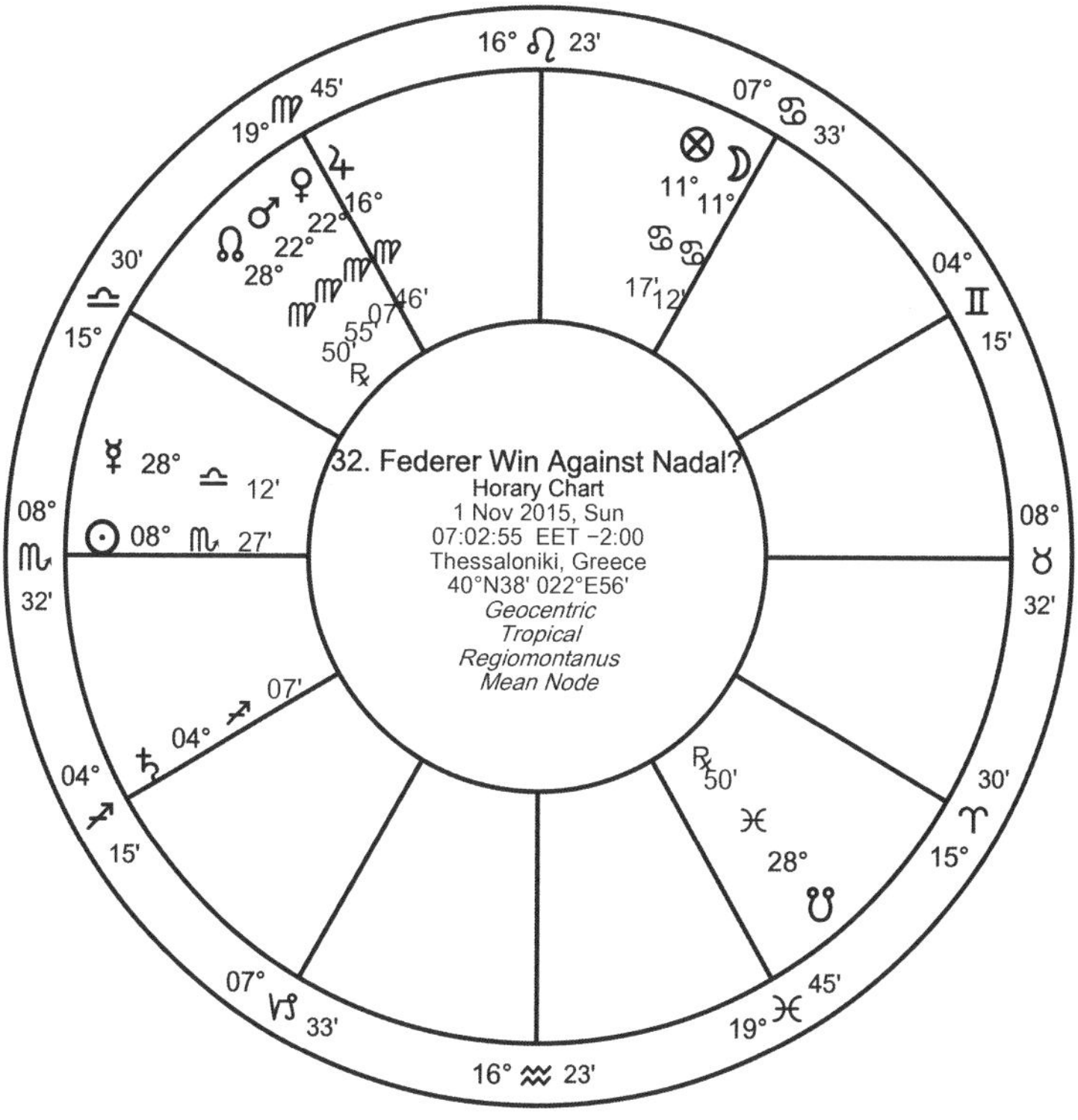

フェデラー

一室、火星（一室ルーラー、アルムーテン）、太陽、月

勝利

十室、太陽（十室ルーラー、アルムーテン）

肯定的表示

太陽（勝利）はアセンダント（フェデラー）と完全な合。月はドミサイルで、アセンダンとトライン。火星は、吉星の金星と完全な合、そしてミューチュアル・リセプション。火星は幸運の十一室で自身のタームにあり、ノースノードと合。月は自身のサインでＬＯＦと完全な合。月が次にセキスタイルを組むのは吉星の木星で、木星は十一室、ＪＯＹにあり月を受容しています（蟹座で木星はエグザルテーション）。

否定的表示

月がケイデントにあり、太陽はペレグリン。

判　定

非常に良いチャートです。太陽とアセンダントの合は、フェデラーの勝利を表し、チャート全体としても非常に良い。フェデラーの勝利はなにがあっても揺るがないでしょう。

結果

フェデラーの勝利。

占星術的結論

質問対象の表示星が質問者のハウスにあるとき、それが深刻な障害を受けていたり、ディグニティが欠如した凶星でない限りは非常に強い肯定的表示です。また、月がリセプションを伴った吉星に接近している場合は、吉星が表示星であるか否かにかかわらず肯定的表示です。

33 フェデラーはジョコビッチに勝つか？

対戦相手は世界ランクトップで優勝候補のジョコビッチ。試合はすでに始まっており、フェデラーは優勢に見えた。そのタイミングでの質問である。

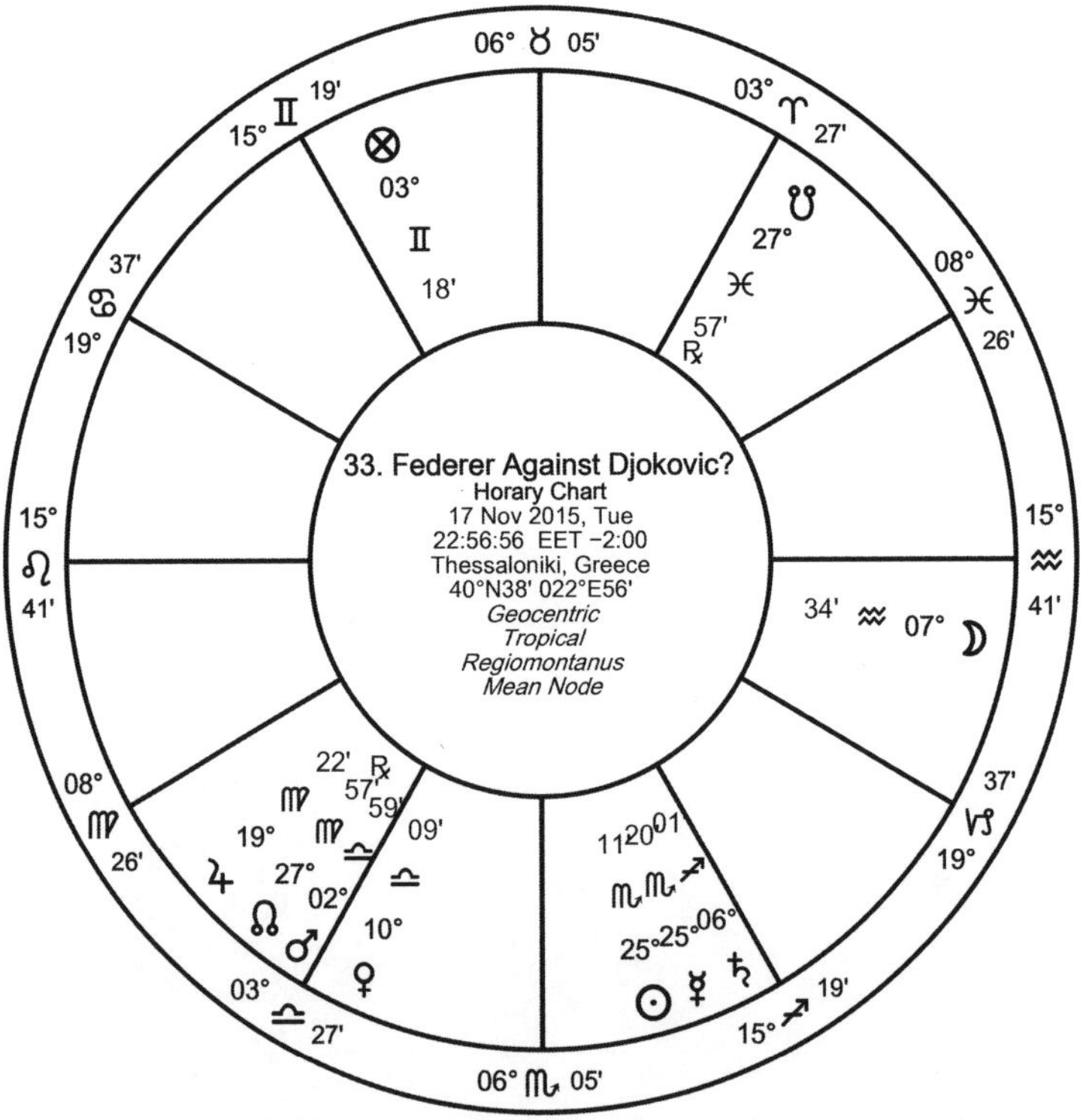

フェデラー

一室、太陽（一室ルーラー、アルムーテン）、月

勝利

十室、金星（十室ルーラー、共同アルムーテン）、月（十室の共同アルムーテン）

肯定的表示

太陽（フェデラー）も月（勝利とフェデラー）も共にアンギュラー。金星（勝利）は自身のドミサイル。月は金星にトラインを形成中、金星は月をタームとフェイスで受容。ＬＯＦは緯度経度ともにカジミの水星に支配されています。

否定的表示

太陽はペレグリンで、月は太陽にスクウェアを形成中（ただしオーブ外。そして先に金星とのトラインをつくります）。金星と火星は緩い合をとり、火星はデトリメント（しかし金星は火星を支配し、火星の先に進んでいます）。

判　定

肯定的表示の方がずっと強い。フェデラーは勝つでしょう。

結 果

フェデラーの勝利。

占星術的結論

リセプションを伴う主要表示星のトラインは、肯定的表示の中でも最上のひとつです。

34 フェデラーはデル・ポトロに勝つか？

フェデラー対デル・ポトロ。フェデラーのホーム、バーゼルでの試合。

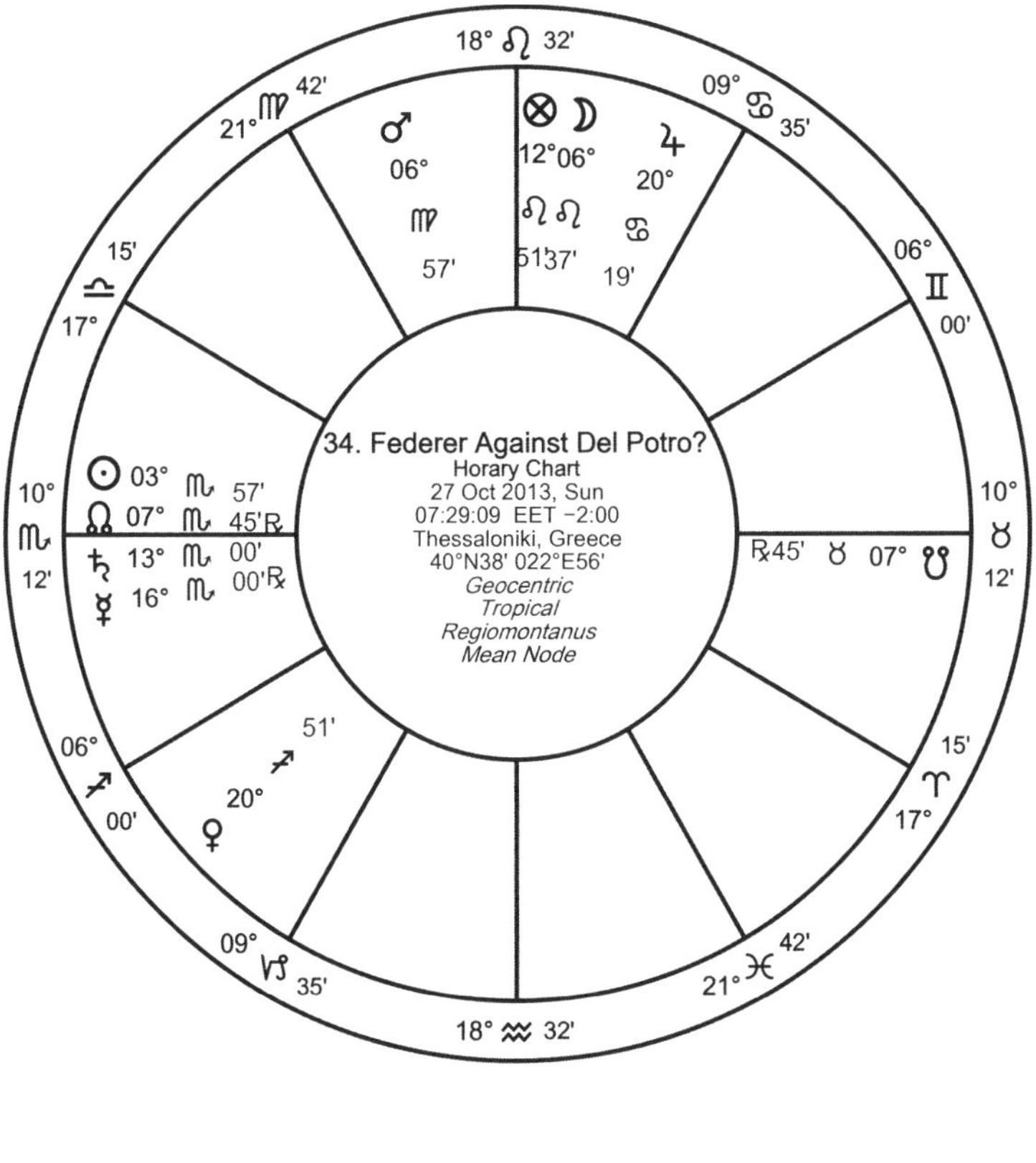

フェデラー

一室、火星（一室ルーラー、共同アルムーテン）、金星（一室の共同アルムーテン）、太陽、土星、水星、月

勝利

十室、太陽（十室ルーラー、共同アルムーテン）、月（関連の可能性あり）

肯定的表示

十室ルーラー（太陽）はアセンダントと合。火星は幸運の十一室（また十室とちょっとした親和性があります）、また水星とミューチュアル・リセプション。一室のノースノードは蠍座にある全天体と合。月はアセンダントから数えて十番目のサインにありＬＯＦと合。エグザルテーションの木星はアセンダントの全天体とトライン。太陽は火星とセキスタイル形成中で、火星は太陽をドミサイルで受容。太陽と火星の弱いミューチュアル・リセプション。金星と土星はトリプリシティでミューチュアル・リセプション（アスペクトはない）。

否定的表示

一室の土星はエッセンシャル・ディグニティを持たず深刻な否定的表示。土星はアンダーザビームにあり、コンバストへと向かっています。月は土星にスクウェアをとりつつあります。水星は逆行しアンダーザビーム。太陽と火星のセキスタイルは、水星によって分断されています（プロヒビション）。

判定

肯定的表示はありますが、一室土星と、土星・月のスクウェアはフェデラーの勝利に僅かな希望しか示していません。しかしながら肯定的内容から、フェデラーは善戦するでしょう。

結果

フェデラーはなんとか第二セットを奪いましたが、最終セットの第一ゲームでサービスブレークを許し、負けてしまいました。

占星術的結論

ホラリーチャートにおける、月の重要な役割が示されています。月がリセプションなしで凶星とハードアスペクトをとるとき、期待は出来ません。また、ディグニティをもたない凶星が質問者自身や、問われている問題のハウスにあるとき、問題はさらに深刻です。リリーによれば、一室の土星はおおよそ質問内容を破壊してしまいます（ディグニティがあるときは別です）。

35

ワールドカップ二〇一四でギリシャはコスタリカに勝つか？

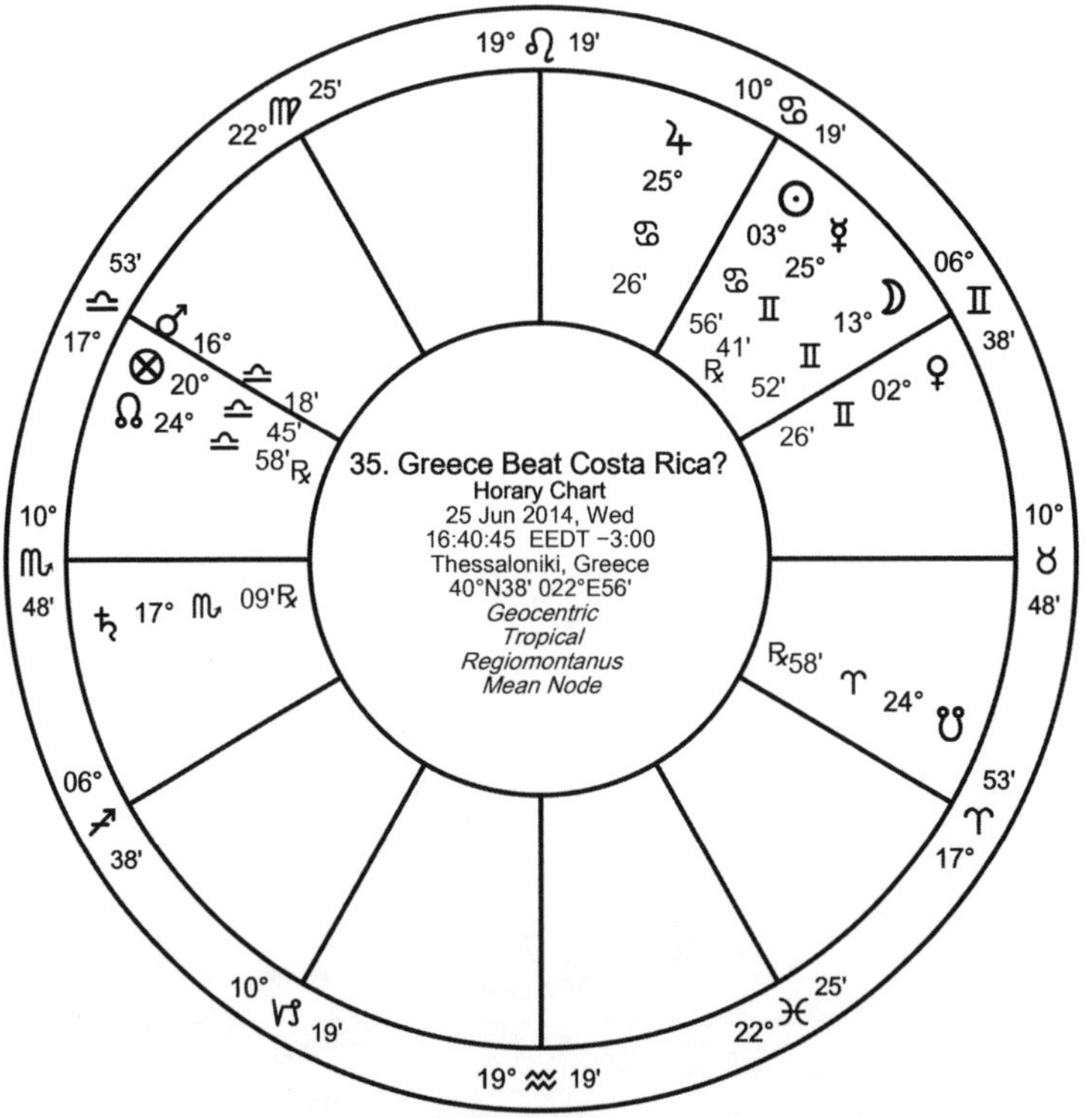

ギリシャ

一室、火星（一室ルーラー、共同アルムーテン）、金星（一室の共同アルムーテン）、土星、月

勝利

十室、太陽（十室ルーラー、アルムーテン）

肯定的表示

太陽はアセンダントとトラインで、エグザルテーションの木星に受容されています。月はアセンダントのルーラー、火星にフェイスのシングル・リセプションを伴いトラインを形成中。火星と土星には強いミューチュアル・リセプション（ただしアスペクトなし）。月は水星から受容されています。金星もまた水星からドミサイルで受容されています。太陽は弱いフェイスのリセプションを伴い土星へトラインを形成中（質問時はオーブ外）。土星はエグザルテーションの木星とトライン（ただし分離中）。アスペクトなしで金星と土星のミューチュアル・リセプション。金星はリセプションを伴い火星とトラインを形成中（質問時はオーブ外）。

否定的表示

月は八室にあり、火星は十二室。火星と土星のミューチュアル・リセプションはあまり役には立ちません。両者にアスペクトなしで、状態が良くないためです（火星デトリメント、土星逆行）。太陽はケイデント。土星はその存在によって一室を侵しています。月と金星に受容される水星は逆行し、まだアンダーザビーム

にあります。ＬＯＦは十二室、デトリメントの火星から障害を受けています。

判　定

月と火星のトラインは成就を表しているかのように見えますが、ハウスがよくありません。太陽・土星のトラインは悪くはありませんが、リセプションは弱くオーブを外れています。火星と土星のミューチュアル・リセプションは土星の凶性を払拭できません。アスペクトなし、両者とも状態が弱いのです。一室で逆行する土星によって、ギリシャは勝利への希望を持てません。もし月と火星のトラインがもっと良いハウスで、強いリセプションを伴い、また土星が強いリセプションで吉星との形成中アスペクトがあるのなら、ギリシャの勝利に期待を持てたでしょう。肯定的表示がある以上、彼らは善戦するでしょう。

結　果

延長戦までもちこみ引き分け。しかし、ギリシャはペナルティをとられ五対三で負けました。

占星術的結論

ディグニティのない一室の土星は、ほとんどの場合、質問内容を破壊してしまいます。

36 フェデラーはメルツァーに勝つか？

二〇一〇年ウィンブルドン・チャンピオンシップ。フェデラー対メルツァー戦。

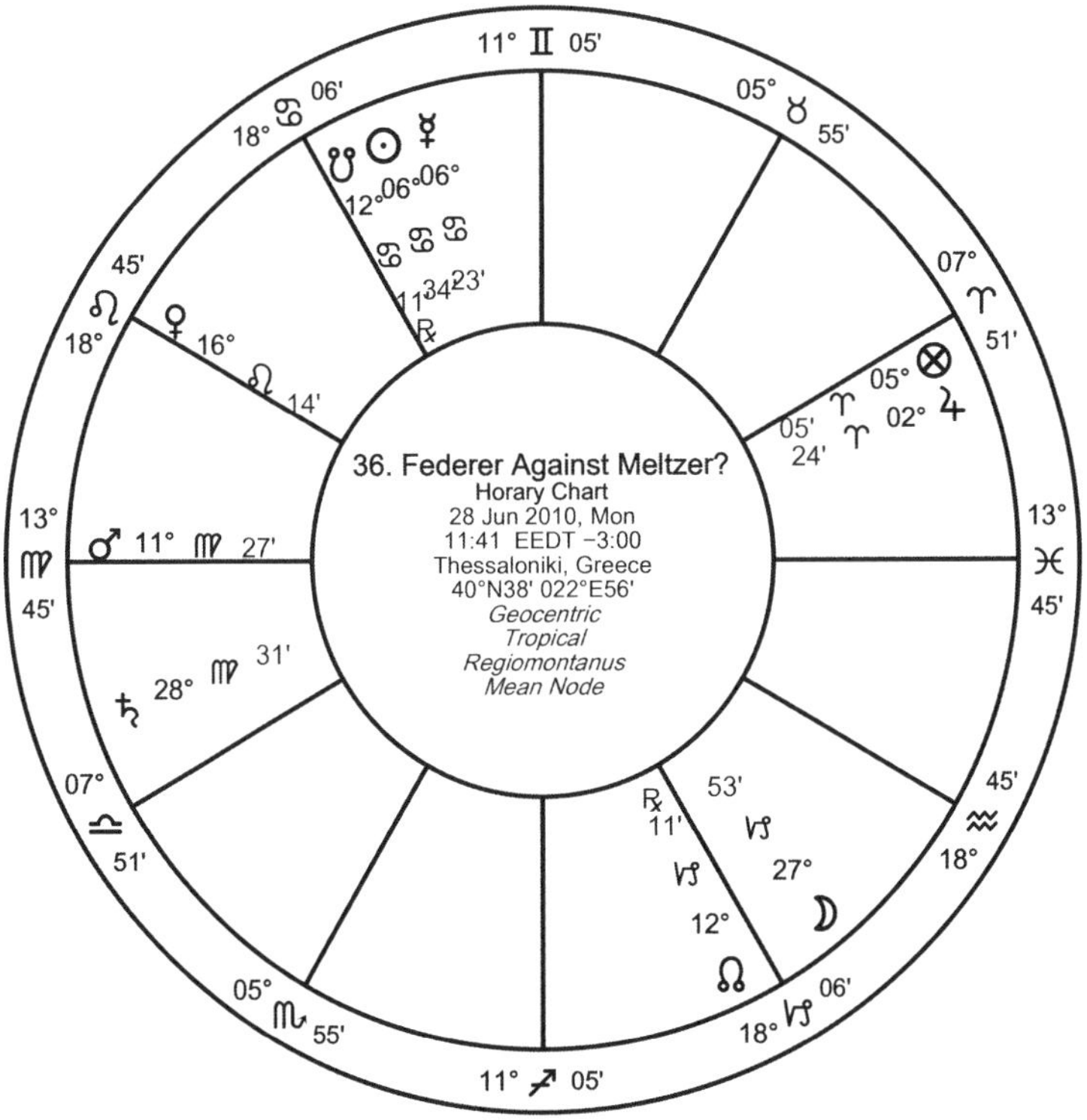

フェデラー

一室、水星（一室ルーラー、アルムーテン）、火星、土星、月

勝利

十室、水星（十室ルーラー、アルムーテン）

肯定的表示

土星は自身のタームにあります。月は強いリセプションを伴い土星にトラインを形成中。太陽と水星は火星にセキスタイルを形成中。火星は太陽をタームで受容し、水星とミューチュアル・リセプション（ターム、ドミサイル、エグザルテーション）。土星と金星はミューチュアル・リセプション（ターム、トリプリシティ）。最も重要なことは水星がカジミ（経度においてのみ）にあることです。

否定的表示

太陽と水星がサウスノードと合。火星と土星がアセンダントを侵害。月がデトリメント。

判　定

水星とサウスノードの合、またリセプションはありますが、凶星がふたつともアセンダント・サインにあるのは否定的な結果を示すに十分です。水星のカジミ（また、他の肯定的表示）はフェデラーの状況を変え

られるでしょうか?

結　果

どうやらフェデラーには可能でした。彼は簡単に勝ってしまいました。

占星術的結論

本チャートの水星は質問者のみでなく、十室ルーラーでもあります。よってカジミは質問者と質問事項の両方に有効に働きました。見る限り、カジミの効力は経度のみでも有効のようです（もちろん、さらに多くのチャートを見る必要はありますす）。なぜ一室にある土星は問題にならなかったのでしょう? 順行にあり自身のタームにあったからです。以前のケースとは異なります。決して強い肯定的表示ではありません。土星の存在が破壊的ではなくなるという意味です。特に月が強いリセプションを伴い、トラインを形成中ですから。別の否定的表示として、火星とアセンダントの合があります。こちらも火星と水星のミューチュアル・リセプションによって破壊的ではなくなります。ただ、もしカジミがなければ結果は異なっていたかもしれません。アセンダントの二つの凶星の存在はやや大きすぎます。最後に、もしトレミーのタームを使っていれば、土星は自身のタームにはなく、もっと悪い判断になっていました。

37

フェデラーはチリッチに勝つか？

ウィンブルドン二〇一六、クォーターファイナル。対戦相手チリッチは第一セットで有利に進めフェデラーは劣勢。

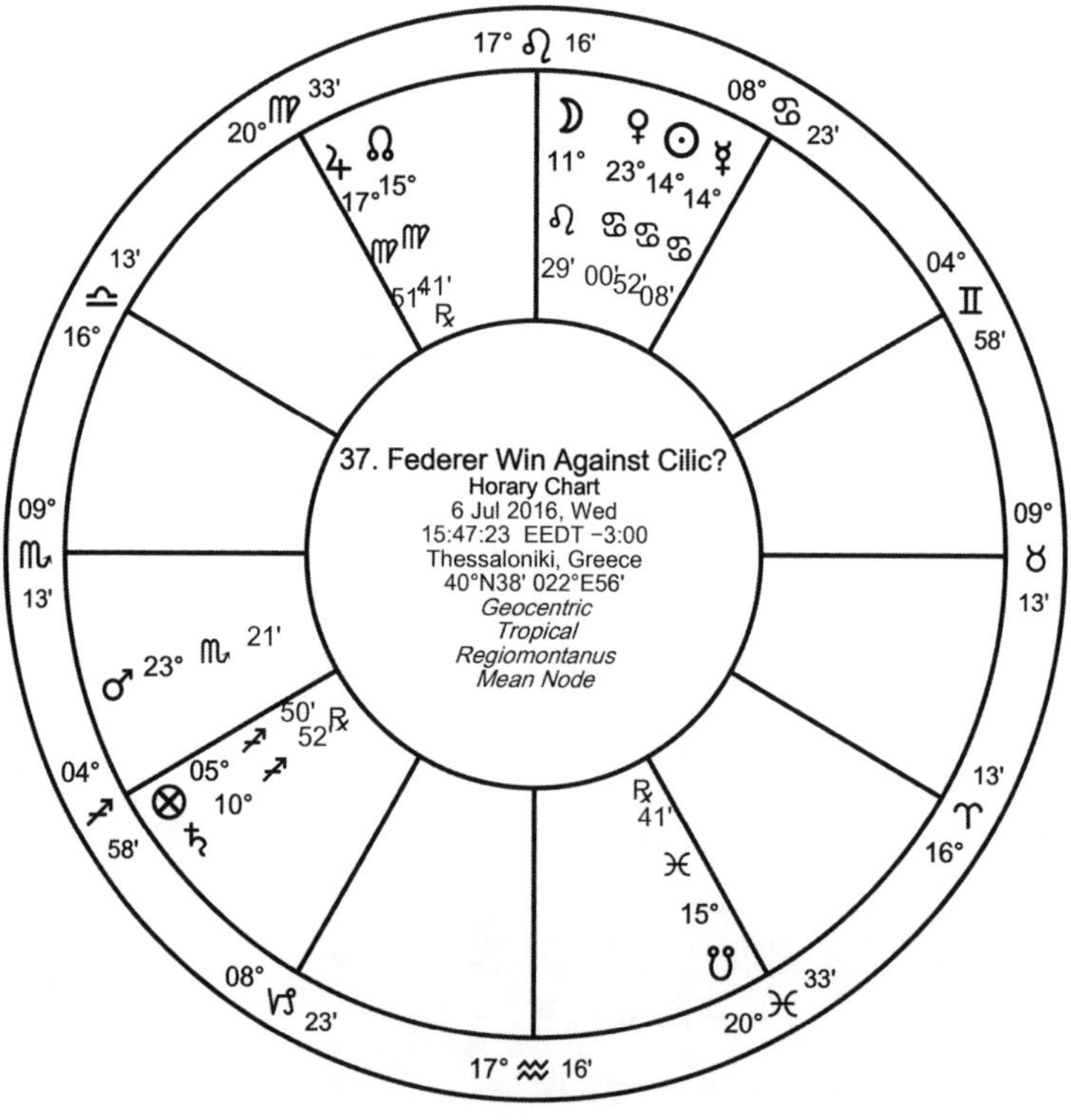

質問者

一室、火星（一室ルーラー、アルムーテン）、月

勝利

十室、太陽（十室ルーラー、アルムーテン）、月

肯定的表示

月は質問ハウスにある。火星は自身のドミサイルにあり、一室火星は吉星金星とパーティルなトライン。太陽（勝利）はリセプションを伴い木星とセキスタイルを形成中で、その後に火星とトライン。太陽と月は強いミューチュアル・リセプション（アスペクトなし）。太陽はＪＯＹ。

否定的表示

月は火星にリセプションなしでスクウェアを形成中（ただし、スクウェアが完成するとき月は火星のフェイスに入る）。太陽はケイデント。火星の移動速度はとても遅い（順行に入ったばかりです）。

判 定

本チャートに凶意はなく、試合中で起きていたことに「同意」してはいないようです。唯一の問題は質問時点の、月と火星のリセプションなしのスクウェア。しかし、この火星は真の凶星ではありません。夜の配

置で自身のドミサイルにあり、二つの吉星と調和的なアスペクトにあります。また、月は太陽とミューチュアル・リセプションで、十室で強められています。ただ、月と火星はリセプションなしのスクウェアで多かれ少なかれ問題があります。しかし、他の肯定的表示からフェデラーは困難に打ち克つでしょう。

結 果

フェデラーは第一セットにつづき、第二セットも失いました。勝利不可能に見えたそのとき、彼はゲームを動かしました。第三セットを取り、第四セットのマッチポイントを最後に抑えます。そして第五セットを取って勝利したのです。

占星術的結論

ディグニティを得た凶星は吉星にこそなりませんが、問題にもなりません。また本チャートは、表示星の状態とは別にチャート全体の吉意の重要性を示しています。

38

フェデラーはウィンブルドン二〇一六の準決勝で勝つか？

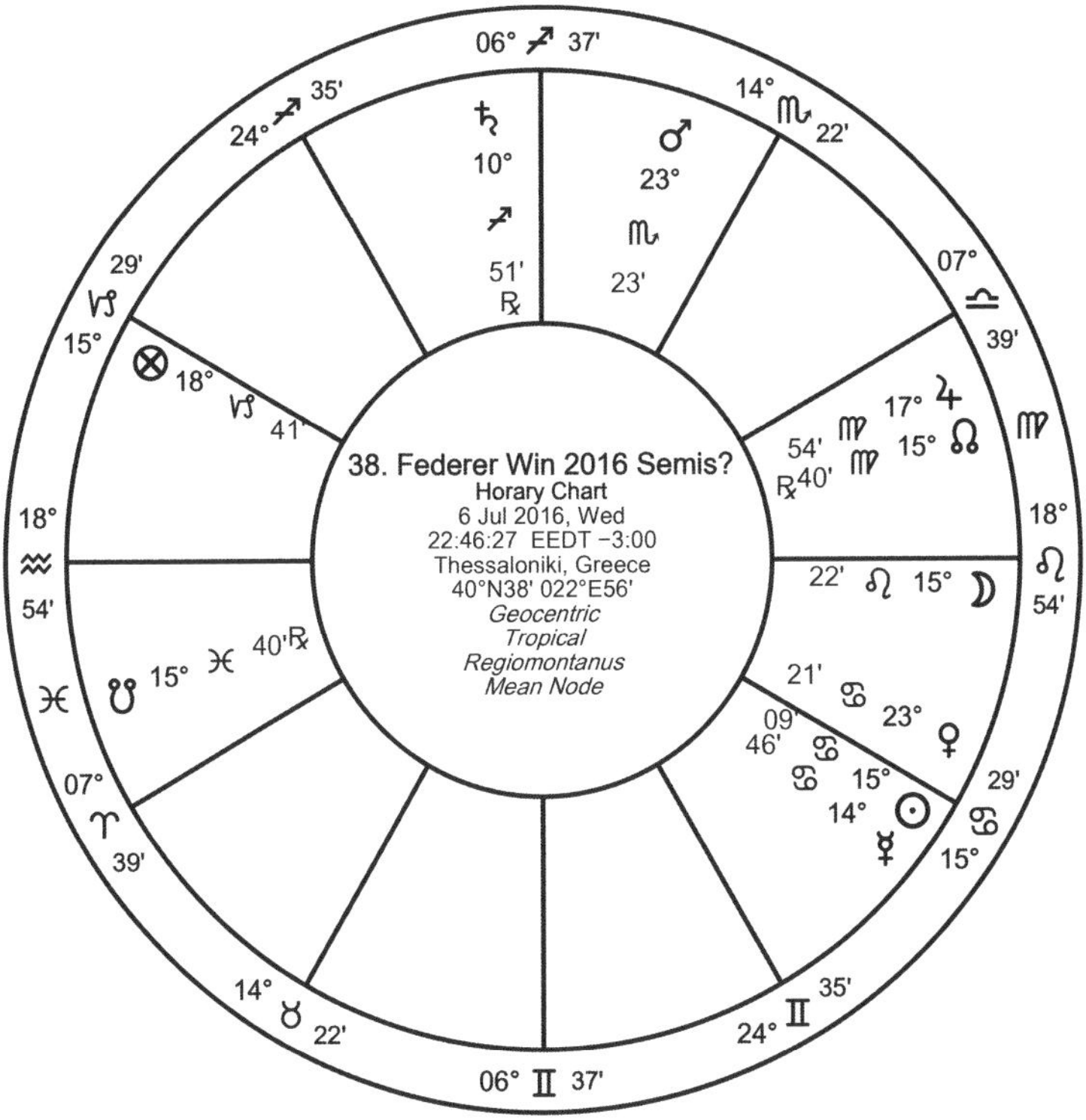

フェデラー

一室、土星（一室ルーラー、アルムーテン）、木星（一室をインターセプトするサインのルーラー）、月

勝利

十室、木星（十室ルーラー、アルムーテン）

肯定的表示

質問者の主要表示星は、質問対象（勝利）の部屋、アンギュラーにあります。木星は自身のタームにあり、ノースノードと合。太陽はリセプションを伴い、木星にセキスタイルを形成中。月はアンギュラー（ただしアセンダントとはオポジション）。

否定的表示

月はリセプションを伴わず火星とスクウェアを形成中（ただし、火星はエッセンシャル・ディグニティを得て、夜のチャートで夜の配置）。木星はアセンダントとアスペクトせず、自身のフォール。サウスノードは一室。夜チャートの凶星、土星は逆行し、その存在は十室を侵しています。

判　定

良いチャートではありません。土星はフェデラー自身と十室の主要表示星ですが、凶星で状態は良くあり

ません。本書の冒頭で述べた通り、土星が十室にあることが良くないのです。木星はアセンダントとアスペクトせず、サウスノードによって弱められています。最後に月です。全く助けになりません（この火星はベネフィックですが、リセプションなしで月とスクウェア）。おそらくは、アンギュラーにある土星、太陽と木星のセキスタイル、火星がベネフィックであることから、フェデラーは奮闘すると考えられます。でも、どうやって勝つのかは読めません。

結 果

驚いたことに、フェデラーは第四セットにおいて勝利を収める寸前でした。しかし二度のミスで試合の流れは変わります。対戦相手のミロシュ・ラオニッチが第四、第五セットを取り試合は終了しました。

占星術的結論

凶星が表示星であるとき、凶意は消えません。ディグニティを持たない凶星は入っているハウスの障害となります。

第七章　「第一、六、八ハウス関連」健康、病気、死

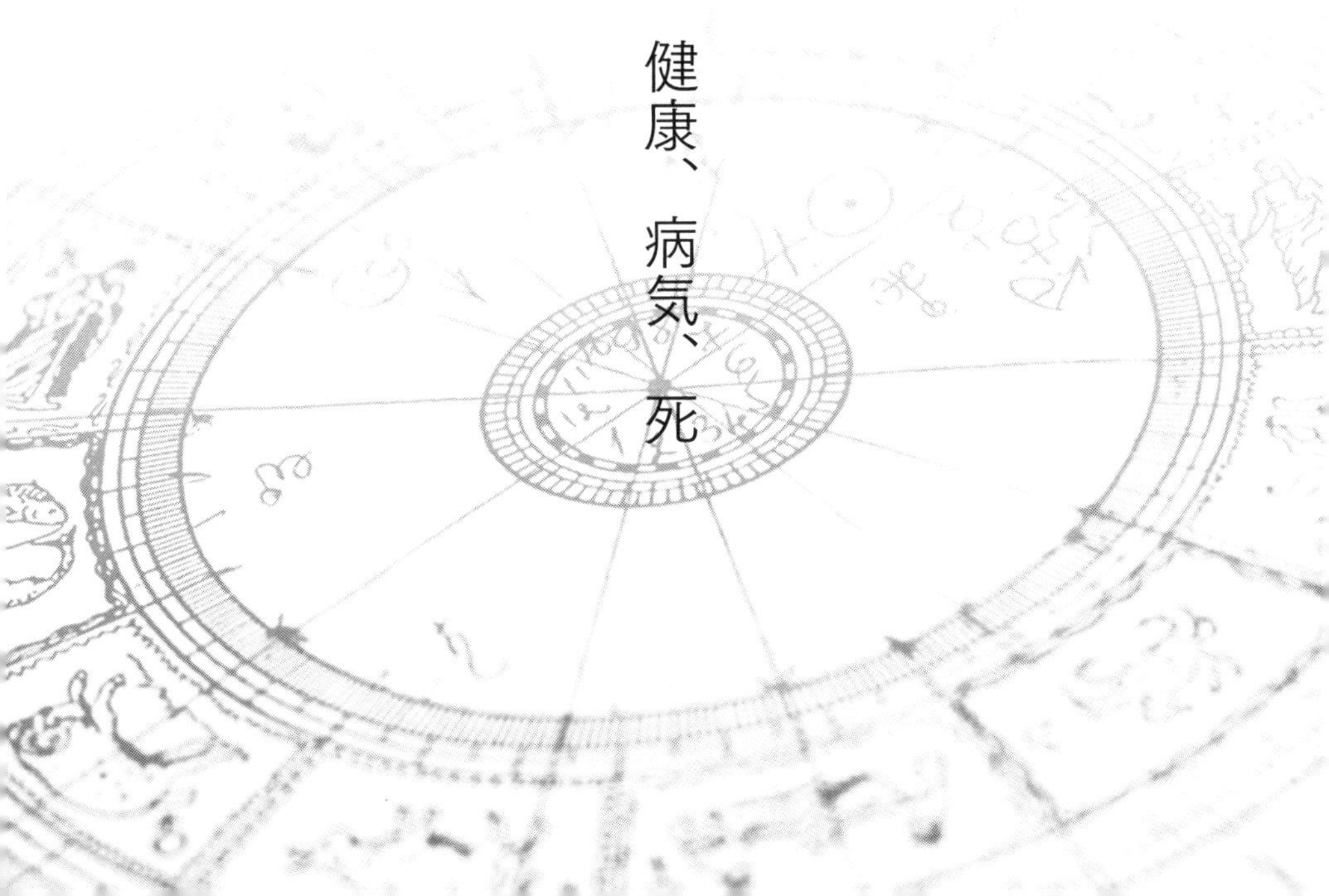

39

血液テストの結果は？

血液検査を長らく受けておらず、そのことについて彼は悩んでいた。

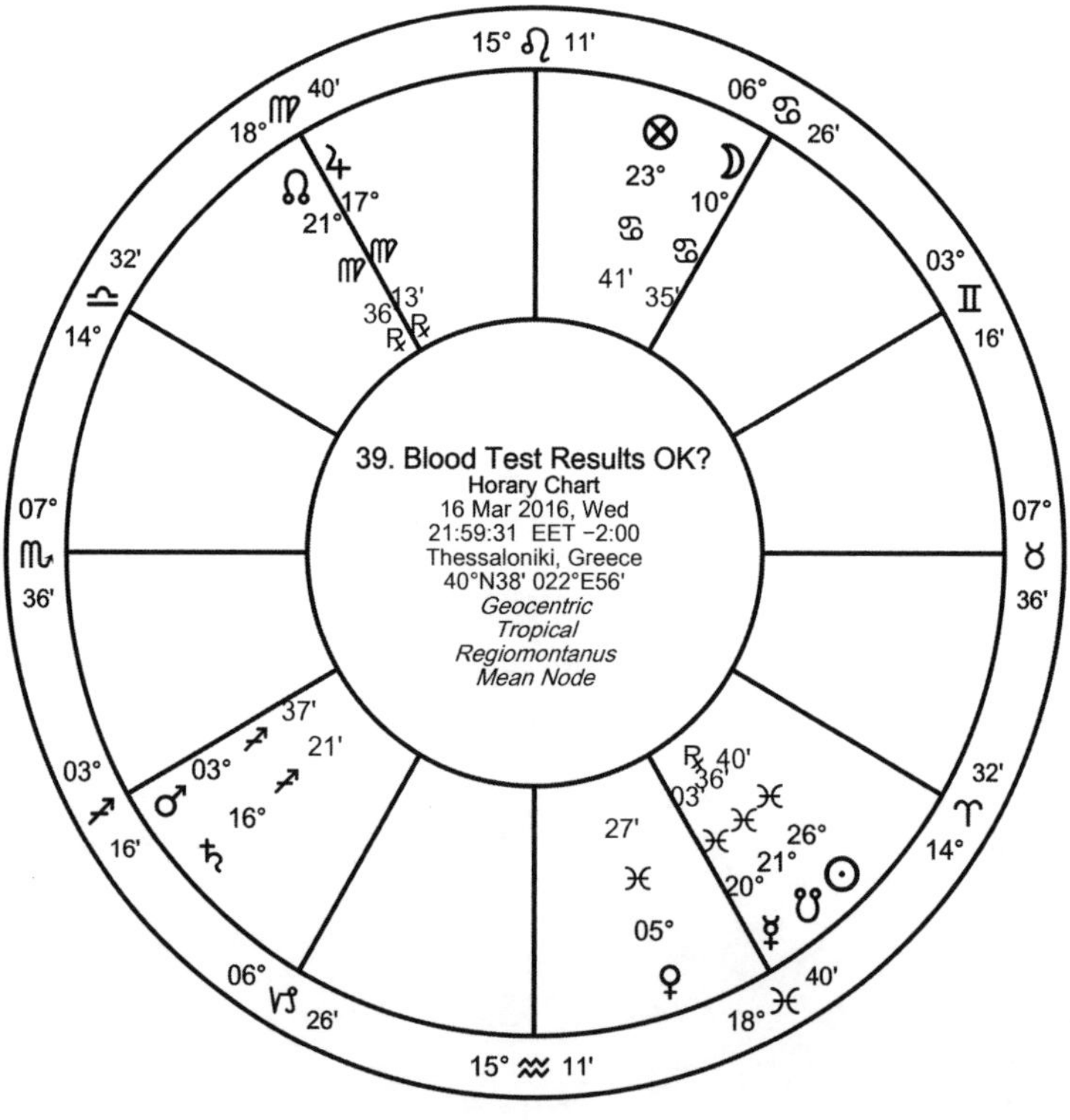

質問者

一室、火星（一室ルーラー、アルムーテン）、月

他の表示星

木星（血液のナチュラル・ルーラー）

肯定的表示

月はドミサイルにあり、かつヘイズ。エグザルテーションの金星は自身のタームにあり、アセンダントとトライン。月はミューチュアル・リセプションで木星にセキスタイルを形成中。月と太陽、ふたつのライツ（生命力）とアセンダントはグランド・トライン。木星は自身のタームにあり、ノースノードと合、かつJOY。木星は水星、金星とミューチュアル・リセプション。

否定的表示

木星（血液）はデトリメント、逆行。木星は土星とスクウェア（ただしリセプションあり）。火星は非常に遅く、アセンダントとアスペクトしない。月はケイデント。木星は太陽とオポジション（リセプションあり）。太陽はサウスノードと合。

判定

非常に良いチャートです。特に月は強められ、吉星の木星とミューチュアル・リセプションでセキスタイルを形成中です。火星の移動は遅いですが、土星との合が完成しないのは良いことです。木星はエッセンシャル・ディグニティとアクシデンタル・ディグニティがありますが、デトリメントと逆行、そして太陽と土星とのTスクウェアはその力を減衰させています。検査結果は問題ないでしょう。ただ完璧とは言えません。

結　果

検査結果は相談者を安心させる内容でした。殆どの数値は正常。ただし、コレステロール値がやや高くボーダーライン。また鼻炎のため白血球数の数値がやや高いと診断されました。

占星術的結論

多くの病状チャートにおいて、私たちの役割は状態が良くなるか、悪くなるかを伝えることです。医師ではありませんから、古典医療を施すことはできません。ですから、占星術師としての仕事は、次に何が起きるかを伝えることです。もしアセンダントのルーラー、（ターンチャートを使いたい場合は）病人のルーラー、月が障害を受けていないか、障害から分離中、もしくは吉星やベネフィックと調和的アスペクトを形成中なら患者の状態は改善します。そうでないなら悪くなるでしょう。このチャートの月は強く、吉星とアスペクトを形成中。そして火星は土星の合を完成しません。火星はやがて逆行に転じますが先の話です。相談内容は直近の結果を問うものですから問題にはなりません。

40 依存症から抜けることができるか？

相談者は薬物サポートを受け、薬物依存症から抜け出そうともがいていた。極めて辛い時期にあり、ふたたび依存症に陥るのではないかとの不安があった。

アセンダント・ルーラーの水星はコンバスト。私は通常判定に用いません。しかし本件は医療的相談なのでコンバストと関係しています。特に、太陽が十二室ルーラーで自傷行為を表しています。

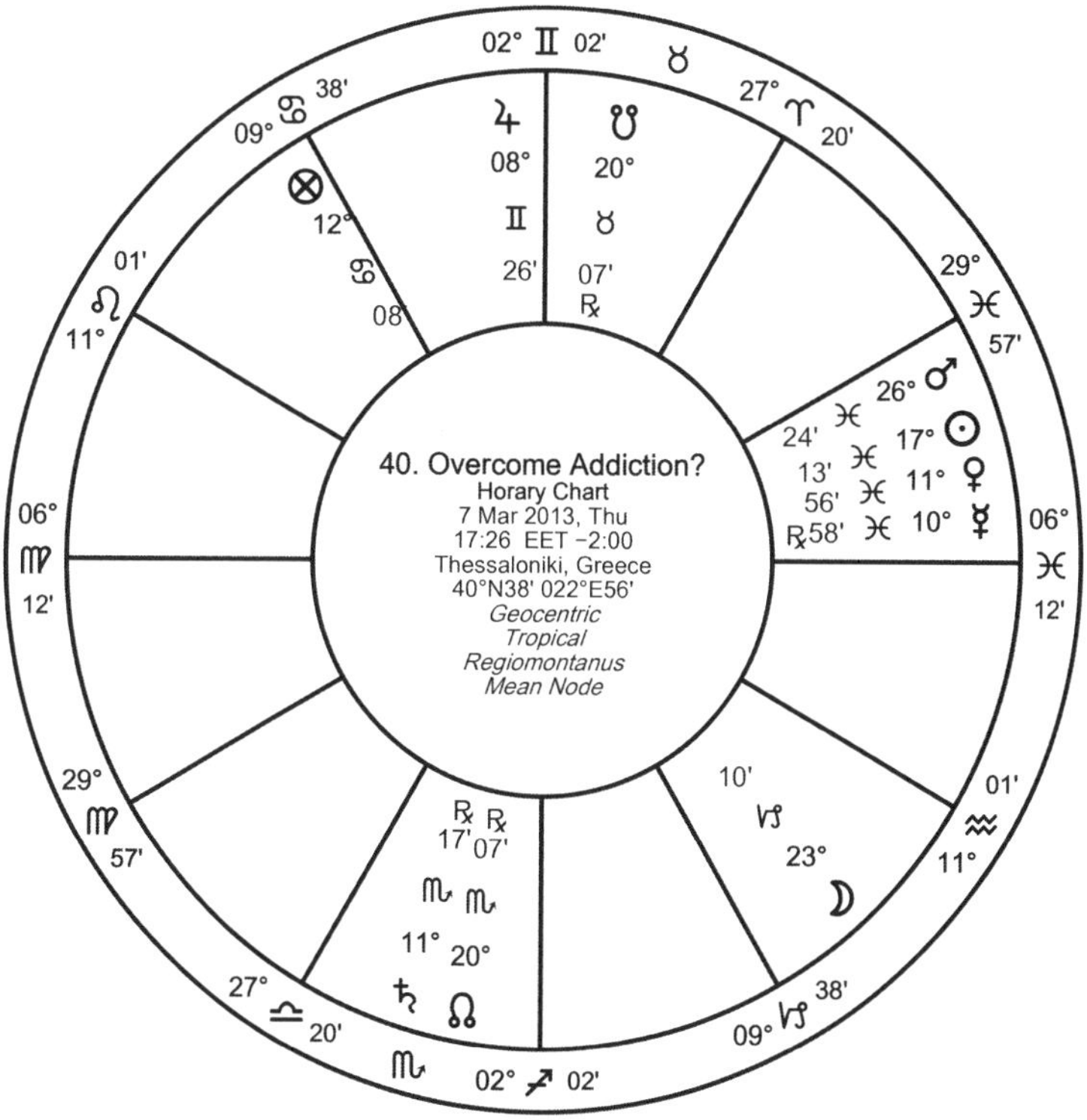

質問者

一室、水星（一室ルーラー、アルムーテン）、月

依存症

十二室（自傷行為）、太陽（十二室ルーラー、アルムーテン）、土星（アル・ビルーニによれば薬物中毒のルーラーであり、土星は十二室でＪＯＹ。可能性ありとして用います）

肯定的表示

水星はアンギュラーハウスでコンバストから離脱中。また木星と強いミューチュアル・リセプション。金星はアンギュラーで、エグザルテーション、そして水星を受容。月は自身のトリプリシティ（地のサイン、夜のトリプリシティ）にあり、火星にセキスタイルを形成中。火星は月をエグザルテーションで受容しています。ふたつの吉星はアンギュラーにあります。

否定的表示

水星はデトリメントとフォールにあり、逆行でコンバストを抜け、アンダーザビームに入ります。月はデトリメント。水星と木星のミューチュアル・リセプションは殆ど助けにはなりません。スクウェアで、両星ともデトリメントにあるためです。

判定

デトリメントとフォールにある水星のコンバスト、デトリメントの月は相談者の厳しい状況を描いています。しかし、水星はコンバストを抜け順行に移り、月と火星のセキスタイル形成は状況の改善を表しています。状況は良くなり、依存症も終わると相談者に伝えました。ただ水星はアンダーザビームにあり、デトリメントとフォールは長く続きます。状況は暫く厳しいでしょう。

結果

五ヶ月後、相談者と話をしたところ状況は格段に改善していました。しかし、質問の三年後、依存症との闘いは続いていると認めていました。

占星術的結論

前出チャートと同じ結論です。もし主要表示星の状態が改善されるなら、ものごとは良くなります。

41

吹き出物は治る？

相談者は、悪化する吹き出物について悩んでいた。

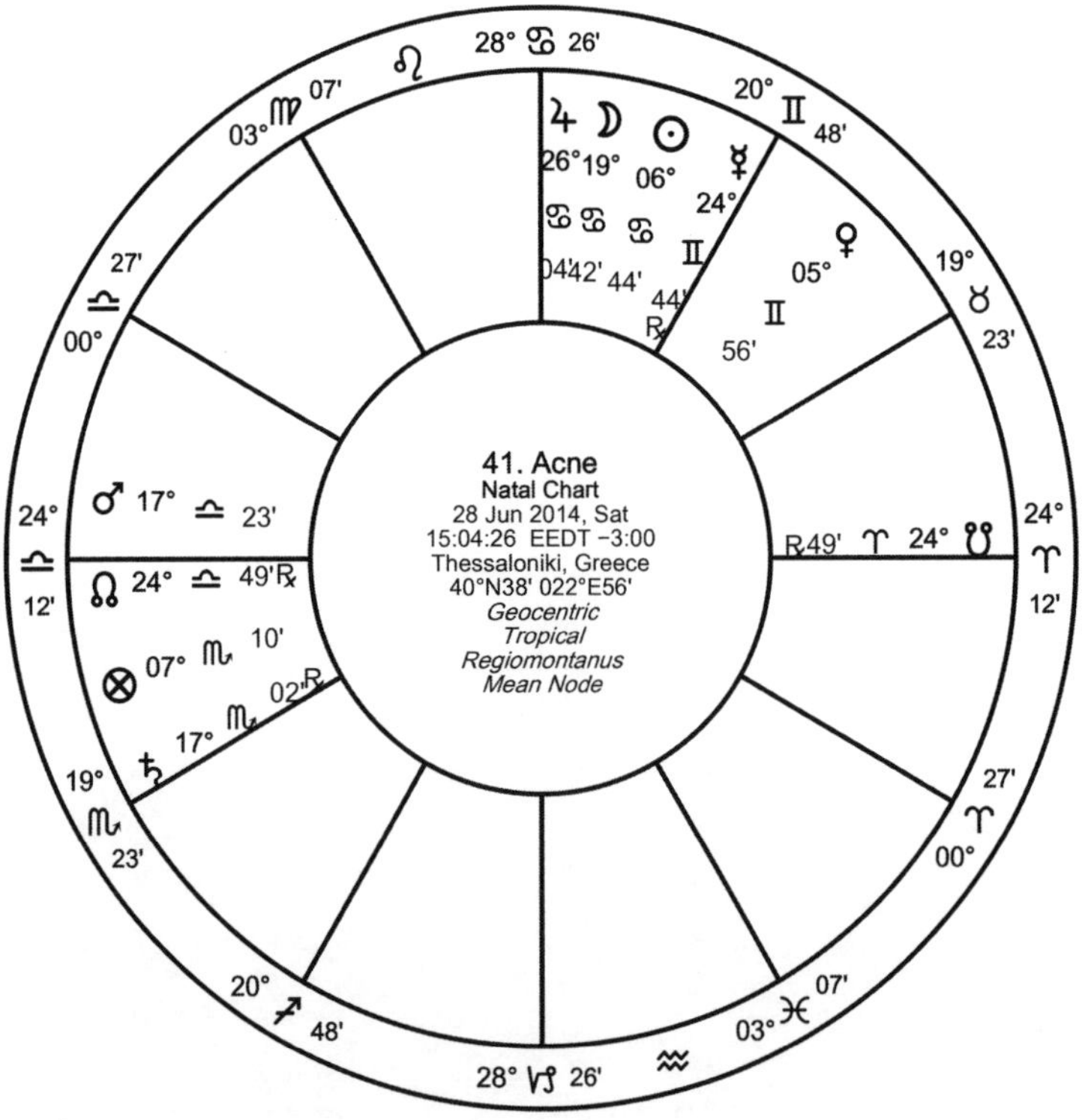

質問者

一室、金星（一室ルーラー、共同アルムーテン）、土星（一室共同アルムーテン）、火星、月、ノースノード

吹き出物

火星と太陽、顔にできる吹き出物のナチュラル・ルーラー。また火星は六室ルーラー、太陽は六室アルムーテン

肯定的表示

月はドミサイルにありMCに非常に近い。また、月はミューチュアル・リセプションを伴い木星と合を形成中。火星は土星とミューチュアル・リセプション。ノースノードはアセンダントと合。幸運を示す恒星スピカはアセンダントと合。土星は太陽、月、木星とトライン。金星は火星を受容しながらトラインを形成中。金星は水星のドミサイルで受容されています。

否定的表示

火星はアセンダントと合。月は火星から障害を受けています。月はアンダーザビーム。火星はデトリメントで低速度。金星はケイデント（九室）、または八室。どちらと判断するかはあなた次第です。土星は逆行し、アセンダントとアスペクトしません。

判定

火星が吹き出物を担っていることは明らかです。火星はアセンダント（顔）と合で、直前に月とアスペクトを結んでいました。また火星は病気を表す六室ルーラー（牡羊座もまた吹き出物のサインです）。月もまたアンダーザビームにあり、疾病の性質が熱と乾であることを示しています（にきび、吹き出物が殆どの場合に思春期、熱と乾の時期に起きる理由です）。火星はアセンダントを侵しており、月は蟹座です。疾病が顔に起きていることを示しています。火星は熱・湿のサインにあり、太陽は冷・湿サインで両者は火の性質がそれほど加熱していないか、身体が火性《ひのしょう》を抑制することで顔にそれが噴出していることを示しています。火星は食事の二室を支配し、土星によって二室は侵されています。相談者は最近になって喫煙をやめ、体重が増加。それと同時に皮膚に問題が起きたということです。月が火星とのアスペクトから分離し、増光しながら、強いリセプションを伴いアンギュラーの木星に接近しているのは好ましく、病状の改善を示しています。火星の受容星である金星が、火星とトラインを形成中であることも肯定的表示。月と木星の合は6度半で完成し、火星は天秤座を離れて12度半で自身のサイン、蠍座へ入室（火星の移動速度は遅いため時間はかかります）、また金星は約18度で火星とトラインを完成します。

結果

翌年、早い時期に病状は改善を始めました。その年の夏にはさらに改善し、年末に吹き出物は消えました。

占星術的結論

病気の属性の特定は簡単ではありません。その情報を六室から得るのか、あるいはそのルーラーなのか。あるいは、アセンダントとそのルーラー、また月とそれらへの直前のアスペクトなのか。あるいは、それら全てを考慮すべきでしょうか。恐らくその通りでしょう。しかし、この事例では火星はアセンダントと合で、直前に月とアスペクトし、六室のルーラーです。ですから確実に元凶と判ずることができます。

42 彼女の父親はすぐに亡くなる？

友人から連絡があり、彼女の父親が末期にあり数時間で亡くなると伝えられた。これを確認するためチャートを立てた。

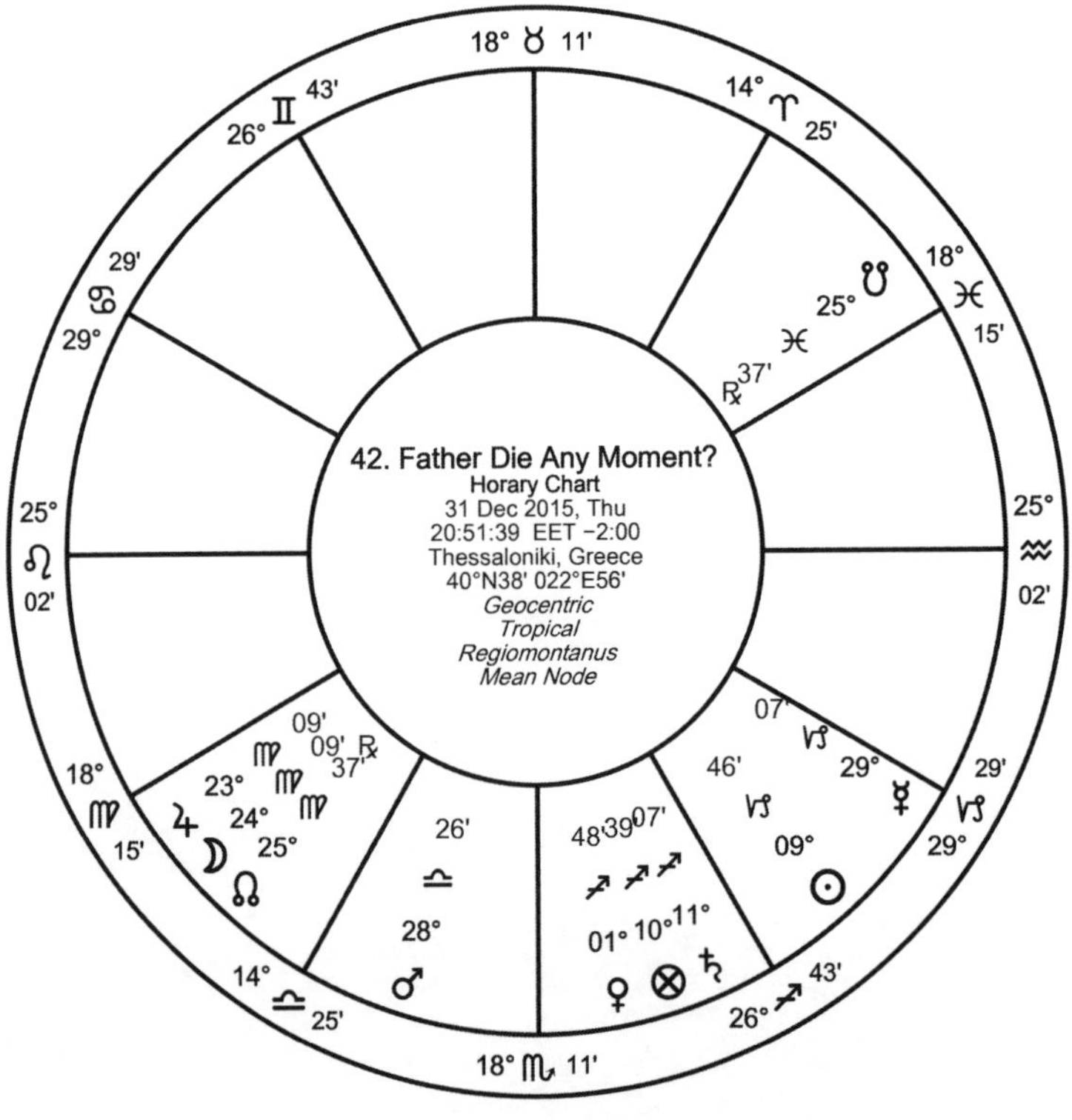

友人の父親

二室（十一室から四番目のハウス）、水星（二室ルーラー、アルムーテン、父親のロットである乙女座23度41分のルーラー）、木星、月。

父親のロット。昼チャートは太陽から土星までの度数をアセンダントに足し、夜チャートは、土星から太陽までの度数をアセンダントに足す。

死

元チャートの八室、木星（八室ルーラー、アルムーテン）、ターン八室（元チャートの九室）、火星（九室ルーラー、共同アルムーテン）、太陽（九室の共同アルムーテン）、土星（凶星）。

死の表示星は元のチャートも見ます。ですから火星は父親（四室のルーラー）、水星は父親の死（四室から見る八室）を表します。リリーや他の文献に従うのであれば、アセンダントが病人となり、その場合は太陽も父親を表します。

肯定的表示

水星は山羊座を離れ、自身のタームとトリプリシティを得る水瓶座に入ります。水星と月はミューチュアル・リセプションでトライン。水星は火星のスクウェアから離れ、火星はターン八室のルーラーで自身のタームにあり、両者はミューチュアル・リセプション。月は自身のトリプリシティにありノースノードと合。元の三室ルーラーである火星はデトリメントの天秤座を離れ、ドミサイルの蠍座に入ります。太陽は凶星とアスペクトしません。月は元チャート八室ルーラー、木星から分離中です。

否定的表示

元チャートの八室ルーラー木星はデトリメントで、彼女の父親を表す二室にあります。月は木星（死）と水星（父親）をトランスレーションしています。木星はまた彼女の父親の表示星です。すぐに逆行に転じ、最後は凶星土星とスクウェアとなります。

判定

水星（父親の死）は火星から分離したばかりで、父親の状態が悪いことを示しています。しかし仮に形成中アスペクトであっても、ミューチュアル・リセプションですから死を表しません。水星の状態は水瓶座に入ることで改善します。もうひとつの父親の表示星、火星は、蠍座に入ることで強められ、月は凶星とは無関係。そして最も重要なのは、月による木星（元チャートの八室ルーラー）と水星（父親の表示星のひとつ）のトランスレーション。これにより、水星と木星のリセプション、そして月と水星のミューチュアル・リセプション（水星がある山羊座は月の夜のトリプリシティ、月がある乙女座は水星のドミサイル）を伴うトラインを形成し、危機的状況でないことを示しています。死が迫っていたわけではありません。長期的に見れば、木星と土星のスクウェアは問題です。でも今すぐではありません。

結果

彼女の父親は危機的な状態から生還しました。そして約三ヶ月後に逝去しました。

占星術的結論

患者の表示星と死の表示星とのミューチュアル・リセプション（あるいは、調和的アスペクトを伴うシングル・リセプション）はとても強い肯定的表示です。

43

私の父は回復する？

相談者の父親は入院中である。家族は最悪の状況を恐れていた。

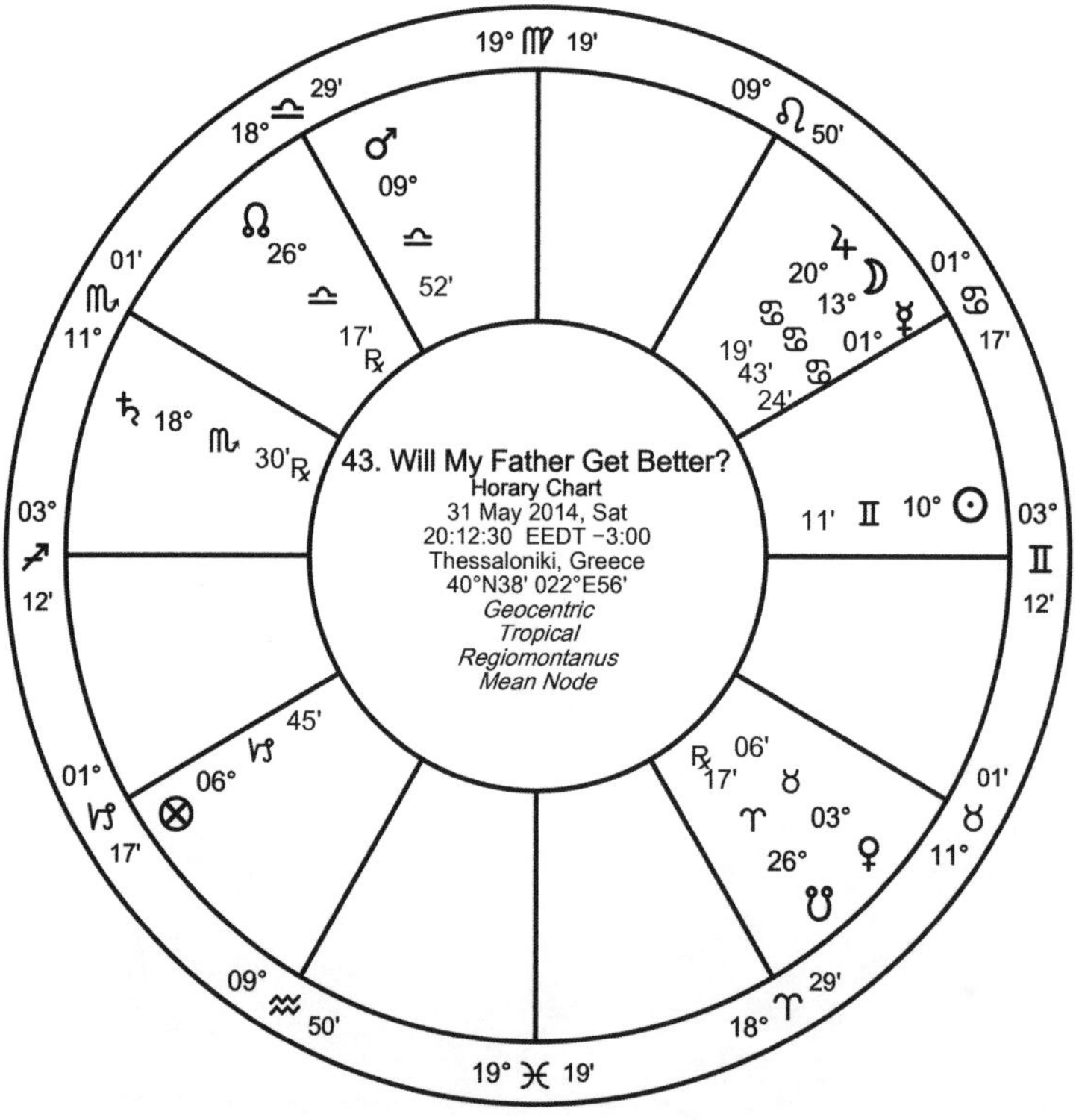

相談者の父親

三室、木星（三室ルーラー）、金星（三室アルムーテン、父親のロット牡牛座11度31分のルーラー）、太陽（昼チャート：父親のナチュラル・ルーラー）。病人に一室をあてるのであれば、木星もまた一室ルーラー、アルムーテン。

肯定的表示

月はドミサイルで、強いミューチュアル・リセプションを伴い、エグザルテーションの木星に接近中。月は金星ともミューチュアル・リセプション。三室アルムーテンの金星は自身のドミサイル、トリプリシティ、タームにあります。木星も自身のターム。太陽はアンギュラーにあり、障害を受けていません。

否定的表示

月は八室にあるため、アクシデンタルなマレフィックです。そして木星と共に八室にあります。金星はアセンダントとアスペクトなし。月は直前に火星からスクウェアで障害を受けており、次の形成アスペクトは八室アルムーテンの土星（ただしトライン）です。

判 定

八室ルーラーの月が木星と合を形成中。木星は父親を表す三室ルーラー（かつ一室ルーラー）で通常は否定的表示です。でもこの場合は両天体ともにディグニティがあり、とても強いミューチュアル・リセプションを伴います。月は火星から離れ、土星とのトラインは深刻な問題ではありません。アスペクトの性質に加え、月にはエッセンシャル・ディグニティがあるためです。木星と金星は父親の表示星、これらにも強いディグニティがあります。父親の病状は改善するでしょう。しかしながら、（現状ではオーブ外の）金星と土星で形成中オポジションはおよそ14度30分で完成し、将来的な問題の原因となりえます。

結　果

彼女の父親は回復し退院しました。しかし、二〇一五年八月に脳腫瘍と診断されました。

占星術的結論

強いエッセンシャル・ディグニティとミューチュアル・リセプションは、アクシデンタル・デビリティの影響を凌駕します。一年後に受けた診断は、ルーラーではなくアルムーテン（また、父親のルーラー）によって示されました。

44

父の死期

ひきつづき前出の父親の件で、脳腫瘍と診断されたことについての質問である。担当医は余命が平均的には二ヶ月、長くても五ヶ月と宣告した。

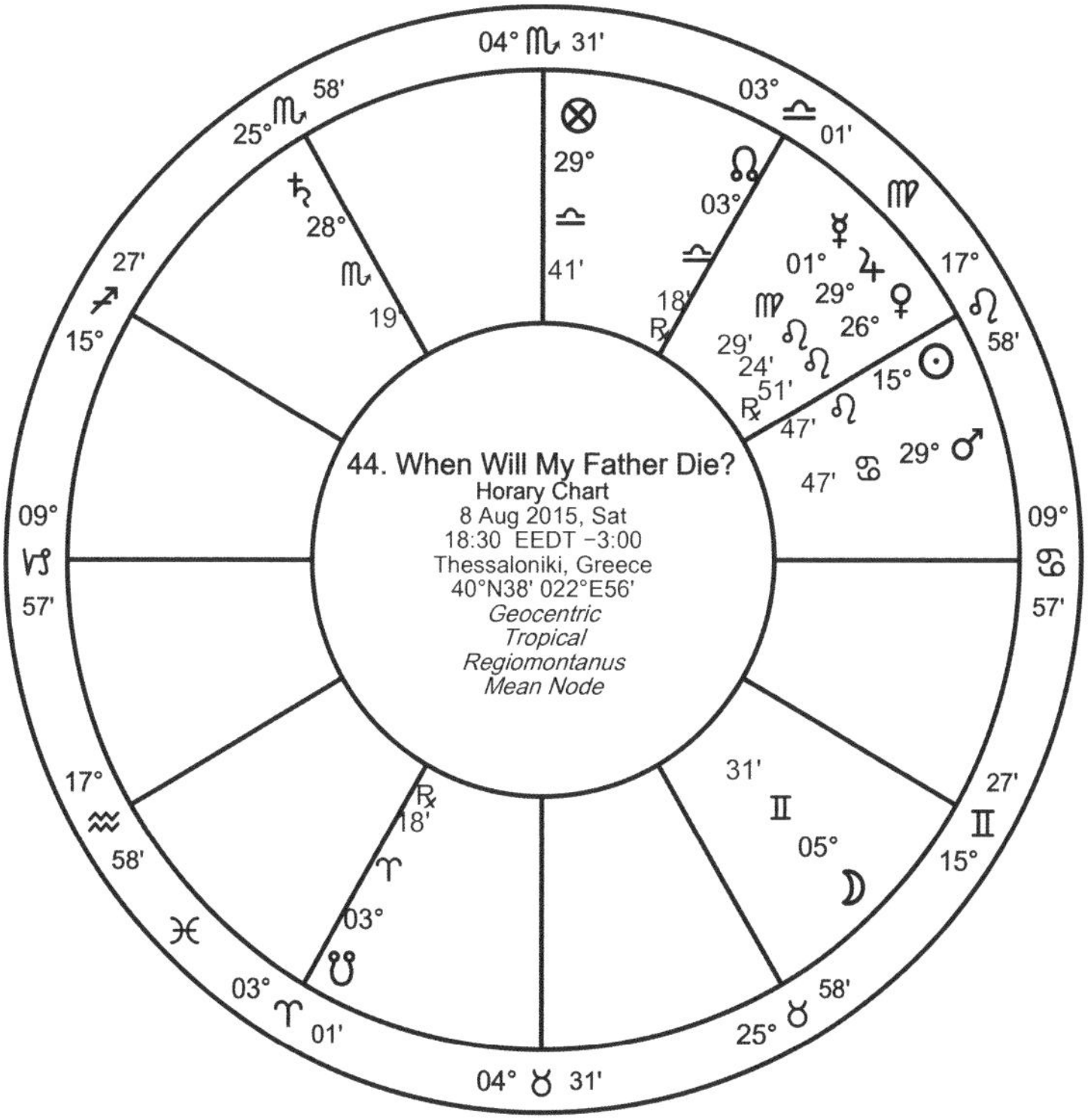

相談者の父親

三室、金星（三室ルーラー、アルムーテン）、太陽（昼チャートで父親のナチュラル・ルーラー、父親のロット〈牡牛座22度29分〉の共同表示星）、火星（父親のロットの共同表示星）

肯定的表示

月は太陽にセキスタイルを形成中。太陽は金星を自身のドミサイルで受容。火星は自身のフォール、蟹座を出るところです。次のサイン、獅子座で太陽に受容されます。

否定的表示

金星は逆行でアンダーザビーム、コンバストに向かっています。太陽は八室ルーラー、土星にスクウェアを形成中。月と太陽のセキスタイルはリセプションなし。

判定

太陽が金星を自身のドミサイルで受容しているため、コンバストの危険性は軽減されます。もっとも相談者の父親は末期状態にあるため回復は望めません。金星は逆行し、太陽と7度で合を完成。太陽の速度は遅く厳密なタイミングを答えるのは困難です。逆行の金星と相互に接近しているため、早まるでしょう。両天体の合はサクシデントハウス、かつ固定宮で起きます。そのため週単位より、月単位と考えられます。しかし、担当医の診断を考慮すれば週単位なのでしょう。仮にリセプションによってコンバストの悪影響が軽減、もしくはそれほど破壊的ではないとします。その場合、太陽が乙女座に移動した際に、金星に対する太陽ドミサイルのリセプションは喪失し、太陽の守護も失います。そのとき、金星はおおよそ8度半進んでいます。しかし金星の逆行は突然の出来事を示しています。

結　果

週単位ではなく、まさに八ヶ月後でした（おそらく金星は太陽の守護を失ったのでしょう）。相談者の父親は痛みに苦しむことなく、静かに息を引き取りました。担当医は余命の長さに驚いたということです。

占星術的結論

コンバストにある天体を太陽が受容するとき、ドミサイルかエグザルテーションにおいては、完全に破壊的というわけではありません。

45

病状は回復する？

相談者は数ヶ月にわたり尿路感染症を患い、完治する気配もなく大量の抗生物質を摂取していた。

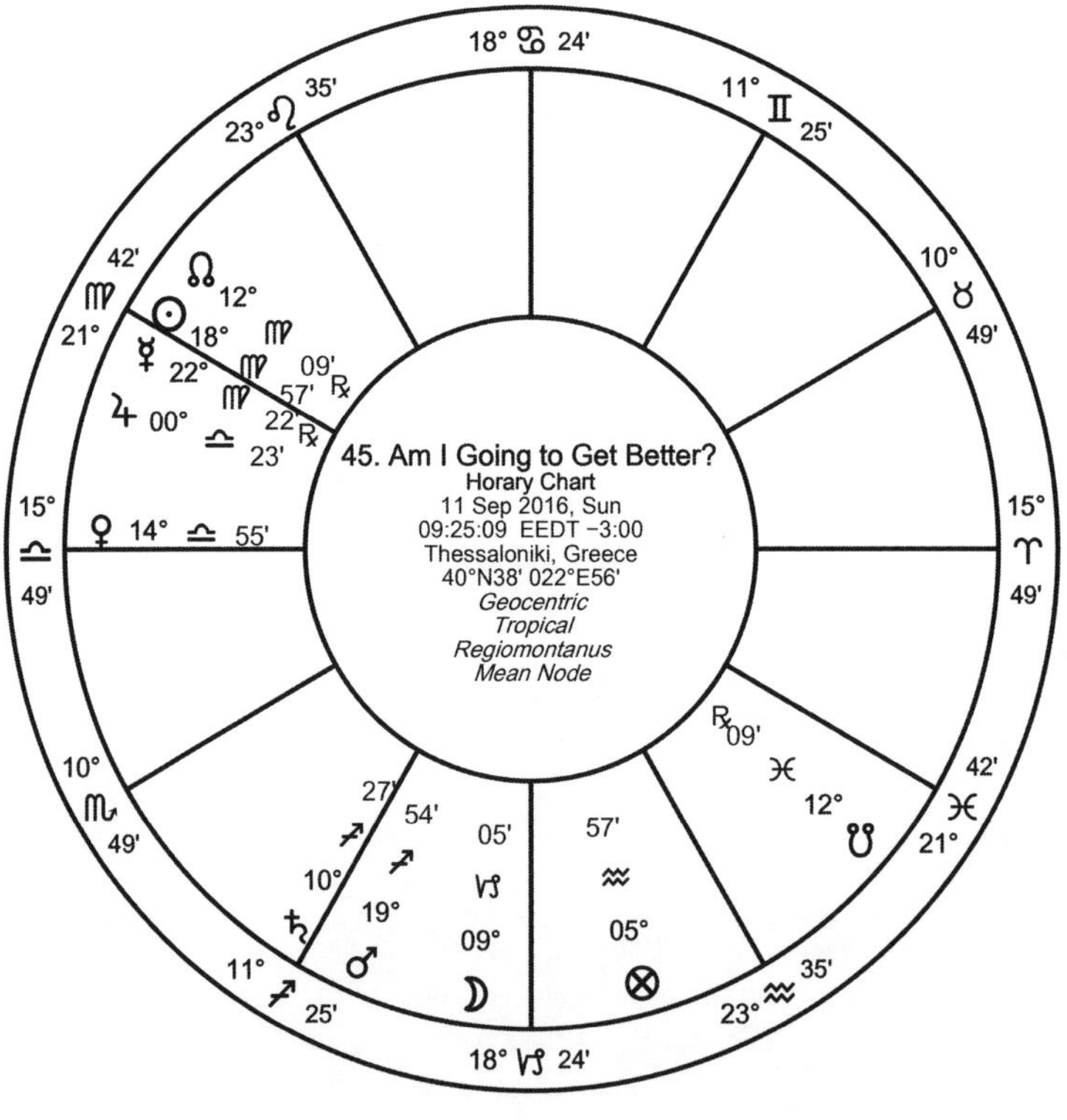

相談者

一室、金星（一室ルーラー）、土星（一室アルムーテン）、月

肯定的表示

金星はドミサイルでアセンダントと合にあります。土星は少し前に火星と太陽から障害を受けていましたが、現在は両天体とも分離中です。土星は木星と非常に強いミューチュアル・リセプションを伴ったセキスタイルです。金星と木星もミューチュアル・リセプション。金星はシングル・リセプションを伴い土星とセキスタイルです。

否定的表示

月は金星にスクウェアを形成中。ただし金星はドミサイルにある吉星で、自身のトリプリシティで月を受容しているため、より肯定的です。月はデトリメント。

判　定

非常に良いチャートです。二つの吉星はディグニティを得ており、アセンダントは障害を受けていません。健康に関する質問で必要な要件すべてを満たしています。土星は木星とのミューチュアル・リセプションによって守られており、月と金星のスクウェアも問題ありません。相談者は間違いなく回復するでしょう。

結　果

十月初めに相談者に連絡。二度の尿検査を受け、担当医からも全く問題はないと告げられたそうです。

占星術的結論

前出チャートの結論と同じです。

46

今後どうなるか？

相談者の母親は骨肉腫の診断を受け、八十パーセントの確率で浸潤している（広がっている）ことを担当医から告げられたことをつい先程知った。

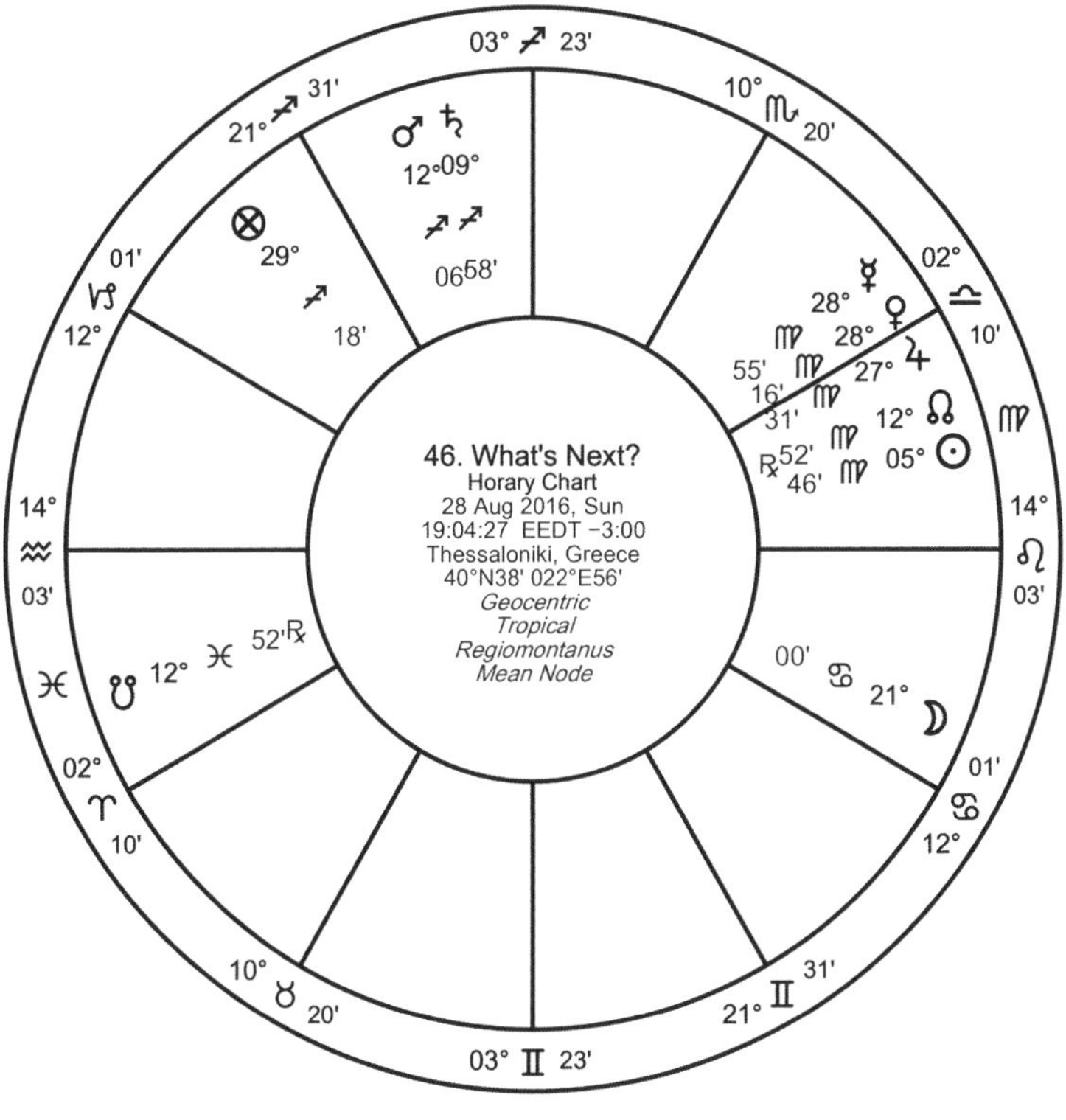

相談者の母親

十室、木星（十室ルーラー、アルムーテン、母親のロット〈射手座6度48分〉のアルムーテン）、土星、火星、金星（昼チャートの母親のナチュラル・ルーラー）。もしリリーのように一室を母親とする場合、やはり土星と木星が表示星となるため矛盾はありません。母親のロットは昼チャートでは、金星から月までの度数をアセンダントに足し、夜チャートは月から金星までの度数をアセンダントに足します。

肯定的表示

月はドミサイルで、リセプションを伴い木星と金星にセキスタイルを形成中。木星と金星は水星からドミサイルで受容されています。金星は自身のトリプリシティで、水星とパーティルな合。その水星はドミサイルで金星を受容し、両天体はミューチュアル・リセプション。火星は土星に障害を与えていますが、土星から分離中。金星と木星は天秤座に移行する直前。移行後は金星はドミサイルに入り、木星と土星は素晴らしいミューチュアル・リセプションとなります。

否定的表示

月は元チャート六室のルーラー。母親の表示星二つにセキスタイルを形成中です（このチャートで月は吉星で、両天体とリセプションがあります）。金星はフォールサインにあり、元八室と、ターン六室のルーラー。ターン八室ルーラーの水星は逆行に移ろうとしており、再び金星と木星と完全な合となります。太陽は土星とスクウェアを形成中（ただしリセプションあり）。

判定

月と水星はアクシデンタルなマレフィックになりますが、心配無用。両天体には強いリセプションがあり、吉相アスペクトを組んでいるからです。火星が土星から分離することも肯定的な表示です。最もポジティブな要素は、二・五単位時間で木星が天秤座に移り、木星と土星（八室アルムーテン）が強いミューチュアル・リセプションになることです。唯一気がかりなのは、太陽と土星で形成中のスクウェア。しかし、両者のリセプションと、他の肯定的表示を考慮すれば死を表すことではないでしょう。もうひとつ憂慮すべきは、太陽がいずれ木星と合になること。しかしながら木星がコンバストに入るとき、両天体は天秤座にあり、木星は土星と非常に強いミューチュアル・リセプションとなります。多くの表示星は熱・冷のドライサインにあります。相談者の母親には水分が必要と考え、水分が多めの食事を提案しました。

さて、彼女が骨肉腫であることは分かっていますが、相談者には回復は約束されており、さしせまった死は示されていないと伝えました。実際のところ回復の見込みはありました。しかし、相談者がその言葉を信じるのは少し難しかったようです。

結果

相談を受けてから約三週間後、相談者の母親は骨肉腫が侵襲性でないこと、運の良い二十パーセントのケースであったことを告げられました。よって強力な化学療法の必要はなくなり、錠剤服用による治療となりました。二〇一七年一月初旬、検査結果で腫瘍の縮小が確認されました。

占星術的結論

仮に六室、八室ルーラーが、患者の表示星とアスペクトを結んでいたとしても、アスペクトが調和的で強いリセプションがあるなら危険はありません。病人の表示星と、死の表示星とのミューチュアル・リセプションはとても肯定的な表示です。

第八章　さまざまな質問

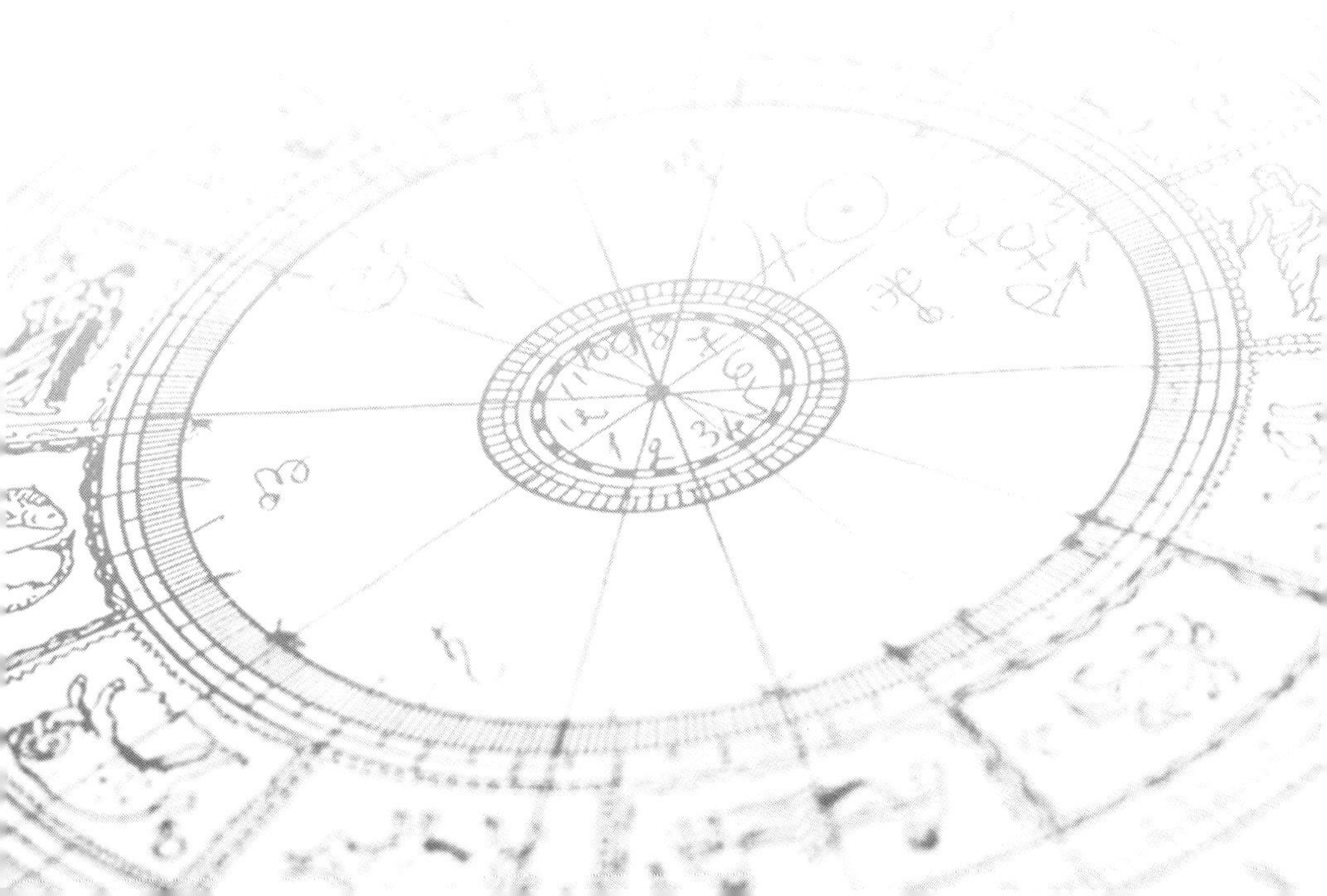

47 水星が順行になるまで待つべきか？

これは友人からの相談だった。でも質問としては適切ではない（「～すべきか？」という質問を私は受けつけていない）。彼女に考えを伝えたが、どうしても見て欲しいとのこと。部屋の購入契約をいつするかという相談だった。彼女によれば部屋に問題はない。現在入居者がおり、契約すればその人が出ていくと販売業者に伝えられている。彼女の唯一の心配は水星の逆行だった。そこで私は「売買がうまくいくか？」という質問として見ることを伝えた。

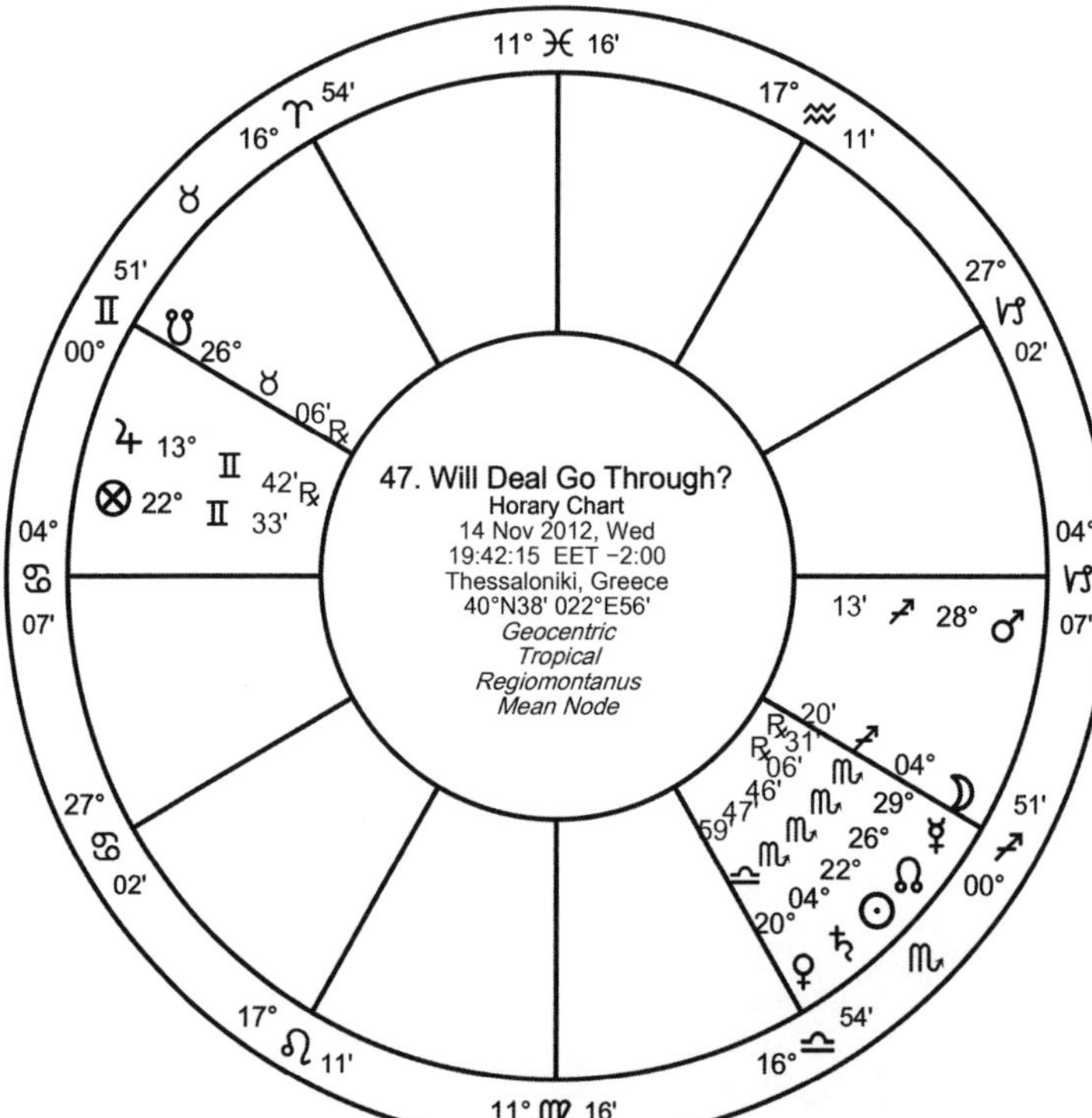

相談者
一室、月（一室ルーラー、共同アルムーテン）、火星（一室共同アルムーテン）

販売業者
七室、土星（七室ルーラー、アルムーテン）

物件
四室、水星（四室ルーラー、アルムーテン）、月（不動産のナチュラル・ルーラー）

肯定的表示
火星は自身のタームにあり、ハウスのＪＯＹ。土星はアンダーザビームを抜けたばかりです。ＬＯＦは一室。

否定的表示
月はケイデントにあり、凶意の六室。月が次にとるアスペクトは、逆行するデトリメントの木星（ただしリセプションあり）。水星（部屋）は逆行でコンバスト。火星はケイデントでアセンダントとアスペクトしません。月と土星にアスペクトはなく、火星と土星の間にもありません。月と土星はペレグリン。最後に、月と火星（相談者）、月と水星（部屋）にもアスペクトがありません。

判 定

最も不運なチャートです。いずれの表示星同士にもアスペクトがなく、部屋の状態もよくありません。問題は水星の逆行ではなく、そもそも取引が成り立っているのかを疑っていると彼女に伝えました。彼女は大変驚き、その言葉を信じませんでした。特に部屋については、彼女にとっては完璧な物件とのこと。

結 果

実際はこうでした。現入居者は六ヶ月前に入居したばかりで、その人に退出を伝える前に販売業者は相談者にお金を要求したのです。相談者は契約を断り、取引はなくなりました。

占星術的結論

主要表示星の深刻なデビリティ、そしてアスペクトの欠如。典型的な不運の事例です。

48

夫の家を売るか貸すことはできるか？

相談者の夫はリノベーション後の再販を目的に不動産を購入した。リノベーションに時間がかかり過ぎ、購入費用は家計を圧迫していた。この質問は先んじて別の占星術師に問われていた。

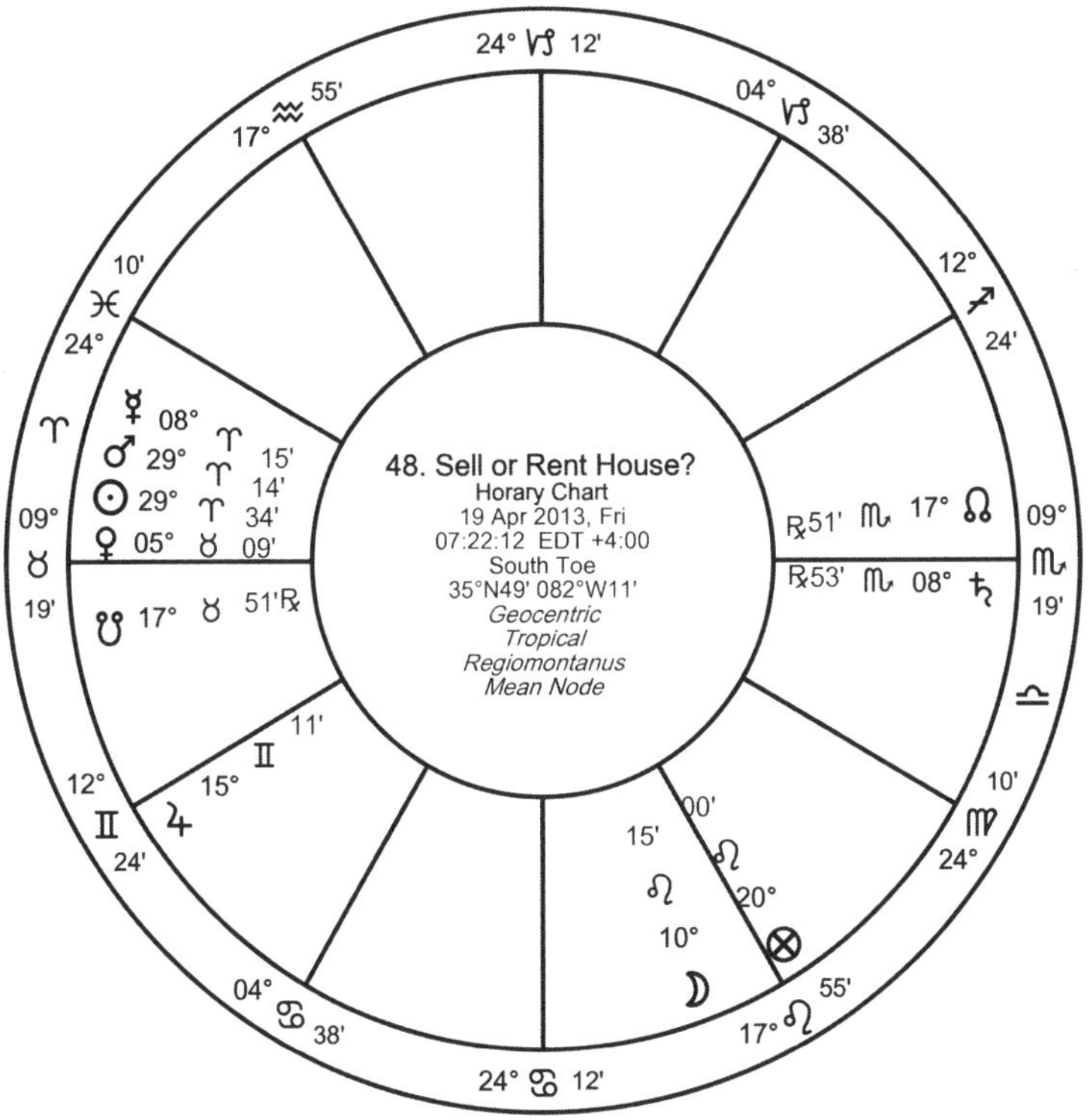

相談者

一室、金星（一室ルーラー、アルムーテン）

夫

七室、火星（七室ルーラー、アルムーテン）、土星

物件

十室（夫にとっての四室）、土星（十室ルーラー、アルムーテン）、月（不動産のナチュラル・ルーラー、元チャートの四室ルーラー、共同アルムーテン）、木星（元チャート四室の共同アルムーテン）。

表示星はターンする前の元チャートからも採用した。

肯定的表示

月は弱いリセプションを伴い木星にセキスタイルを形成中。吉星金星はドミサイルでアセンダントと合。火星はドミサイルで、エグザルテーションの太陽と強いミューチュアル・リセプション。これはコンバストの影響を軽減する。ノースノードが夫を表すハウスに在室。

否定的表示

火星はデトリメントの牡牛座に移るところ。牡牛座でリセプションの助力を喪失してコンバストとなりま

す。金星は土星とオポジションを形成中（ただし、トリプリシティで土星を受容）。土星は逆行し七室を侵していきます。木星（元チャート四室の共同アルムーテン）はデトリメントで、ペレグリン。そしてアセンダントとアスペクトしません。金星は太陽から分離のアスペクトですが、アンダーザビーム。太陽がサインを変えると金星はコンバストです。ただ金星は自身のドミサイルにあるため、完全に破壊的というわけではありません。ＬＯＦのルーラー太陽は牡牛座に移ろうとしており、そこでディグニティを失います。月は土星から障害を受けています。太陽と火星が十二室にいます。

判　定

とても良くないチャートです。全ての否定的表示のなかで、唯一の肯定的表示は月と木星のセキスタイル（でも木星はペレグリン、デトリメント、そしてリセプションはとても弱く、幸運というわけではありません）。七室の土星はもちろん夫が抱えている経済的圧迫を表しています。火星（夫）は牡牛座入りで弱体化し、土星（物件）とオポジションとなります。金星と火星の土星とのオポジションは、物件の販売あるいは賃借の実現を導くことはできません。

結　果

物件は売ることも、貸すこともできませんでした。翌年、夫は失職し分割払いを止め、物件は銀行の抵当に入りました。

占星術的結論

表示星が次のサインに移ろうとしているときは、吉凶いずれかの変化を表しています。強いミューチュアル・リセプションなしの凶星とのオポジションは、常に否定的な結果です。また、強いミューチュアル・リセプションでさえ、アスペクトの凶意を完全に払拭することはできません。

49 USBメモリは何処へ？

重要な情報を入れたUSBメモリを紛失し、相談者は見つかるかどうか気がかりである。

こうした質問では、相談者には見つかるか否かのみを伝えるように自分を律しています。占星術師自身が想像もつかない場所で、紛失物を特定することはできません。そうした特定は半分かそれ以上の割合で誤るため、相談者の助けにもなりません。

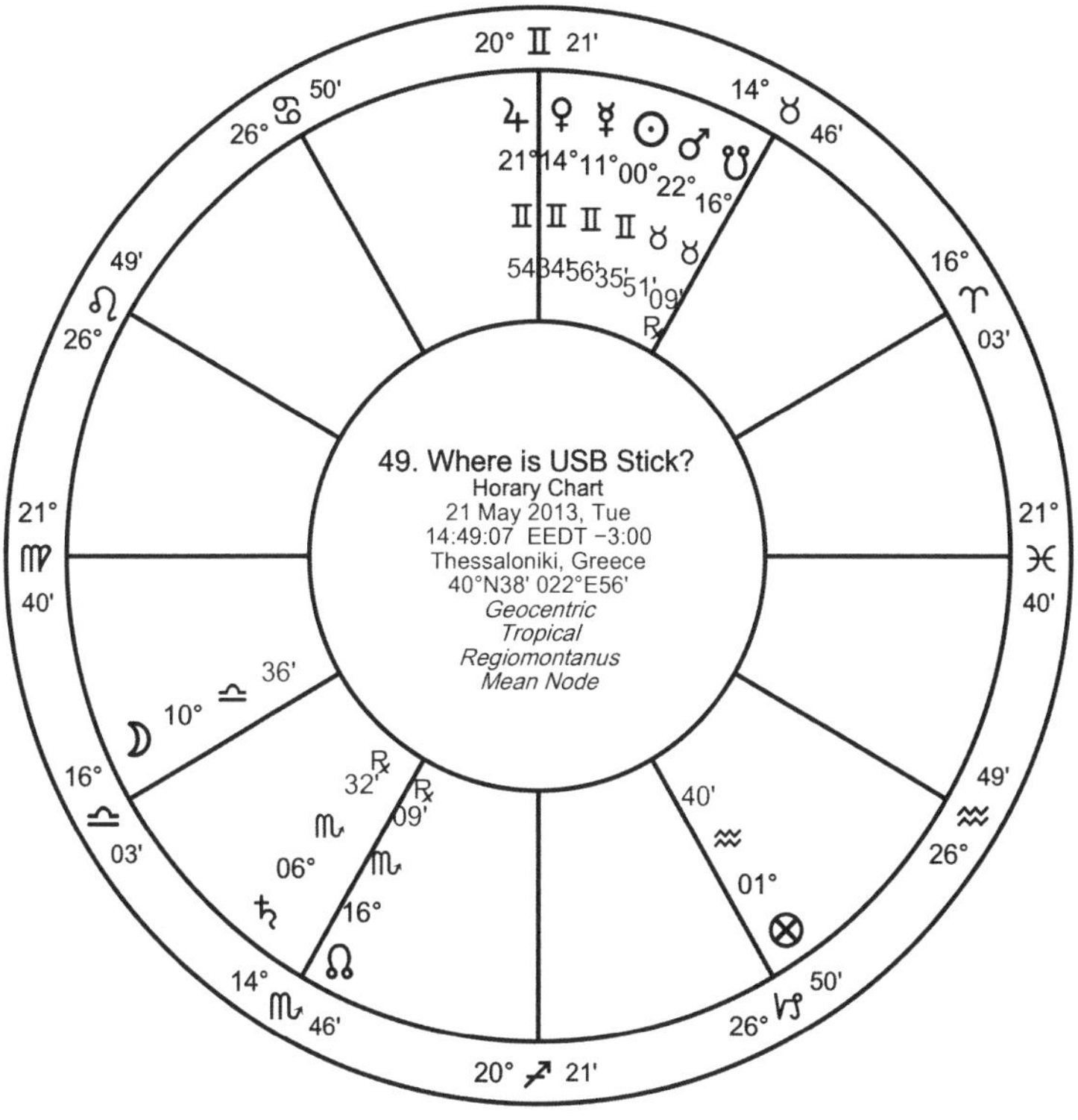

相談者

一室、水星（一室ルーラー、アルムーテン）、月

USBメモリ

紛失物であれば二室、金星（二室ルーラー、アルムーテン）、土星（二室アルムーテン）、月（二室カスプと合、紛失物のナチュラル・ルーラー）。置き忘れなら四室、木星（四室ルーラー、アルムーテン）。

しかし、二室の月は、恐らくは二室の問題を示しているのでしょう。

肯定的表示

月は自身のドミサイルにある水星とトラインを形成中。水星は月をタームで受容しています。また、月は金星ともトラインを形成中で、金星は月をドミサイルで受容。こうしたチャートでは常に良い兆候です。月は最終的にもう一つの吉星、四室ルーラー木星へとアスペクトします。ふたつの吉星は合で、ドミサイルの水星から受容されています。水星はコンバストを抜け、非常に速く順行。

否定的表示

水星はアンダーザビーム（しかし自身のドミサイルにあります）。土星は逆行。

判　定

このように恵まれたチャートに出会うことは滅多にありません。ＵＳＢメモリは間違いなく見つかるでしょう。

結　果

ＵＳＢメモリは数週間後、突然見つかりました。

占星術的結論

質問の内容が重要でないことを示す好例です。こうしたチャートではどんな質問でも、否定的な答えに導くことはかなり難しいでしょう。

50 同意に至るか？

ギリシャの新政権政党シリザは欧州連合の他の加盟国と、財政措置について合意に至ることができず、期限は迫っていた。質問の前日、四日後の土曜日に合意に達すると見られていた。そして質問日、新たな不合意案件が浮上。そのため本チャートを立てた。

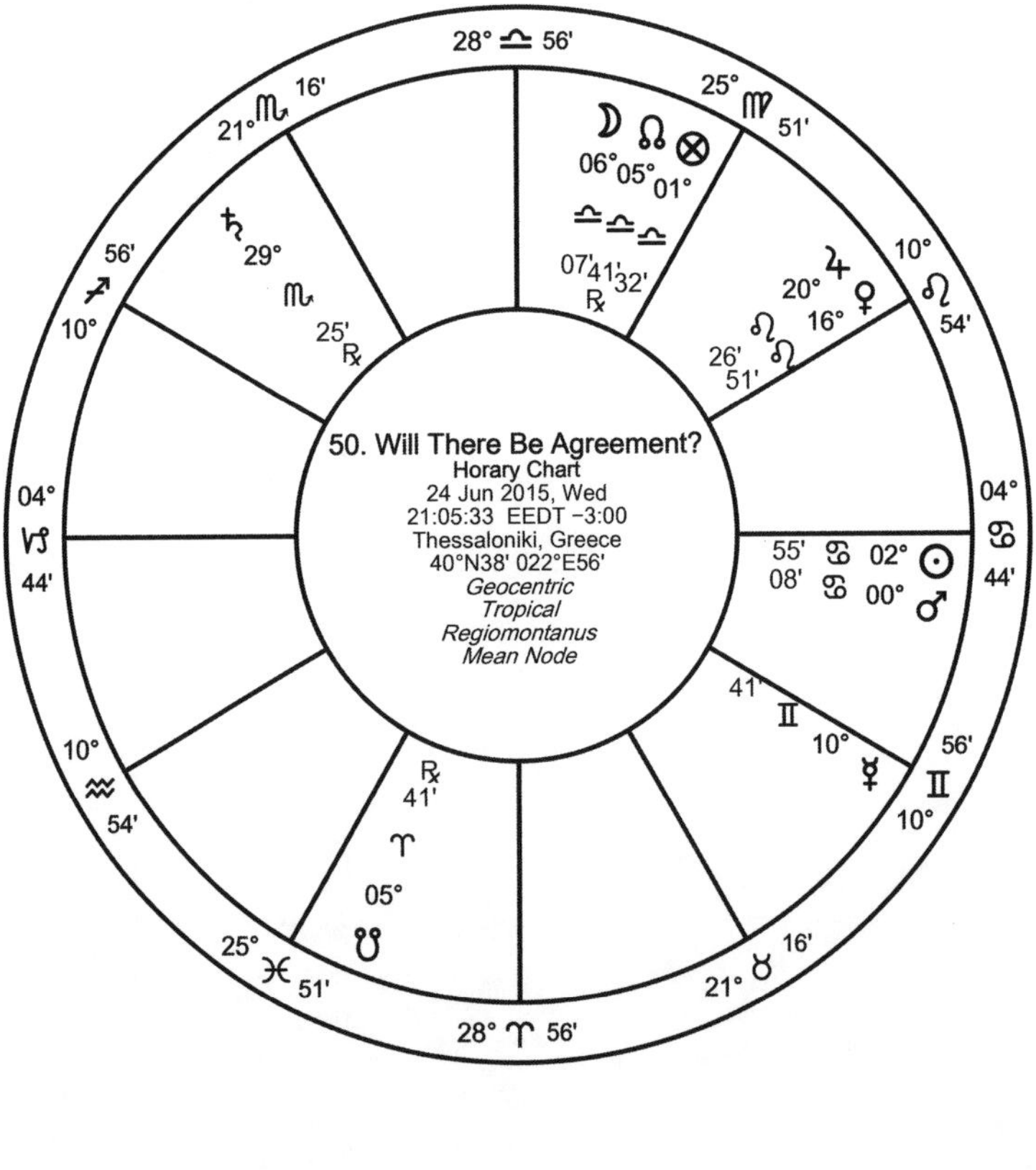

ギリシャ

一室、土星（一室ルーラー、アルムーテン）、月

欧州連合

七室、月（七室ルーラー、共同アルムーテン）、火星（七室、共同アルムーテン、かつ七室カスプとの合）、太陽

肯定的表示

月は水星とトラインを形成中。水星は文書とコミュニケーションのナチュラル・ルーラーです。ドミサイルにあり、月を受容しています。月はＬＯＦ、ノースノードと合。土星は自身のタームにあり、金星とミューチュアル・リセプション（フェイスとターム）。月は水星とトラインの後、吉星の金星とセキスタイルとなります。金星は月を受容し、もう一つの吉星とセキスタイルとなります。火星は自身のトリプリシティとタームにあります。

否定的表示

火星はフォール。コンバストで七室を侵しています。月は太陽と火星（ただし月を受容）から障害を受けています。土星は逆行。水星（月の次なるアスペクト）は六室。金星と木星は八室にあり、月が水星とトライン形成後、両星とアスペクトを形成します。

判定

コンバストされた火星が、七室カスプを侵害しているのは明らかに悪い表示です。ただし、火星はエッセンシャル・ディグニティがあり、太陽を受容しています。土星は良い状態ではありませんが、タームにあり、金星と弱いミューチュアル・リセプションです。本チャートで好ましいのは月。月の先にあるのは調和的アスペクトだけです。ですから答えはイエス。火星が原因となる問題はありますが、同意に至るでしょう。月は水星とのトラインを約5度で完成し、金星とのセキスタイルまで11度です。

結果

いつも述べている「YES・NOに注力しよう、そして細かいことは放っておく。大抵は誤るから」を追認する結果となりました。ギリシャ政権は欧州連合との会談を降り、首相はその三日後に国民投票を宣言。それは質問から十一日後のことでした。質問から五日後、新たな動議が欧州連合から起きるも採択されませんでした。国民投票において、ギリシャ国民は欧州連合との合意を拒否。そこで私は自分の解釈が間違っていたと判断しました。しかし、首相はその時点で考えを変え（歴史上、非常におかしな出来事です）、合意を決定します。詳細合意が公式発表されたのは七月十三日。まさに火星がコンバストから離れたその日でした。

占星術的結論

この事例は肯定と否定の混合ですが、あらゆるチャートで重要な月が大きな役割を担っています。月が増光し、吉星とのアスペクトを控え、アンギュラーサインにあるときは明瞭なYESの表示です。

51 ドレスは合うか？

相談者は大切な場で着るドレスをネット注文したが、問題がないか心配になった。

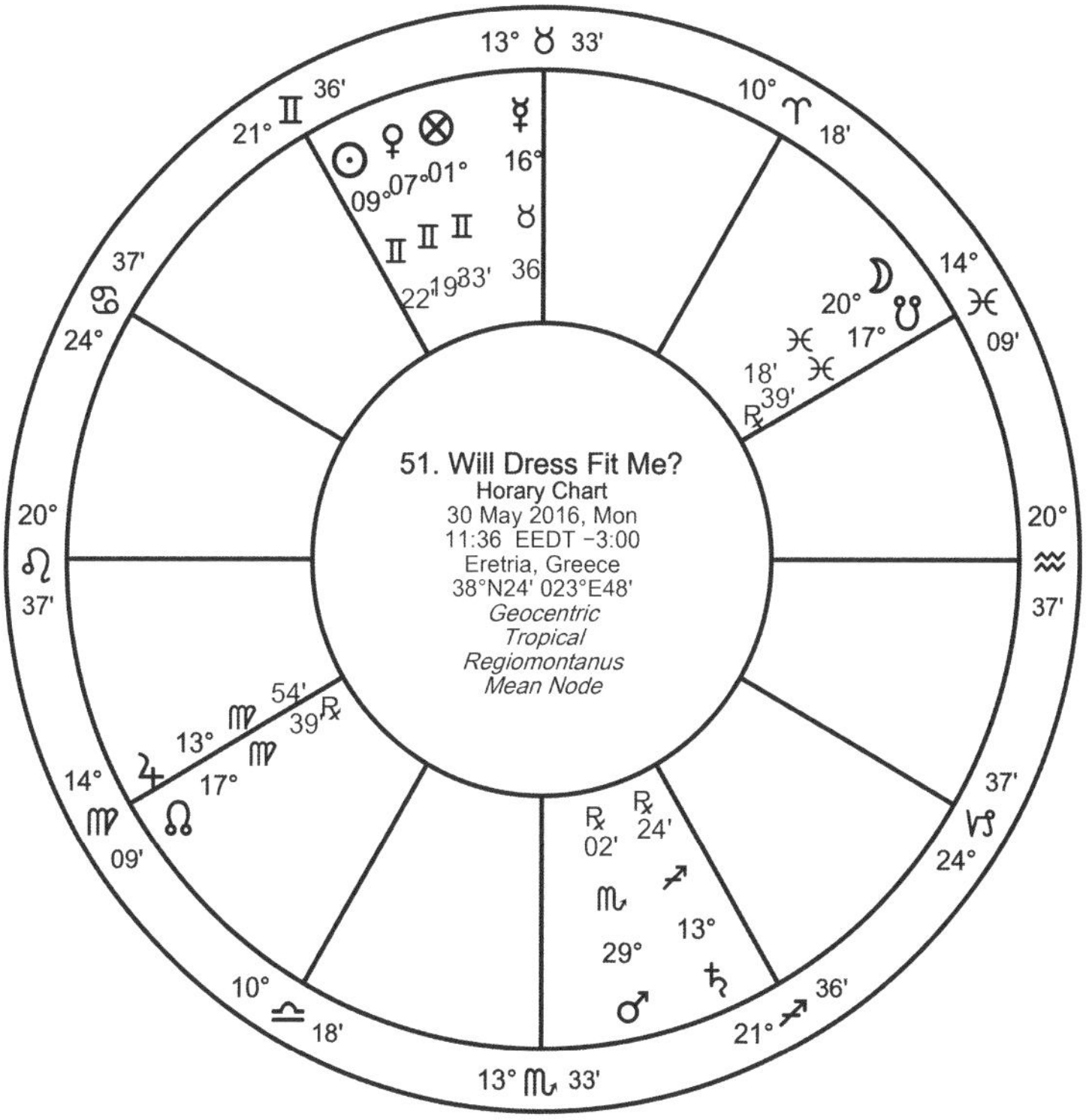

相談者

一室、太陽（一室ルーラー、アルムーテン）、月

ドレス

ここでドレスの表示ハウス*を分けるべきか悩みます。特にこの場合、相談者の関心はドレスが合うかどうかです。まだ所有物とはみなしていません。もし所有物なら二室です。相談者が支払いを終えていない以上、ドレスは販売者に帰属します。ですから八室を割り当てるべきでしょう。実際、月は八室カスプにありそれを強調。また、木星は八室のルーラー、共同アルムーテン、同時に五室ルーラー、アルムーテンで二室カスプと合。木星の使用に問題はありません。衣類は通常（身体を装飾するものとして）伝統的に五室に割り当てられ、金星がナチュラル・ルーラーです（特にドレスに関しては疑いがありません）。また別の可能性として土星（五室カスプと合）そして水星（二室ルーラー、アルムーテン）です。とはいえ、これは大した問題ではなく、正しい表示星について騒ぎ立てる必要はありません。チャート全体が正しい答えに導いてくれるでしょう。

肯定的表示

月はミューチュアル・リセプションで、ドミサイルの火星とトラインを形成中。水星はアンギュラー十室で、金星とミューチュアル・リセプション（アスペクトなし）。また、木星とリセプションを伴った分離しつつあるトラインです。ノースノードは二室。太陽は幸運の十一室にあって親和性が高く、後につづくカルディアン・オーダーの惑星を支配します。

否定的表示

月は凶意の八室で、サウスノードと合。火星（月が接近）は逆行。五室と八室のルーラー木星は、デトリメントで土星とパーティルなスクウェアを形成し、太陽ともスクウェア。金星はコンバストで土星にオポジションを形成中。相談者の主要表示星である太陽もまた土星にオポジションを形成中（ただしトリプリシティのミューチュアル・リセプション）。水星は逆行する火星にオポジションを形成中。

判　定

金星はコンバストで、土星にオポジションを形成中です。よってアスペクトなしの水星とのリセプションはあまり助けにはなりません。太陽もまた土星にオポジションで、相談者の不満足を表しています。月の次なるアスペクトはドミサイルの火星とのトライン。しかし火星は逆行し、月とサウスノードの合は幸運を減衰させます。本チャートには明瞭な肯定的表示がありません。相談者はドレスに満足はしないでしょう。ただ、太陽と土星のミューチュアル・リセプション、月と火星のトラインから、完全な失望とはなりません。

結　果

相談者によれば、ドレスは胸のあたりが少しきつく、とても暑かったとのこと。そのため、予定していた重要な場には着て行きませんでした。また、領収書が同封されておらず、とても困ったそうです。

占星術的結論

ドレスの表示星がなんであろうと、太陽（相談者）の土星（凶星）へのオポジション形成は彼女の不満足を表しています。

＊訳注　ハウス・ルーラーはカルディアン・オーダー（カルデア配列）で配置されている。一室—土星、二室—木星、三室—火星、四室—太陽、五室—金星、六室—水星、七室—月、八室—土星、九室—木星、十室—火星、十一室—太陽、十二室—金星。

52

合意は成されるか？

ギリシャ政府と欧州連合は経済措置に関する合意に至ってはいなかった。合意が遅れるほど経済に悪影響がでる（二〇一五年夏のこと。チャート50を参照）。人々は五月一日のイースター前に合意に至ることを望んでいた。

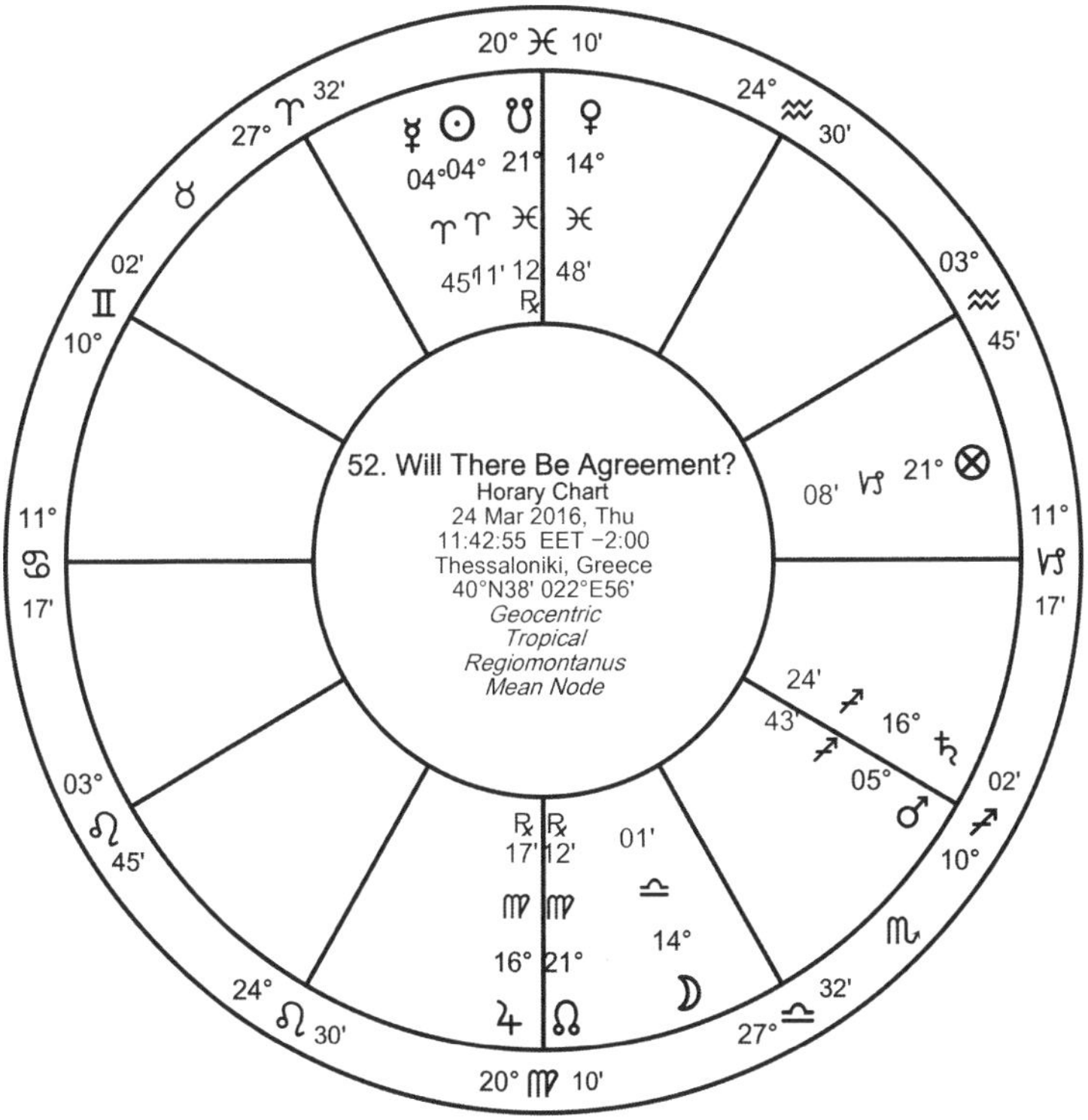

ギリシャ

一室、月（一室ルーラー、共同アルムーテン）、金星（一室共同アルムーテン）

欧州連合

七室、土星（七室ルーラー、共同アルムーテン）、火星（七室共同アルムーテン）

肯定的表示

金星はアンギュラー。そしてエッセンシャル・ディグニティがあります。月はミューチュアル・リセプションを伴い土星にセキスタイルを形成中。ＬＯＦは七室。エグザルテーションの太陽は、強いミューチュアル・リセプションを伴い火星にトラインを形成中。吉星は両者ともにアンギュラーにあり、ミューチュアル・リセプション。火星はＪＯＹ。

否定的表示

月は二つの凶星から包囲され（ただし吉意のセキスタイル）、直近のオポジションで太陽から障害を受けています。金星はサウスノードと合。火星と土星はケイデントハウス。火星の速度はとても遅い。二つの凶星（表示星）が合（ただし、この合は火星の逆行により完成しません）。金星は土星にスクウェアを形成中です（ただしリセプションを伴います）。

判定

主要表示星である月と土星のリセプションを伴ったセキスタイルは、合意に至る道を強く示しています。七室のＬＯＦも同様。太陽の接近のトラインは火星にとっては大きな助けになり、金星はとても強力。月が接近し、軽い天体である以上、ギリシャ政府は合意を強く望んでいるのでしょう。ところが、金星と土星のスクウェアはなにがしかの疑問を与え（土星は金星のタームにあり、金星自体は非常に強いのですが）、何らかの問題の原因となるでしょう。また、恐らく遅延の表示があります。月が土星とのセキスタイルを完成するまでに2度半です。けれども月の動きは非常に遅く、合意にはさらに時間が必要かも知れません。火星の速度も非常に遅く、もうひとつの遅延表示です。週単位か月単位のどちらかでしょう。月は活動宮にありますが、アングルではありません。土星は柔軟宮でケイデント。恐らく数ヶ月を表していますが、財務大臣によればこれは「大惨事」になるとのこと。

結果

一週間余りの後（金星と土星のスクウェア?）、ギリシャ政府はＩＭＦ代表者同士の電話会談を傍聴したと発表。ＩＭＦが合意を妨害しギリシャを破綻に導こうとしているという内容でした。ＩＭＦはこの発表を極めて強く非難します。最終的にギリシャはすべてに合意することを決定し、必要な措置をとりました。まさに二ヶ月後の五月二十四日、合意に至り、ギリシャ政府が必要な追加措置を行うこととなりました。六月七日、欧州財務次官会合によって受諾され、六月九日に採択。それは二カ月半後のことでした。最終的には六月十六日、ギリシャへの支援金と銀行向け資金の供給が決定されました。

占星術的結論

天秤座の月、射手座の土星間での強いリセプションを伴うセキスタイルの形成は、必ず肯定的表示になると確信に至りました。当然、チャートの残りの部分に極端な否定的要因があってはなりません。

53 顧客は連絡をくれるか？

顧客（チャート15の相談者）からの連絡がない。すでに二通のメールを出していたが、彼女からの返信はなかった。

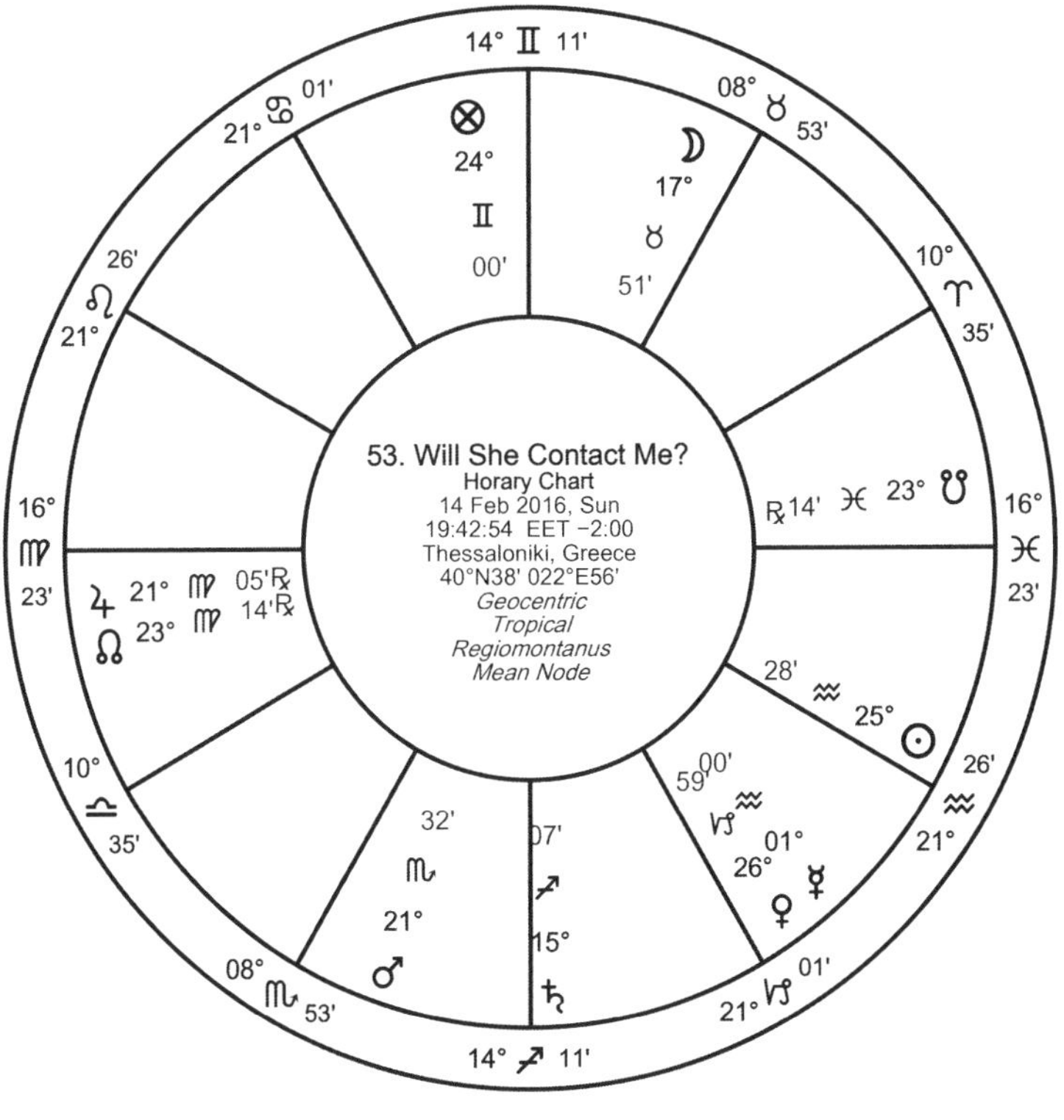

私

一室、水星（一室ルーラー、アルムーテン）、月、木星、ノースノード

顧客

七室、木星（七室ルーラー、アルムーテン）

肯定的表示

強い月。エグザルテーション、トリプリシティ、フェイスを得て速度も速く、ヘイズにあります。木星は一室でノースノードと合。水星は自身のタームとトリプリシティにあり、太陽からも遠く平均速度を上回っています。木星は、自身のディグニティにある火星とミューチュアル・リセプションを伴い、パーティルなセキスタイル。月はターン三室でコミュニケーションのハウスにあり、一室の木星とミューチュアル・リセプションを伴いトラインを形成中。

否定的表示

月はオポジションの火星から障害を受けています（ただし、この火星は夜チャートにあり、ドミサイルとトリプリシティにあるため恐らくベネフィック）。月と太陽のスクウェア。木星は逆行し、スクウェアの土星から障害を受けています（ただしリセプションあり）。サウスノードは顧客を表す七室。水星と木星のアスペクトなし。

判定

月と火星のオポジション、太陽とのスクウェアは問題です。しかし先に形成される木星（顧客）とのトラインは好ましく、木星は多くのディグニティを得ています。問題は木星の逆行。そして土星とのスクウェア。しかし、月とのアスペクトが先に形成されるため、最終的には顧客との連絡はつくと確信しました。ただ、どのように起きるかは分かりません。月は3度半で木星とトラインです。木星は逆行し月の速度は速いため直ぐに起きます。月は固定宮、ケイデントハウス（これもまた遅延を表すのでしょう）にあり、数ヶ月を要するはずです。

結果

四ヶ月後、思いがけず別の顧客から彼女の電話番号を聞き、連絡を入れました。月と火星のオポジションを連絡の表示（元チャート、ターンチャートの三室ルーラー）、木星を仲介した顧客の表示としなければ、僅かにずれてはいますがタイミングは近いです。オポジションの否定的な側面（ただし両天体ともに高いディグニティ）は、彼女があまり述べたくない事情によるのでしょう。彼女は私の占断が正しかったとだけ述べました。とりわけセンシティブな問題であったため、それ以上を訊くのはやめました。

占星術的結論

リセプションを伴うトラインほど最高の肯定的表示はありません。

54

子どもは産めるか？

最近結婚をした相談者からの質問である。四十を超えていたが、どうしても子どもが欲しいということ。

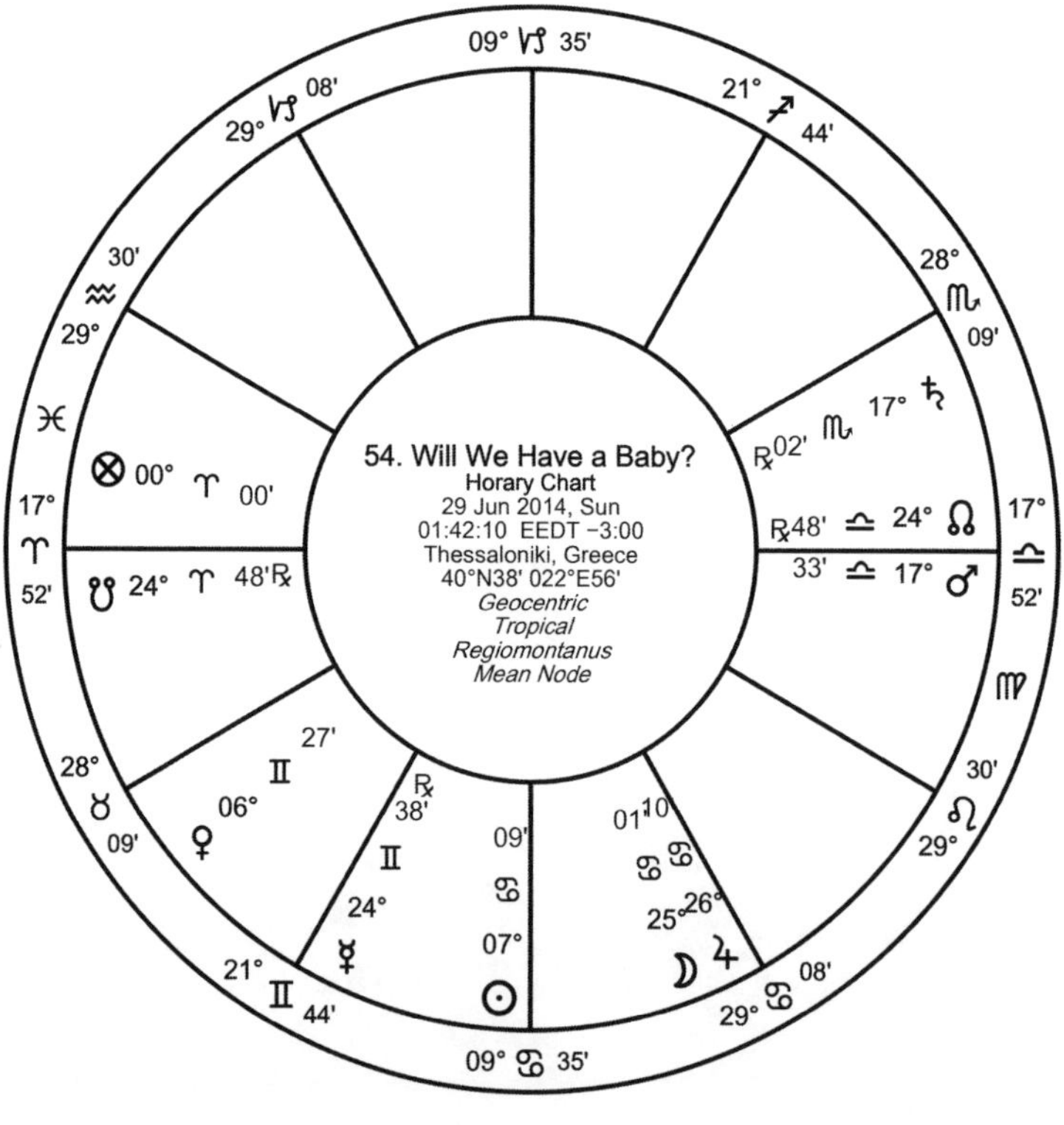

質問者

一室、火星（一室ルーラー、共同アルムーテン）、太陽（一室共同アルムーテン）、月、サウスノード

赤ちゃん

五室、月（五室ルーラー、アルムーテン）、太陽（五室の殆どを占有しているサインのルーラー、獅子座はアセンダント牡牛座のときに五室となるサイン）、木星（妊娠のナチュラル・ルーラー）、金星（五室ルーラー、JOYとなることから妊娠と関連する表示星）

肯定的表示

太陽、月、木星は豊穣サインの蟹座でアンギュラー。また太陽は、ドミサイルにある月、エグザルテーションの木星から受容されています。蟹座の五室カスプは月、木星と合。月はドミサイル、木星はエグザルテーション。月はアンダーザビーム外にあり、ミューチュアル・リセプションを伴い木星と合を形成中。火星と土星はミューチュアル・リセプション（ただし、アスペクトはなく、土星は逆行し、アセンダントとのアスペクトはなし）。妊娠と関連する吉星、金星は火星とトラインを形成中で、金星は火星を受容している。

否定的表示

サウスノードが一室を侵しています。アセンダントルーラー、火星はデトリメントで七室カスプと合。ですから火星は一、七室軸（相談者と彼女の夫）と月と木星の合を侵しています（ただし、月と木星にはかな

りの距離があります）。太陽は火星にスクウェアを形成中（リセプションなし）。

判定

月と木星の蟹座での合は、どのチャートにおいても非常に恵まれています。妊娠に関する質問では特にそうです。ですから妊娠することに疑いはありません。しかし、アンギュラーの火星がデトリメントで（特に有益ではない土星とのミューチュアル・リセプションですが）、一、七室軸を侵し、太陽とのスクウェアを形成しているのは問題です。一室のサウスノードも同じく問題。月と木星の合は1度10分で完成ですが、月の移動速度はとても遅く、成就には時間が必要かも知れません。でもこの合がアンギュラーで活動宮の蟹座で起きることから、すぐにでも起きると見ます。一週間か、最大でも一ヶ月。もっとも、アンギュラーにあり、デトリメントの火星が遅延を起こさなければの話です。また、金星が火星とトラインを完成するまで、およそ17度です。金星はとても速く、早めに起きるとも予想できます。

結果

実際には一週間でも一ヶ月でもなく、一年でした。相談者は体外受精治療を受けねばならず、三度目に成功。二〇一五年十月初旬に妊娠し、質問の日から一年三ヶ月後、二〇一六年に男の子を授かりました（合の完成には1度以上あり、金星と火星のトラインもこの時期と重なります）。

占星術的結論

妊娠の質問において、月と木星の合を妨げるものはありません。

55 訴訟に勝ち、金銭補償を得られるか？

相談者は妊娠を理由に不当解雇された。彼女は元雇用主に対して訴訟を起こす。別の質問で異なる占星術師を訪れている。

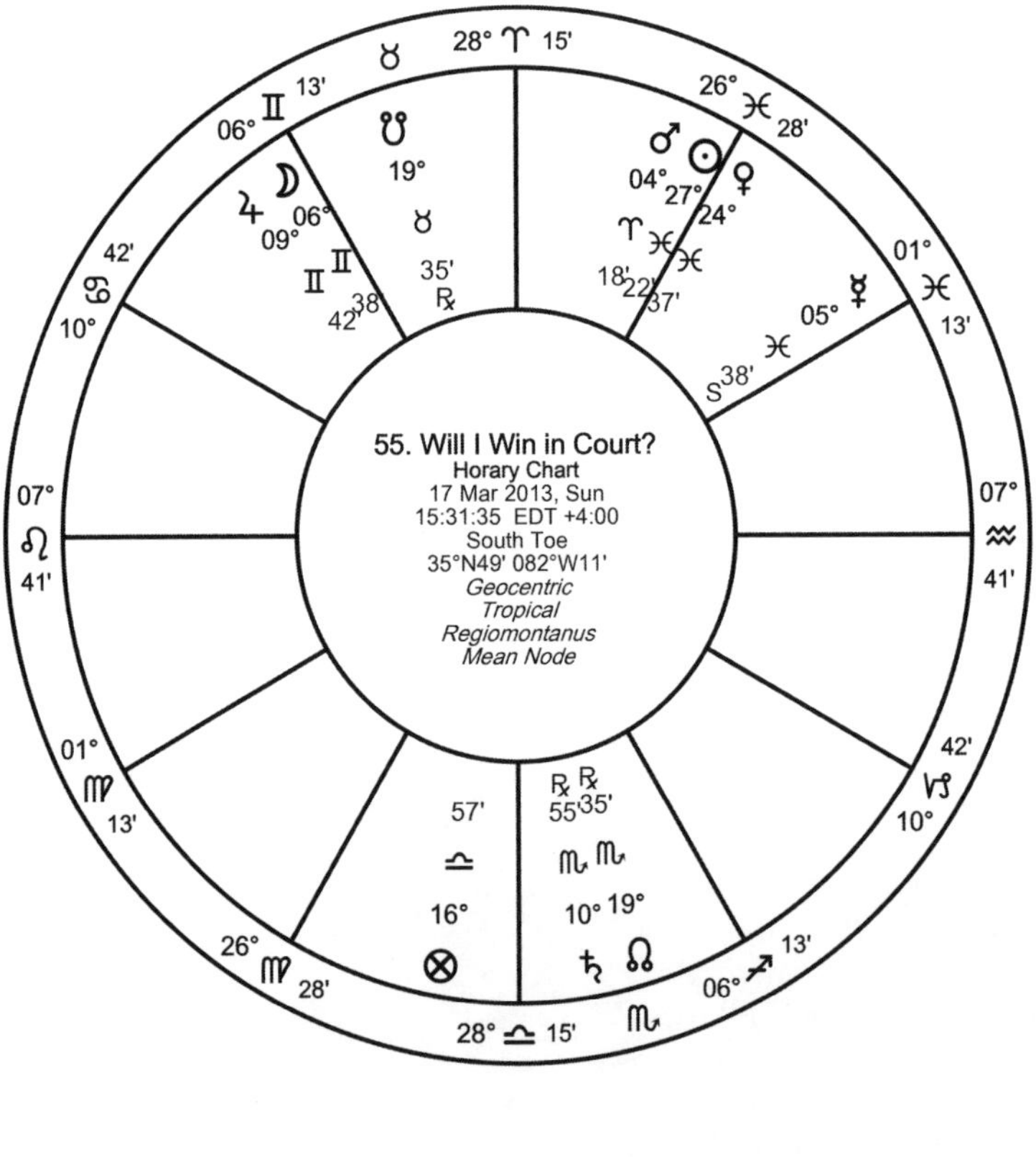

質問者

一室、太陽（一室ルーラー、共同アルムーテン）、月

訴訟相手

七室、土星（七室ルーラー、アルムーテン）

判決

十室、火星（十室ルーラー）、太陽（十室アルムーテン）

質問者のお金

二室、水星（二室ルーラー、アルムーテン）、LOF、金星（LOFのルーラー）、土星（LOFのアルムーテン）、木星（富のナチュラル・ルーラー）

肯定的表示

太陽は金星からエグザルテーションとトリプリシティで受容されています。また太陽は火星と強いミューチュアル・リセプション（エグザルテーション、トリプリシティ／ターム、フェイス）。月は幸運の十一室で、吉星の木星と合を形成中。また木星は自身のタームとフェイスです。判決にはディグニティがありますから（牡羊座の火星、そして太陽の強いリセプション）、法に従って進むでしょう。訴訟相手である土星は

逆行、ペレグリン。二室ルーラー、アルムーテンの水星は留、順行に入るところ。水星もまた木星とミューチュアル・リセプションです。

否定的表示

太陽はケイデント。ＬＯＦのルーラー二天体（金星、土星）は状態が芳しくありません。金星はコンバスト（ディグニティはあります）。土星は逆行でペレグリン。月が接近する八室（雇用主のお金）ルーラーの木星はデトリメント。水星はデトリメントとフォールで八室。

判　定

ディグニティを持った吉星への月の接近は肯定的表示です。訴訟相手はそれほど強くはなく判決は公正。よって、勝率は相談者側。彼女は勝訴するでしょう。しかしながら金銭問題は深刻です。金銭に関する表示星の全てにデビリティがあります。法廷が相談者への大金の支払いを認めないか、彼女が慰謝料を得られないかのいずれかです。

結　果

相談者は勝訴。かなりの額の慰謝料を勝ち取りました。しかし未だにお金は手に入っていません。会社は倒産し雇用者はほとんど無一文とのこと。

占星術的結論

月がディグニティを伴う吉星に接近するときは常に良い表示です。

第九章　エジプシャン・タームの惑星配列

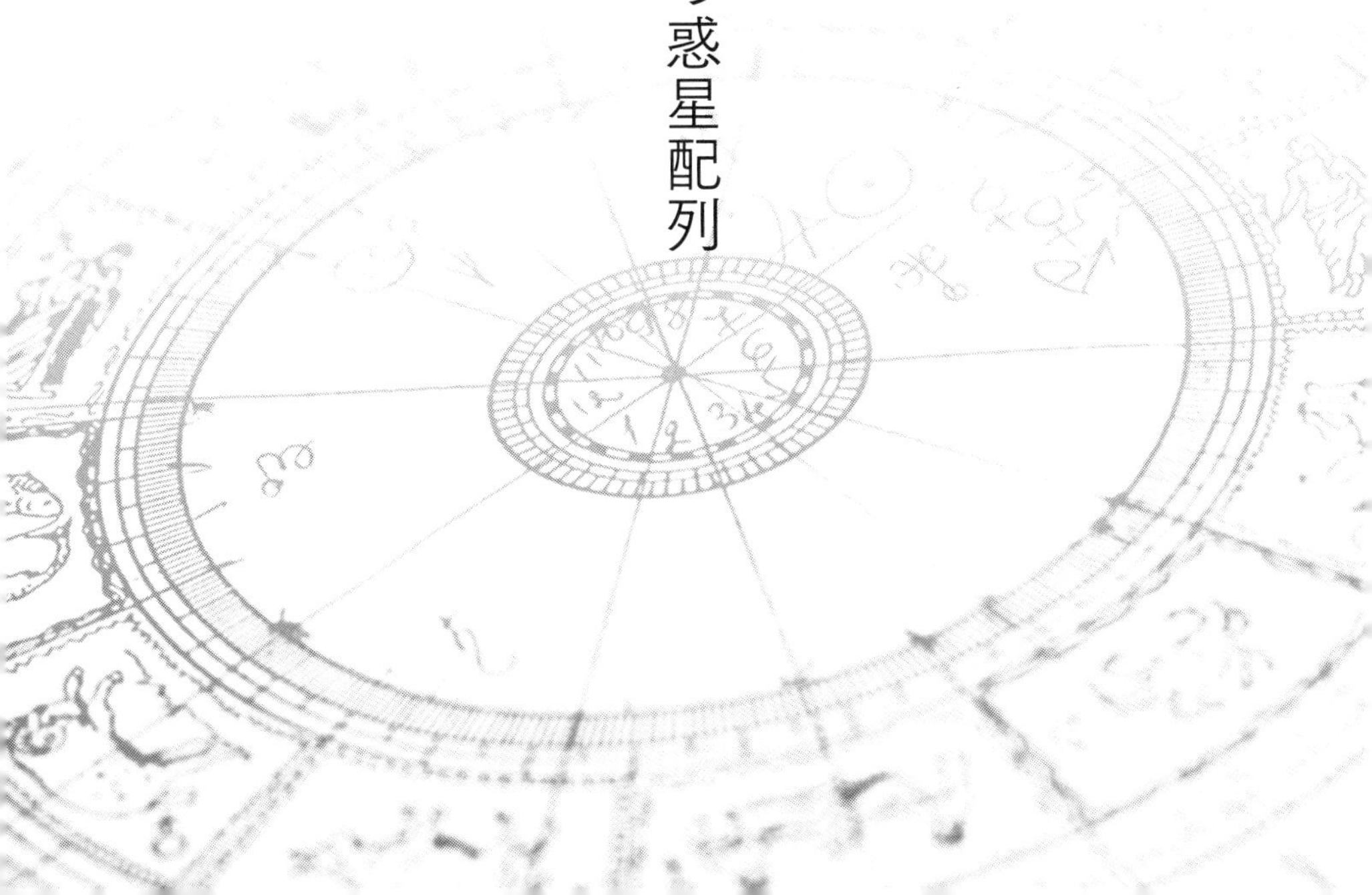

数年前に伝統的占星術を始めた際に、ターム（バウンド）と呼ばれるエッセンシャル・ディグニティと出会いました。太陽と月を除く惑星は、各サインで特定の度数でディグニティを得るというものです。タームで不明な点は、さまざまな近代の占星術研究家の努力と共に有用性が説かれるわりに、背景となる理論がすでに失われていること、そして、度数と惑星の配列がどのように決定されているのか、論理的な説明がないことです。またトレミー版のように別の表が存在している事実もこの問題を難しくしています。しかし、エジプシャン・タームの惑星配列については、研究者の間で意見の相違はないようです。

では、どちらの表を使うべきなのでしょう？　これは純粋に個人的な主観に任されています。ウィリアム・リリーを主体に学ぶホラリー占星術師は、たいがいは、なんの疑問もなくトレミー版（あるいは、リリー版のトレミー表）を使います。ヘレニズム占星術師はエジプシャン・タームを使います。彼らは、トレミーが行った（プライマリー・ディレクションを除く）改変を好まないためです。トレミーの風変わりな理由、著者不明の古典書から見つけたという話は、あまりあてになりません。私自身も同じ理由からエジプシャン・タームを使用しています。どちらのターム表が優れているかを証明するのは極めて困難です。ですから、少なくとも（割り当てられた度数を除く）一連の惑星配列について理解が出来るのなら、それで良しとしましょう。

さて、先に進む前に明瞭な事実を挙げます。先ず、第一に太陽と月がディグテニィ表から外され、五天体のみに絞られていることです。また、伝統的占星術において割り当てられた惑星年（Planetary Years）が基になっている点。惑星年にはマイナー、ミドル、メジャーがあります。割り当てられたのは、どれでしょうか？

エジプシャン・ターム

サイン	ドミサイル	エグザルテーション	トリプリシティ 昼	トリプリシティ 夜	ターム					フェイス 0°	フェイス 10°	フェイス 20°
♈	♂	☉ 19°	☉	♃	♃ 6 (0°)	♀ 6 (6°)	☿ 8 (12°)	♂ 5 (20°)	♄ 5 (25°)	♂	☉	♀
♉	♀	☽ 3°	♀	☽	♀ 8 (0°)	☿ 6 (8°)	♃ 8 (14°)	♄ 5 (22°)	♂ 3 (27°)	☿	☽	♄
♊	☿		♄	☿	☿ 6 (0°)	♃ 6 (6°)	♀ 5 (12°)	♂ 7 (17°)	♄ 6 (24°)	♃	♂	☉
♋	☽	♃ 15°	♀	♂	♂ 7 (0°)	♀ 6 (7°)	☿ 6 (13°)	♃ 7 (19°)	♄ 4 (26°)	♀	☿	☽
♌	☉		☉	♃	♃ 6 (0°)	♀ 5 (6°)	♄ 7 (11°)	☿ 6 (18°)	♂ 6 (24°)	♄	♃	♂
♍	☿	☿ 15°	♀	☽	☿ 7 (0°)	♀ 10 (7°)	♃ 4 (17°)	♂ 7 (21°)	♄ 2 (28°)	☉	♀	☿
♎	♀	♄ 21°	♄	☿	♄ 6 (0°)	☿ 8 (6°)	♃ 7 (14°)	♀ 7 (21°)	♂ 2 (28°)	☽	♄	♃
♏	♂		♀	♂	♂ 7 (0°)	♀ 4 (7°)	☿ 8 (11°)	♃ 5 (19°)	♄ 6 (24°)	♂	☉	♀
♐	♃		☉	♃	♃ 12 (0°)	♀ 5 (12°)	☿ 4 (17°)	♄ 5 (21°)	♂ 4 (26°)	☿	☽	♄
♑	♄	♂ 28°	♀	☽	☿ 7 (0°)	♃ 7 (7°)	♀ 8 (14°)	♄ 4 (22°)	♂ 4 (26°)	♃	♂	☉
♒	♄		♄	☿	☿ 7 (0°)	♀ 6 (7°)	♃ 7 (13°)	♂ 5 (20°)	♄ 5 (25°)	♀	☿	☽
♓	♃	♀ 27°	♀	♂	♀ 12 (0°)	♃ 4 (12°)	☿ 3 (16°)	♂ 9 (19°)	♄ 2 (28°)	♄	♃	♂

プラネタリー・イヤー（惑星年）

惑星年	マイナー	ミドル	メジャー
♄	30	43	**57**
♃	12	45	**79**
♂	15	40	**66**
☉	19	69	**120**
♀	8	45	**82**
☿	20	48	**76**
☽	25	66	**108**

数字の総計は３６０（黄道帯全体の度数）になるはずです。三種類の惑星年で扱われる年数を足したとき、ミドルのみが３６０近く（正確には３５６）になります。しかし、メジャーから太陽と月を省けば３６０です（57＋79＋66＋82＋76＝３６０）。太陽と月を省く別の理由の可能性として、伝統的占星術では、太陽と月を物事の「原因」として見ないことが挙げられます。二つは行動様式や性格、職業を表しません。それらを越えたものとして扱います。太陽はあらゆる事象の源泉であり、月は惑星達を繋げる作用です。太陽と月はホロスコープの中で「能動的」な働きはせず、タームのルーラーが能動性を担う。それゆえの五天体です。ここにタームの重要性があり、それにより特殊なディグニティを形成していると考えられるのです。

第二に、凶星がサインの後半に配置されていること。これはエジプシャン、トレミー版共に共通です。第三に、トレミー版と同様に、タームでの太陽と月の不在に代わり、火星と土星が蟹座と獅子座のルーラーの役割を果たしているらしいという点です。その前提で言えば、蟹座と獅子座のルーラーを変えたことで、タームにおいてのみ、土星のデトリメントは水瓶座、火星のデトリメントは山羊座となります。最後にフェイス。フェイスは、タームの各列に割り当てる惑星の判別が曖昧なときに重要な役割を担います。

では、エジプシャン・タームの惑星配列の背後にある理論について私の意見を述べます。

惑星の配列

（一）**第一列**。トリプリシティ・アルムーテンと私は呼んでいます。ここには、火地風水のトリプリシティで分けられる各三つのサインのなかで、最も高いディグニティを得た惑星が置かれます。太陽はタームにありません。ですから、火のトリプリシティにおいては木星となります（射手座のルーラー、夜のトリプリシティの木星は火サインの中で最もディグニティが高い）。水のトリプリシティでは火星です。前述の前提より、火星を蟹座と蠍座のドミサイル、また夜のトリプリシティのルーラーとします。同じく前述の前提で、土星が水瓶座を支配しないとすれば、水星が風のトリプリシティで最も高いディグニティを得ます（双子座のルーラー、夜のトリプリシティのルーラー）。天秤座の土星はエグザルテーションと昼のトリプリシティですが、ドミサイルはエグザルテーションよりも上位です。最後に、地のトリプリシティ。再び水星がトリプリシティ全体のルーラーとなります（乙女座のドミサイル、エグザルテーションが地のサインの中で最もディグニティが高い）。金星は地のサイン牡牛座で、ドミサイルとトリプリシティを得ていますが、エグザルテーションはトリプリシティよりも強く、乙女座の水星が牡牛座の金星を上回ります。**しかし、もし惑星があるサインで重複して高いディグニティ**（ドミサイル、エグザルテーション、トリプリシティのうち二つ以上）**を得る場合、惑星にはそのサインのみが充当されます**。さらに詳述しましょう。

火サインのトリプリシティにおいて、木星よりも高いディグニティの惑星はありません。よって、木星を火サインの第一列に置きます。

水星は地サインのトリプリシティ・アルムーテンです。ですから、地サインの第一列に置きます。ただし、金星がドミサイルとトリプリシティでディグニティを重複して得ている牡牛座は除外します。

水星は天秤座を除いた風サインの第一列に置きます。天秤座の第一列は土星です。土星がエグザルテーションとトリプリシティのルーラーとなり、重複したディグニティを得ているためです。

火星は水サインのトリプリシティ・アルムーテンです。よって、金星が重複するディグニティを得る魚座を除いたサインの第一列に置きます。

（二）**第二列**には吉星を置きます。金星と木星です。**ただし、トリプリシティ・アルムーテンが第一列で使用されている場合を除きます。**また、第一列で使用しないトリプリシティ・アルムーテンが凶星の場合も同様です。この場所に入るのは二つの吉星のみ。吉星が第一列で使用されていない場合、フェイスで採用されるルーラーから採用します。

火サインでは木星が第一列に置かれていますから、選ばれるのは金星です。

地サイン：水星（トリプリシティ・アルムーテン）は牡牛座の第一列に置かれていません。金星が重複してディグニティを得ているためです。ですから、順序として水星を第二列に置きます。乙女座と山羊座ではどちらでしょう。フェイスのルーラーを見てください。乙女座のフェイスには金星があります。よって乙女座の第二列は金星。同様のルールで、山羊座の第二列は木星となります。

風サイン：天秤座の第一列には、重複したディグニティを得た土星を置きました。ですから第二列には、風のトリプリシティ・アルムーテンの水星を置きます。双子座、水瓶座は金星、木星のどちらでしょう。フェイスのルーラーを参照すると双子座は木星、水瓶座は金星です。

水サイン：魚座では重複したディグニティから金星を第一列に置きました。よって第二列は木星です。火星は水サイン全体のトリプリシティですが、凶星のため第二列には置きません。蟹座、蠍座のフェイスのルーラーには両方とも金星があります。従って、金星を第二列に置きます。

（三）**第三列**には、残った非凶星（凶星とならない天体）を置きます。非凶星が二つとも残っている場合、フェイスのルーラーを参照します。

火サイン：残った非凶星は水星のみです。よって、射手座と牡羊座の第三列に水星を置きます。しかし、獅子座では第三列に土星があります。太陽の代替として、土星を獅子座のルーラーとする前述の前提から、土星は凶星ではありません。よって、土星、水星のいずれか。そこでフェイスのルーラーである土星を採用します。

地サインには、残っている非凶星を置きます。牡牛座と乙女座は木星。山羊座は金星です。風サインも同様です。ただし、天秤座では金星と木星が残されています。よって、フェイスのルーラーである木星を採用します。

水サイン：魚座の第三列には非凶星の水星。蟹座と蠍座には、二つの非凶星が残されています。蟹座にはフェイスのルーラーである水星。蠍座のフェイスには、水星も木星もありません。水星を第三列に置き、木星は上位天体（外惑星）として第四列に割り当てます（最後の二列は、より上位の天体に相応します）。

（四）最後の二列（第四と第五）には凶星を置きます。吉星が残っている場合はその限りではありません。蟹座、獅子座、天秤座に吉星は残されていません。よって凶星が入ります。火星・土星の順序は、火星が土星よりも軽い惑星ですから一般的な順序として第四列に置きます。ただし、土星がフェイスにある場合は、第四列に置きます（牡牛座、射手座）。

魚座は火星も土星もフェイスにあります。よって第四列は火星。水瓶座は両星ともフェイスにありません。ですから、一般的な順序（土星よりも下位の天体）として火星を第四列に置きます。山羊座は特殊です。本来ならフェイスを支配する火星が第四列に入るべきですが、実際は第五列にあります。もし間違いでないのなら（間違いを疑っていますが）、デトリメントの概念を採り入れているのかも知れません。先の前提から、火星が蟹座を支配するのならば、山羊座ではデトリメントとなります。よって、山羊座では主要な凶星として第五列に火星を割り当てたという考え方です。水瓶座の第五列に置かれた土星はこの説を補強します。土星を太陽の代替、獅子座のルーラーとして見るなら、水瓶座ではデトリメントになるためです。

度数について

このパズルを解くには至っていませんし、さらに上位の問題が待ち構えているのかさえも分かりません。円周（360度）を十二星座と五惑星で割っていますが、等しい数字で割り算を行っているわけではありません。惑星が支配している度数がそれぞれ異なります。何らかの調整がされています。以下、どのような規則が用いられた可能性があるかを述べます。

（一）二つの吉星は、重複ディグニティを得ているとき、第一列はそれぞれ平均の二倍の度数（12度）です。ただしこれは一度だけ。二つのサインに24度を割り当てれば、残りのサインに割り当てる度数が足りなくなるためです。木星が重複してディグニティを得るのは射手座（ドミサイルとトリプリシティ）のみ。金星が重複ディグニティを得るサインは、牡牛座と魚座です。魚座が選ばれた理由は、エグザルテーション・サインが一つだけで、ドミサイルよりも重用されたからだと考えています。また、トリプリシティ・ルーラーの標準値を8度と考えます。射手座の木星、魚座の金星に加算された4度を2で割り、同じ属性の他二サインの度数から引きます。つまり獅子座と牡羊座の木星、蟹座と蠍座の金星は6度（8－2＝6）。ところが、蠍座の金星に配分されるのは4度。これは金星がデトリメントのためでしょう（後述参照）。

（二）共通ルールとして、各惑星が支配するサイン（火星と土星は支配星座が変わるため例外です）、エグザルテーション、トリプリシティのサインではより大きな度数が割り当てられています。また、その調整値は、惑星がどの列にあるかによって決められています。例えば、水星は第一列に入ることが多く（支配する二サインにおいて）、それぞれのサインで8度未満です。

（三）惑星がデトリメントとなるサインでは、平均して2度引かれます（先の前提から、火星のデトリメントは山羊座、土星のデトリメントは水瓶座です）。金星と木星はかなり大きな度数を有していますから、この減算はデトリメントでのみ行われます。フォールにある場合は特に度数が引かれることはありません。

（四）惑星がトリプリシティ全体のルーラーで、前半の三列に置かれない場合は度数が加算されます。たとえば、火星は金星があるため、魚座の第一列には置かれていません。凶星ですから第二、第三列にも置かれません。でも、火星は水サインのトリプリシティ全体のルーラーであるため、9度が与えられています。

（五）何らかの理由から、火星の度数は水星が支配するサインで増加し、水星の度数は火星が支配するサインで増加します。同時に木星は金星が支配するサインで増加します。しかし、木星が支配するサインで金星の度数が増えることはありません。金星はすでに魚座で12度、木星は射手座で12度がそれぞれ充当されているためです。そのため、射手座では他の惑星の度数を減らす必要があり、同じことが魚座でも行われています。恐らく、これは友好関係（セキスタイル）が、それぞれの惑星が支配するサイン間であるためと考えられます（双子座・乙女座は、牡羊座・蠍座とセキスタイル。牡牛座・天秤座は、魚座・射手座とセキスタイル）。しかし、ここでは、火星は蟹座を支配することにしています。これについてはまだ分からないところがあります。

このテーマについて、他の方達の論考に私はとても興味があります。

＊訳注　本章については、著者と連絡をとり、何箇所か原文に追加・変更を加えています。

参考文献

Al Biruni. *The Book of Instruction in the Elements of the Art of Astrology*, Astrology Classics, 2006.

Culpeper, Nicholas. *Astrological Judgement of Diseases from the Decumbiture of the Sick*, Astrology Classics, 2003.

Dunn, Barbara. *Horary Astrology Re-Examined*, Wessex Astrologer, 2009.

Dykes, Ben. *Bonatti on Horary*, The Cazimi Press, 2010.

- *The Forty Chapters of Al-Kindi*, The Cazimi Press, 2011.

- *The Book of the Nine Judges*, The Cazimi Press, 2011.

- *Works of Sahl and Masha' allah*, The Cazimi Press, 2008.

Ezra, Rabbi Avraham Ibn. *The Book of Nativities and Revolutions*, Arhat Publications, 2008.

Hand, Robert. *Whole Sign Houses, The Oldest House System*, Arhat Publications, 2000.

- *Night & Day, Planetary Sect in Astrology*, Arhat Publications, 1995.

Houlding, Deborah. *The Houses, Temples of the Sky*, The Wessex Astrologer, 2006.

Lehman, J. Lee. *The Book of Rulerships*, Whitford Press, 1992.

Lilly, Wiliam. *Christian Astrology, Books 1 & 2*, Astrology Classics, 2004.

Masha'allah. *On Reception*, Arhat Publications, 1998.

Ptolemy, Claudius. *Tetrabiblos (Books A, B, C, D)*, Cactus Editions, 2001.

Saunders, Richard. *The Astrological Judgement and Practice of Physick*, Astrology Classics, 2003.

ウェセックス・アストロロジャー 刊行物一覧
www.wessexastrologer.com

Martin Davis
Astrolocality Astrology: A Guide to What it is and How to Use it
From Here to There: An Astrologer's Guide to Astromapping

Wanda Sellar
The Consultation Chart
An Introduction to Medical Astrology
An Introduction to Decumbiture

Geoffrey Cornelius
The Moment of Astrology

Darrelyn Gunzburg
Life After Grief: An Astrological Guide to Dealing with Grief
AstroGraphology: The Hidden Link between your Horoscope and your Handwriting

Paul F. Newman
Declination: The Steps of the Sun
Luna: The Book of the Moon

Deborah Houlding
The Houses: Temples of the Sky

Dorian Geiseler Greenbaum
Temperament: Astrology's Forgotten Key

Howard Sasportas
The Gods of Change

Patricia L. Walsh
Understanding Karmic Complexes

M. Kelly Hunter
Living Lilith: the Four Dimensions of the Cosmic Feminine

Barbara Dunn
Horary Astrology Re-Examined

Deva Green
Evolutionary Astrology

ウェセックス・アストロロジャー 刊行物一覧

Jeff Green
Pluto Volume 1: The Evolutionary Journey of the Soul
Pluto Volume 2: The Evolutionary Journey of the Soul Through Relationships
Essays on Evolutionary Astrology (ed. by Deva Green)

Dolores Ashcroft-Nowicki and Stephanie V. Norris
The Door Unlocked: An Astrological Insight into Initiation

Greg Bogart
Astrology and Meditation: The Fearless Contemplation of Change

Henry Seltzer
The Tenth Planet: Revelations from the Astrological

Eris Ray Grasse
Under a Sacred Sky: Essays on the Practice and Philosophy of Astrology

Martin Gansten
Primary Directions

Joseph Crane
Astrological Roots: The Hellenistic Legacy
Between Fortune and Providence

Bruce Scofield
Day-Signs: Native American Astrology from Ancient Mexico

Komilla Sutton
The Essentials of Vedic Astrology
The Lunar Nodes: Crisis and Redemption
Personal Panchanga: The Five Sources of Light
The Nakshatras: the Stars Beyond the Zodiac

Anthony Louis
The Art of Forecasting using Solar Returns

Reina James
All the Sun Goes Round: Tales from the Zodiac

Oscar Hofman
Classical Medical Astrology

Bernadette Brady
Astrology, A Place in Chaos
Star and Planet Combinations

Richard Idemon
The Magic Thread
Through the Looking Glass

Nick Campion
The Book of World Horoscopes

Judy Hall
Patterns of the Past
Karmic Connections
Good Vibrations
The Soulmate Myth: A Dream Come True or Your Worst Nightmare?
The Book of Why: Understanding your Soul's Journey
Book of Psychic Development

Neil D. Paris
Surfing your Solar Cycles

Michele Finey
The Sacred Dance of Venus and Mars

David Hamblin
The Spirit of Numbers

Dennis Elwell
Cosmic Loom

Gillian Helfgott
The Insightful Turtle

Bob Makransky
Planetary Strength
Planetary Hours
Planetary Combination

訳者あとがき

ペトロス先生に学ぶ課程で、理解を深めるために本書の翻訳を始めました。先達の実例を学ぶことは大変に有意義と考えています。一つひとつの技術をどの様に使えば良いのか、本書は五十五の実例を用いて、質問から回答へと導く過程をつまびらかにします。

さて、何かを学ぶ際に大切なことは二つあります。一つは、教えの背景にある前提です。ひとくちにホラリー占星術と言いましても、占星術師により方法論は異なります。それぞれの世界の捉え方、考え方に立脚しますから、ひとつの技法でも使いどころ、判断の基準は変わるのです。この点は科学と異なり、文芸、芸術の世界に近いと考えるところです。美術大学で学んでいた当時、教授によって絵の教え方は異なりました。ある教授は伝統技法と絵の実体感を重視し、またある教授は個人の心象、感じ方に重きを置く。そうした違いから、同じ技法を教える際にも優先順位、強調する点は大きく異なりました。その先生がどの様な前提で教えられているのか。学ぶ側が、この点を考えるのは大きな助けとなります。教えられたことを吸収し、真似ると同時に、どの様な考え方が背景にあるのかを考察することで、さらに理解を得られるためです。

二つめは、どのようなきっかけで興味を抱いたのか、始めたかです。占星術がものごとの「始まり」を重視する様に、何故それに心惹かれたのかを、心にとどめることは一番頼りになる道標でしょう。もし道に迷うことがあれば、そこに立ち返れば良いからです。

さて、本書の著者ペトロス先生は本書の副題を「運命を学ぶ実践的方法」としました。これは本書の前提となる考え方です。それでは、どの様なきっかけで古典占星術を始められたのでしょう。頂いた書簡を紹介します。

私は物質的世界を越えた事柄に常にオープンです。でも、占星術は好きではありませんでした。正直に言いましょう。到底理屈に合っているとは思えなかったのです。世界中の人々を十二のグループに分け、太陽サインが同じだから性格が似ており、同じ様なことが起きる。そんなことがあるでしょうか？　正気の沙汰ではありません！　ですから、私が困難な時期にさしかかるまで、占星術とは距離を置いていました。ある時期、人生において大変な問題を抱えていました。そして自分の魂を引き上げ、状況の改善を教えてくれるものを探していたのです。そして一冊の占星術雑誌を購入します。そこには年間予測が掲載され、土星が私の太陽サインに入ろうとしていること、そして、なんと翌年はさらに悪化する！と書いてあったのです。もう気分は最悪です。恐怖に陥れる土星について調べることを決心しました。まずネットでの検索。ですが、ネットでは深い内容まで学ぶことはできません。つぎに本を買い始めました。まさにそれがきっかけでした。私は衝撃を受けます。占星術が、正気の沙汰ではない太陽星座占い以上のものであることを知ったのです。それから毎日、仕事から戻ると大きなコーヒーカップを傍らに、占星術書を読み耽りました。それは新たな世界の幕開けでした。ところが、暫くした後、そのときは終わりを迎えます。近代占星術は性格や人格に焦点があてられ、私が学びたかった具体的な予測については、まるで避けるかの様に言及をしないからです。それが、古典占星術の本を読むきっかけです。そして、私はようやくふさわしい場所を見つけたのです。

本書の翻訳にあたり、多大な協力をいただいた古典占星術師で医学博士の福本基さん、出版を快諾していただいた太玄社の今井社長、編集者の西尾厚さん、そしてホラリー占星術へ導いてくださったペトロス・エレフセリアディス先生にこの場を借りて深くお礼申し上げます。

読者の皆さまの星々との関わりがより豊かに、広く深くなりますように。

二〇二二年二月八日

皆川剛志

◉ 著者略歴

ペトロス・エレフセリアディス *Petros Eleftheriadis*

ギリシャ共和国テッサロニキ生まれ。ギリシャにて法律とフランス文学を学ぶ。オスカー・ホフマン（医療占星術）、パトリシア・ナヴァ（ジョン・フロウリー・メソッド）、マーティン・ガンステン（プライマリー・ディレクション・ディプロマ）を修了。QHP（Qualified Horary Practitioner）にてバーバラ・ダンのもとホラリー占星術を修め、2015年よりQHP筆頭講師。各国およびギリシャの後進育成にあたる。APAI（国際プロフェッショナル占星術師協会）会員。対応言語：ギリシャ語、英語、仏語、伊語。

◉ 訳者略歴

皆川剛志（ぐら）

横浜市生まれ。幼少より天体観測に親しむ天文ファン。占星術を独学後、古典占星術をペトロス・エレフセリアディス、肉眼での天体観測を主体としたメソポタミアの天文占星術をルーメン・コレブに学ぶ西洋占星術師（QHP）。2009年に統計占星術サービス運営と占星術鑑定を始め、2019年より占星術師のための天体観望会、占星術ライブ講座を主催。美術学士（BFA）。
株式会社Charapla Inc. 代表。SNS等では、アストログラマー（astrogrammar）を由来とした「ぐら」という名で活動中。

Twitter

https://twitter.com/astrogrammar/

Web

https://astrogrammar.com/

note

https://note.com/astrogrammar/

ホラリー占星術　運命を学ぶ実践的方法

2022年3月18日　初版発行

著　者 —— ペトロス・エレフセリアディス
訳　者 —— 皆川剛志

装　幀 —— 長澤 均［papier collé］
編　集 —— 西尾 厚
D T P —— 細谷 毅
図表制作 —— 皆川剛志

発行者 —— 今井博揮
発行所 —— 株式会社 太玄社
TEL：03−6427−9268　FAX：03−6450−5978
E-mail：info@taigensha.com　HP：https://www.taigensha.com/
発売所 —— 株式会社ナチュラルスピリット
〒101-0051　東京都千代田区神田神保町3-2 高橋ビル2階
TEL：03−6450−5938　FAX：03−6450−5978
印　刷 —— 中央精版印刷株式会社

ISBN 978-4-906724-75-8 C0011

●陰陽五行を極める本格的占い出版社、太玄社の本

基礎からわかる
伝統的占星術
福本　基　著

気持ちだけではなく客観的事実を大事にする伝統的占星術。医学博士でもある著者が、わかりやすく、丁寧に、そしてユーモラスに解説します。

定価　本体三二八〇円＋税

現代占星術家のための
伝統占星術入門
ベンジャミン・ダイクス　著
田中要一郎　訳

伝統占星術から数多くの技法と考え方を用いることによって、ホロスコープの読み解きが如何に豊かで正確なものになるのかを示します。

定価　本体二五五〇円＋税

クリスチャン・アストロロジー　第1書＆第2書
ウィリアム・リリー　著
田中要一郎　監訳
田中紀久子　訳

西洋占星術の超古典、遂に日本語に。第1書は、占星術の基本的な概念、定義、用語の解説、第2書は、ホラリーの伝統的技法を集大成。

定価　本体四七〇〇円＋税

クリスチャン・アストロロジー　第3書
ウィリアム・リリー　著
田中要一郎　監訳
田中紀久子　訳

古代から近世にかけての占星術を集大成し、リリーの研究結果をまとめた書。第3書では、出生図の判断と未来予測の技法を紹介。

定価　本体三五〇〇円＋税

ブレイディの恒星占星術
恒星と惑星の組み合わせで読み解くあなたの運命
ベルナデット・ブレイディ　著
さくらいともみ　訳

英国屈指の占星術家による名著の邦訳版、ついに登場！　星はあなたが知らないあなたを知っています。64の恒星から新たな可能性を探しませんか。

定価　本体四五〇〇円＋税

古代メソポタミア占星術
前兆の科学と天空の知識
マイケル・ベイジェント　著
倉本和朋　訳

古代メソポタミア文明の発掘から紐解く、占星術の歴史。粘土板に刻まれた古代マンディーン／ネイタル占星術の記録が明らかに。

定価　本体二七八〇円＋税

インド占星術の基本体系　Ⅰ巻・Ⅱ巻
K・S・チャラク　著
本多信明　訳

パラーシャラ系インド占星術のバイブル、最強の「強化書」がついに日本語完訳！　驚異の的中率を誇るインド占星術のすべてがこの2冊でわかります。

定価　本体各二五〇〇円＋税

お近くの書店、インターネット書店、および小社でお求めになれます。

●陰陽五行を極める本格的占い出版社、太玄社の本

占術談義　田中要一郎 対談集

田中要一郎 著

占術界を代表する10名の研究家と、自身も占術研究家、翻訳家として活躍する田中要一郎氏の、ありそうでなかった画期的な対談集！　定価 本体二七〇〇円＋税

櫻井秀勲の「運命学」シリーズ1

自分と相手の宿命・運命を読み解き、人生を好転させる

櫻井秀勲 著
早稲田運命学研究会 協力

「運命学の神様」が説く運命・宿命の秘密と開運の秘訣！　ナポレオン占い・トランプ占い・100円玉占い・本めくり占い付き！　定価 本体一六〇〇円＋税

あなたの運命を開く場所はここだ！ 場所による開運占星学

真弓 香 著

生まれ年月日、時間の星に導かれてあなただけの開運場所を見つける開運方法。その場所に移動することで開運する実践法を紹介します。　定価 本体一六〇〇円＋税

ツキをよぶ フォーチュンサイクル占い

イヴルルド遙華 著

幸せを導く24の運勢サイクルが新たな扉を開きます。アクションを起こす時期を前もって知ることで本来の魅力を発揮できるようになります。　定価 本体一五〇〇円＋税

いますぐ深読みできる

フレンドリー・タロット

いけだ 笑み 著

鏡リュウジ氏推薦！　すぐに深いリーディングができるように、図象や数の意味、カードが織りなす物語の仕組みを説明します。　定価 本体二二〇〇円＋税

手相は丘が9割

幸運を招く手相術

川口克己 著

手相はわずか10個の「丘」を知ることに尽きる！ふくらみや張り、弾力を見れば、性格から健康状態、運勢に至るまでいろいろなことがわかります。　定価 本体一六二〇円＋税

画相で透視する方法

【復刻】量亀流透視観相鑑

亀田壱弘 著

現代の人相学の大家・天道春樹氏、絶賛！　感性を磨くと見えてくる画相術革命。150の実例を挙げて解説。97％の的中率。　定価 本体三〇〇〇円＋税